教育部人文社会科学研究青年基金项目"口与非对称有限并行模型"（13YJC740093）最终成果

跨学科视域下的语言文化系统研究丛书

总主编　赵　刚

口译过程研究：
记忆机制与信息加工模型

王　非　著

科学出版社

北　京

内 容 简 介

本书以英汉双语交替传译过程为研究对象，对交替传译过程中记忆机制和信息加工过程的运作机理以及相互关系进行全面而深入的分析。研究者借鉴认知心理学、心理语言学、翻译学等相关学科的理论基础，运用问卷调查、访谈、观察、文本分析和实验等多种实证研究方法，同时采用历时描述和共时对比相结合的研究设计，最终推导出"交替传译的记忆与信息加工模型"。本书从翻译的角度解读语言、文化、心理各要素之间的互动关系。

本书可供高校相关专业师生教学、科研使用，也适合口笔译领域从业者和研究人员参考。

图书在版编目（CIP）数据

口译过程研究：记忆机制与信息加工模型/王非著.—北京：科学出版社，2017.8

（跨学科视域下的语言文化系统研究丛书/赵刚主编）

ISBN 978-7-03-054068-3

Ⅰ.①口… Ⅱ.①王… Ⅲ.①口译-研究 Ⅳ.①H059

中国版本图书馆 CIP 数据核字（2017）第 181948 号

责任编辑：常春娥/责任校对：贾伟娟

责任印制：张欣秀/封面设计：铭轩堂

科 学 出 版 社 出版
北京东黄城根北街 16 号
邮政编码：100717
http://www.sciencep.com

北京京华虎彩印刷有限公司印刷
科学出版社发行 各地新华书店经销

*

2017 年 8 月第 一 版 开本：720×1000 B5
2018 年 1 月第二次印刷 印张：15 1/2
字数：275 000

定价：78.00 元
（如有印装质量问题，我社负责调换）

他山之石，可以攻玉

"跨学科视域下的语言文化系统研究丛书"涵盖了语言习得及语言系统、翻译、外国文学、跨文化交际、语言测试等多个领域的跨学科研究，向学界展示了西安交通大学外国语言文学学科的鲜明特色及丰硕成果。

跨学科是现代科学研究的一种趋势，对语言文学研究也不例外。早在几千年前，中国的先贤哲人就悟到"他山之石，可以攻玉"，一语道破跨学科研究的妙处。语言是一个由人驱动的复杂适应系统，语言的结构模式和演化规律均受到生理、心理、认知等内部因素，以及自然、社会、文化等外部因素的综合影响。其中，内部因素的普遍性决定了语言的共性，外部因素的差异造就了语言的多样性。因此，语言文化研究从本质上就具有多学科交叉的特质。不同学科的相互借鉴与融合，有助于深入揭示语言文化系统的运作规律，以及语言与认知之间的关系。研究者借鉴系统科学、计算机科学、脑科学、仿真学、心理学等学科的研究方法开展跨学科语言文化系统研究，揭示了许多用传统研究方法无法揭示的规律。

随着计算机科学和数字技术的发展、互联网的诞生和普及，人类迎来了信息时代。人际或地域之间的交流方式有了极大的改变。虽然，语言、文化及社会依然是交流的三个基点，但它们之间的动态交互关系却从未像今天这样复杂多变。传统的语言文化研究方法难以准确地剖析信息时代纷繁复杂的语言文化现象，以及国际交流中的各种问题和矛盾，也难以从社会网络和动态复杂系统理论角度来揭示其发展变化的实质。导致传统研究不足的主要原因有二：一是，对研究本体实质的认识不足。将语言文化现象视作孤立的、静态的物体进行描写，而忽视了它们作为系统的本质属性以及它们之间的动态交互关系；二是，受研究方法所限，传统研究通常采用内省或解构的方法，将研究对象与其根植的系统环境割裂开来，然后切分成若干抽象层次进行解读和分析。如果语言文化是一个系统，那么按照研究一般系统的方法对其进行研究，是一个很自然的思路。

　　复杂科学的发展对传统语言文化研究的理论根基提出了挑战，并为其带来了方法论的变革。20 世纪六七十年代起，复杂系统论开始成为生物学、物理学、气象学、流行病学、经济学等多个学科的支撑理论。该理论旨在揭示复杂系统构成因素之间的交互如何导致系统的整体行为，以及系统如何与它存在的环境进行交互。与传统理论"重分解、轻整体"的做法不同，复杂系统强调复杂性、内在关联性及动态性，以"变化"作为理论和方法的核心。通过研究实践，学者们发现，这一理论的强大在于它不仅适用于不同学科，而且也适用于不同的研究层面。

　　近十年来，复杂系统论也引起了语言文化研究者的关注。他们发现，语言文化与自然科学研究对象同样具有复杂系统的本质属性，并尝试从动态复杂系统论的视角来审视语言、语言使用及语言习得，透过语言及语言行为表面的稳定性，观察其形成发展中的动态性、非线性，既强调系统的自组织性及涌现性，也充分重视"人"在系统中的主导性以及语言系统与其所根植的社会语境的关联性。这一视角的引入，弥补了长期统领语言文化研究的二元论方法的不足，有助于我们更深入地理解人类的语言文化系统。

　　在此背景下，西安交通大学外国语言文学学科坚持"学科交叉、差异化发展"的思路，致力于跨学科的语言文化研究，尝试从复杂系统论的视角探究语言文化现象，并在 2012 年率先建成"语言文化系统学"交叉学科博士点，确立了语言系统及语言习得研究、基于复杂系统的文学文本研究、数据驱动的翻译研究、面向"一带一路"的国际问题与舆情研究等四个重点交叉学科方向。建立了认知神经语言实验室、数据挖掘与翻译实验室、语言认知与应用实验室等，开展认知神经科学、实验心理学与语言学、计量语言学与翻译等的交叉研究。同时，将跨文化交际、情报学、哲学、文学等学科进行交叉融合。各个交叉学科方向的带头人和骨干均主持国家社科基金项目，并在 *Applied Linguistics*、《现代外语》、《当代语言学》等国际或国内语言学权威杂志发表成果，在国内外产生了一定影响。

　　为了向国内外同行分享这些跨学科的语言文化研究成果，在西安交通大学学科建设经费的资助下，在西安交通大学人文社会科学处以及科学出版社的大力支持下，西安交通大学外国语学院推出了"跨学科视域下的语言文化系统研究丛书"。本套丛书展示了西安交通大学外语学科近期的学术成果，其中不乏真知灼见。然而，语言文化系统学这门崭新的交叉学科尚处在幼年时期，还有不少成长中的问题与不足。千里之行始于足下，我相信只要方向正确，前途必然光明。

我本人有幸参与了西安交通大学"语言文化系统学"交叉学科博士点的筹划，很高兴看到在短短的五年里，他们就取得了如此之多有价值的研究成果。希望西安交通大学外语学科的学者们继续秉承一贯的求索精神，更深入地思考跨学科语言文化系统研究的学理与方法，将语言文化系统学建设成为国内外一流学科，成为世界学术丛林中的一棵大树，枝繁叶茂，开花结果。是为序。

刘海涛

2017 年 7 月 20 日

序　言

　　口译通常被认为是一种以传递意义为目的的跨文化、跨语言的交际行为，具有明显的语言操作和语言实践特征。这种观点从交际行为学的层面上看很有道理，但意义的感知、解码、识读等关键要素却被忽略了。因此，有必要从认知心理学的研究视角，透过口译行为的操作层面，深入至口译的信息加工机制和加工程序，这样才能真正解读口译过程。王非的这部专著《口译过程研究：记忆机制与信息加工模型》就是这一努力的代表性成果。

　　近年来，口译研究领域的重点经历了从理论建构、文本对比到以认知过程分析为主的转变，其实质是完成了从"结果导向"向"过程导向"的转变，从单一学科向跨学科的转变。在口译过程研究中，针对口译记忆与信息加工机制的研究正在成为核心内容。该领域的研究集结了语言学、翻译学、认知科学等相关学科的研究热点，不仅有非常实用的教育意义和应用价值，而且也是心理学界和语言学界探索人类语言认知过程的重要途径之一。

　　王非的《口译过程研究：记忆机制与信息加工模型》以释意理论、认知负荷理论和认知心理学的记忆理论为基本框架，提出了记忆与加工机制的互动发展观。他的研究基于"三角测量"的范式，采用问卷调查、访谈、现场观察、文本分析和对比实验等综合手段，观察不同层次的译员在记忆运作和双语转换加工上的差异，分析错误记忆产生的类型和原因，探讨记忆机制和加工模式在实际口译情景中的运作机制，着重研究工作记忆、翻译方向对信息加工过程及结果的影响，并最终推导出交替传译过程中的"记忆与信息加工模型"。

　　我认为，《口译过程研究：记忆机制与信息加工模型》提出的"记忆与加工机制的互动发展观"体现了口译认知过程的整体性和互动性。王非在其论述的结论中指出："释意理论"所主张的"脱离语言外壳"不仅仅是一个理想化的口译状态，而且也应被看作是与个体认知心理过程相联系的多维动态的过程。只有如此，方能全面理解"释意理论"对口译过程和口译个体的解释力，从而彰显口译过程研究的实践意义。我非常赞同王非的这一结论。

　　从研究思路上看，王非在他的研究中充分考虑到口译过程的特殊性，特别是口译需要记忆与信息加工共同参与的事实，在"整合型"的设计框架上将口译的记忆机制和加工过程视作为一个整体的研究对象，从分析各自的运作机理入手，触及口译过程的主要方面和关键环节，然后整合探讨二者相互关系，最后从宏观上构建记忆与加工机制的整体运作模型。这种整合型的思路确保了作者有效地综合各实验的研究结果，科学梳理其间的因果关系，准确提炼有关记忆机制与信息加工模型的最终结论。

从研究方法上看，《口译过程研究：记忆机制与信息加工模型》突破了单一被试、单一视角的局限，基于多个被试群体的综合视角，力图实现对口译活动尽可能全面、客观的解读。这一研究体现了跨学科特色，借鉴了认知心理学中对于"错误记忆"的研究思路和反应时实验的方法，结合口译的特点设计历时研究对比实验，成功地解读了口译的记忆和加工机制。

《口译过程研究：记忆机制与信息加工模型》体现了研究理念、研究角度和实验设计方法的创新，具有一定的原创性。该研究对以"脱离语言外壳"为核心的口译理论做了进一步的探讨与延伸，对口译记忆机制与信息加工理论的丰富与完善起到积极的建设作用。研究结果对于口译课程的设计、口译教学方法的改进具有积极的借鉴作用。同时，根据该研究开发的语料库建设包括多样化的口译文本，可以为口译教材的编写和口译实训网络平台建设提供丰富的参照。

王非系外语界难得的一名跨学科青年才俊。得益于家学渊源，他自幼酷爱文学，博闻强记，中学时代即开始阅读英美诗歌与小说，同时大量记诵中国传统诗词，打下了牢固的双语基础。他本科就读于浙江大学化学工程专业，在读期间对语言和翻译产生了浓厚的兴趣，毕业后在企业从事科技翻译工作，而后赴英国爱丁堡大学攻读语言学硕士学位。2010年成功考入上海外国语大学，在我的指导下攻读博士学位。读博期间赴澳大利亚西悉尼大学访学，专门研究口译理论、实践和教学。2015年以高分通过博士论文答辩并获得博士学位。这部《口译过程研究：记忆机制与信息加工模型》既代表了王非博士学位论文的核心思想，也是博士论文研究课题的升华。我衷心希望王非不忘初心，在口译信息心理加工机制的研究领域继续前行，在以深度学习、增强学习为特征的人工智能快速发展的时代，深入人机协作口译的新领域，努力突破技术障碍，取得新的研究成果。

是为序。

梅德明
2017年7月3日
于上海外国语大学

前　　言

　　口译是人类社会最古老的社会活动之一，在人类社会群体间的交往中始终扮演着不可替代的角色。自不同民族不同语言的人们开始交流起，沟通彼此语言的口译活动就产生了，在当今全球化的时代里更是起到越来越重要的沟通作用。在我国全方位对外开放的大格局下，社会亟须大量的口译从业人员，口译人才的缺口令众多生产企业、外贸公司和翻译机构求贤若渴。而在商务、科技、文化交流等众多领域，由于译员能力欠佳导致的沟通失败屡见不鲜，由此产生的直接和隐形的经济损失更是难以估量。虽然我国逐渐成为"翻译大国"，但离"翻译强国"还有很长的路要走。

　　从整体上看，口译的过程似乎并不复杂：发言人说出源语，译员在听解的基础上对信息进行分析、记忆，并用另一种语言译出。当前学界普遍认可的口译过程主要包括"源语理解→记忆与语言转换→译语产出"这三个主要阶段（Gile，1995b；Pöchhacker，2004）。然而，在看似简单的步骤之下却是复杂的信息加工机制。所谓信息加工，也就是包括源语的理解、记忆和语言转换在内的全部认知过程。口译加工的每个环节均会给译员、尤其是口译学生带来极大的挑战，因此，对口译过程的信息加工机制开展深入研究，对指导口译实践和口译教学均有着积极的现实意义。

　　口译任务对译员的语言水平、认知能力、个性情感等因素都提出了很高的要求，以口译教学中的英译汉交传为例，学生译员经常出现的问题可概括为以下两类。

　　（1）在无笔记交传时，虽然能听懂原话内容，但无法保持记忆。译语中常常出现漏译、错译等现象，其中一个突出表现就是"边说边忘"；而在做笔记时，笔记行为本身往往又会对源语理解形成干扰。

　　（2）在译语输出阶段，学生往往苦于无法找到对应的表达，译语中出现大量欧化句式、死译、硬译的情况。

　　以上是英译汉过程学生遇到的最突出的问题，而在汉译英过程中，学生虽然在理解和记忆等环节的难度较英译汉为小，但语言转换时却遇到更大的挑战。即使语法结构正确，也常常出现搭配不当语用错误，中式英语屡见不鲜，少见自如流畅的译语表达。在无法找到对应表达时出现卡壳，甚至译语完全中断的情况也并非罕见。

以上这些问题形成了研究交替传译过程中记忆与信息加工机制的主要内容，所有这些问题都指向了一个核心：译员听到源语后，大脑究竟经历了怎样的加工过程？而这个核心问题又可以进一步分解成如下若干个问题。

（1）口译过程中的记忆机制是怎样运作的？错误记忆是如何出现的？

（2）口译究竟是语言形式层面的转换，还是依托同一个概念层面的不同表达？抑或两者兼而有之？

（3）译员的记忆能力与信息加工方式存在何种关系？

本书将针对以上三个方面，以释意理论、认知负荷理论和认知心理学的记忆理论为基本框架，提出记忆与加工机制的互动发展观，整体上采用"三角测量"的研究模式，对交替传译中的记忆机制和加工过程进行深入探讨。力求回答其中一些关键性的、有争议的问题，推动学界对交替传译过程中记忆与信息加工机制的进一步了解。

本书由七章构成，各章主要内容如下。

第1章"绪论"简要介绍口译的基本概念，梳理口译研究的核心理论与实证研究，并提出本书所从事的研究目标和问题。

第2章"研究观点、思路与设计"将回顾口译记忆和信息加工研究的发展脉络，梳理其中的主要流派、观点和发现，分析以往研究在理论支撑、方法与材料的应用上存在的不足，进而阐述本研究的主要观点、思路和方法。

第3章至第6章是本书实证研究的主体部分，第3章"记忆与加工模式的问卷调查与分析"将对学生、口译教师和专业译员进行问卷调查，以了解不同层次的被试对口译记忆和信息加工的一般性看法与具体行为方面的信息。

第4章"记忆与信息加工在实际口译情景中的表现"介绍一项描写性研究，对一次现场口译录音资料进行"段落分割—逐句对齐—三重标注"的转写操作，通过分析译语中的省漏现象和加工方式，研究记忆与加工方法在实际口译情景中的具体作用与表现形式。

第5章"交替传译的记忆机制研究"包含三个实验，实验1研究口译训练对交替传译工作记忆能力发展的作用，并分析译语中各种错误记忆现象的分布。实验发现：虽然整体错误记忆比例下降，但替代错误并未出现明显改善，对专业译员的后测实验与访谈进一步揭示了译语输出过程中"心理填补"机制的存在，本章据此提出"替代错误心理成因模型"。实验 2 对被试（学生、口译教师和译员）进行工作记忆广度测量，并分为高容量组和低容量组。实验 3 包含一次交传实践与译后再认任务，通过句子判断和单词再认任务的成绩，观察高容量组（30 人）和低容量组（26 人）在译后源语内容和形式保持能力上的差异，并分析工作记忆、口译效能与源语保持能力的关系，从而探讨"脱离语言外壳"在口译实践中的具体表现与运作机制。

第 6 章"口译的在线加工机制研究"包含三项实验，实验利用 E-Prime 2.0 软件编程，采用"自定步速阅读"模拟口译听力输入，通过按键反应时测量阅读过程的时间消耗，使用隐喻词作为目标词。实验 4 确认了隐喻词效应的存在。实验 5 和实验 6 观察"汉—英"和"英—汉"两个方向翻译过程中的并行加工现象。

第 7 章"交替传译记忆与信息加工模型的构建"是在以上研究的基础上，推导出交替传译过程中的"记忆与信息加工模型"，该模型在肯定串行加工作为口译信息加工模式的常规状态的前提下，证实了"非对称有限并行"加工模式的存在。具体说来，"英—汉"方向比"汉—英"方向出现更多的并行加工，同时，工作记忆能力较低的译者也会出现更多的并行加工。并行加工的层面较多地集中在词汇层面，特别是在对工作记忆较为"敏感"的词汇项目上（如隐喻词），而句法层面的并行加工相对较少。此外，并行加工描述的只是口译的实时思维过程，主要是影响源语理解的开始到概念合成之前这一阶段的译语语言特征的激活过程，但译语激活不等于被选择，因此并行加工不能影响译语产出这一阶段，也不能影响最终的翻译结果。

本书的研究通过分析不同层次的译员在记忆运作和双语转换加工上的差异，探讨记忆机制和加工模式在实际口译情景中的运作机制，分析错误记忆产生的类型和原因。本研究对以"脱离语言外壳"为核心的口译理论做了进一步的探讨与延伸，构建出"记忆与信息加工模型"，对口译记忆机制与信息加工的相关理论做了一定的补充。本书的研究结果对于口译课程的设计、口译教学方法的改进具有积极的借鉴作用。同时，根据本书研究开发的语料库建设包括多样化的口译文本，可以为口译教材的编写和口译实训网络平台建设提供丰富的参照。

本书是教育部人文社会科学研究青年基金项目（项目批准号 13YJC740093）的最终成果。感谢西安交通大学外国语学院对此著作的出版资助。感谢王敏教授对此丛书的出版所做的努力。

王　非

2017 年 4 月

目　　录

他山之石，可以攻玉

序言

前言

图 目 录

表 目 录

第 1 章 绪 论

本章首先简要介绍口译的基本知识，包括口译的分类、操作方法和评估标准，进而对口译研究的主要内容做一概述，重点梳理口译记忆、信息加工及二者关系的研究概况，并提出本书的研究目标。

1.1 口译简介

1.1.1 口译的基本知识

翻译有笔译和口译之分。在英语中，从事笔译的人被称为 translator，而从事口译的人则被称作 interpreter。不论是笔译还是口译，都是用一种不同的语言来解释和再现原话的意思和内容。笔译是通过书面或文字形式，把一种语言表达的思想内容用另一种语言来再现。口译则是通过口头的形式，传达发言人的思想和意图。口译是一种特殊的口头交际手段，其任务是在不同语言、不同文化的交谈者之间发挥桥梁和纽带作用，使交谈双方感觉不到语言障碍而自由地进行思想交流。

口译就其工作方式而言一般可分为交替传译（consecutive interpretation）和同声传译（simultaneous interpretation）两大类。

交替传译：讲话人说完一句话、一段话，甚至一整篇后，由译员在现场立即译给听众的口译方式就叫作交替传译，也称为"接续翻译"。讲话的时间可以从十几秒（几十个字）到几分钟（几百乃至上千个字）不等。讲话与翻译交替进行。这种翻译方式主要用于两种情况：一是正式会见、政治会谈、外交或商务谈判、公务交涉、大会发言、学术交流、新闻发布会、记者招待会、宴会祝酒、开幕式、闭幕式、法庭辩论、情况介绍会等正规场合，译员往往要借助笔记进行口译；二是礼宾迎送、陪同、参观、游览、宴会、购物、娱乐、生活安排等日常会话中，译员通常凭记忆进行口译。

同声传译：同声传译则是讲话人一面讲，译员一面译的口译方式。同声传译主要用于国际会议。同声传译可以分为三种情况：一是会议传译，即译员利用大会会场的电化设备，在传译箱里通过耳机收听讲话人的讲话，马上又通过话筒译给听众，几乎与讲话人同步，最多比讲话人慢几秒钟；二是视译（sight interpretation），即译员一面看原文讲稿或书面材料（如讲话稿），一面译出材料的内容。一般要求译员不停地看，不停地译，而不是看完一句译一句；三是耳语传译（whispering interpretation），即译员把会议上听到的话，立即小声连续不停地译给身边的一两个人听。耳语翻译服务对象人数很少，有时允许对原讲话有较大的压缩与概括。这种传译也称"咬耳朵"翻译。

就工作性质而言，口译可以划分为外事翻译、军事翻译、商贸翻译、医学翻译、联络翻译、会议翻译、法庭翻译、技术翻译、展览翻译、导游翻译、生活翻译，等等。它们各有其特点和要求。

1.1.2　口译的流程和方法

口译是一项艰苦而紧张的脑力劳动，是一个复杂的思维过程。译员绝不是头脑简单的"传声筒"。口译由源语到目标语的过程并不是一条直线，而是一个由表及里、由里及表的理解、分析、表达的能动过程。两种语言的对应关系并不体现在表层结构，而是体现在深层含义。口译的过程实际上是一个"听与理解→记忆→表达"的极其短暂而又相当复杂的过程。

口译的任务是传达原话的思想内容，口译时译员应采用直译和意译相结合的策略。其实，直译与意译本身并没有优劣之分，关键是看具体情况下用哪种译法更能准确地体现原话的思想内容。如果是政治会谈或者外交场合，应强调以直译为主，因为外交措辞需要精确，译员有责任将领导的发言准确地翻译出来。如果是联络陪同或商贸会谈，在不影响传递话语意思的前提下，则不妨多用意译。直译和意译是相辅相成的两种翻译手段，一名优秀的译员总是能够根据具体的场合、语境和双方交流的需要，自觉或不自觉地交替使用直译和意译，以求达到最好的翻译效果。

1.1.3　口译的标准

口译与笔译是两种既有密切联系又有很大差别的工作。由于两者各有自己的特点和要求，因此，标准不尽相同。从翻译条件上看，笔译通过"读"理解原文，获取信息。笔译人员可以有充分的时间进行斟酌，可以查阅词典和各种工具书，还可以请教他人。清末学者严复提出的"信、达、雅"的翻译标准，到今天仍被广泛引用。

口译通过听的途径理解原话，获取信息。译员要在听完讲话人的话后立即用目标语言表达出来，甚至一边听一边表达，几乎没有时间进行思索推敲，在多数情况下不可能查阅词典或工具书或者请教别人。相比之下，口译人员的单位时间劳动强度大大超过了笔译人员。因此，对口译的质量不能过于苛求，一般更多地要求"信"和"达"。当然，口译译员也有一些笔译工作者所没有的有利条件。他们可以借助于讲话人的手势、语调和表情等"副语言信息"来更好地理解原话，明白发言人的意图。

长期为毛泽东同志担任俄语翻译的我国著名翻译家李越然先生根据口译工作的实际要求，将口译的标准归结为"准、顺、快"。"准"是指忠于原话的内容与精神，不随意增减信息，不胡编乱造，所译的语言风格应尽量贴近原话；"顺"是指通顺自然，干脆利落，不拘泥于原话的词语和结构，用符合目标语习惯的话将原话的思想内容表达出来；"快"有两方面的含义，一是译员说话不能太慢，其语速应相当于或略快于原话的语速；二是讲话人停顿后译员应立即开始口译，中间的间隔一般不能超过两三秒，否则就会影响现场的效果，招致听众的不满。

1.2　口译研究概述

虽然口译有着悠久的历史，但数千年的口译活动持续下来，人们对此多有评述，却少有研究。只是自 20 世纪后半叶以来，口译研究才逐渐成为一门学问，并开始发展成为一个独立的学科领域。在这一过程中，哲学、语言学、心理学等相关学科的进步也促进了口译研究的发展。自 2000 年开始，教育部英语专业教学指导委员会将"口译"作为英语专业本科阶段的必修课程，随着翻译本科、翻译专业硕士（MTI）和翻译学博士点的开设，口译教育和口译研究事业也获得了前所未有的蓬勃发展。下面从口译的记忆机制、信息加工机制及二者之间的关系对口译研究的现状做一概述。

1.2.1　口译记忆机制研究

口译是一种特殊的语言处理活动，表现出突出的即时性和即席性特点。在口译过程中，译员没有机会反复理解源语信息，而是要一次性地听取源语信息，借助笔记（在交替传译中），执行源语信息听辨、信息意义的表征和理解、信息暂时储存、译语组织与计划、译语信息表达与监控等一系列彼此影响、相互制约，甚至往往重叠进行的加工任务。因此，译员必须具备良好的信息保持与处理能力，以确保初始信息的准确理解、前后信息的衔接与连贯、译语表达与源语信息的统一。也就是说，口译活动对译员的语言记忆能力形成了很大的压力，而出色的语言记忆能力则构成译员不可缺少的基本素质之一（Gile，1995b）。

交替传译和同声传译是口译的两种主要形式，记忆在两种口译方式中所起到的作用并不完全相同。同声传译一般是在没有辅助记忆手段（如笔记）的条件下进行的，输入、解码与输出几乎同时发生，用于储存信息的时间相当有限，对信息处理协调性的压力也就更大。为了培养优秀的同声传译译员，大量的专门训练不可或缺，例如，在同传训练中常常强调精力的分配，影子练习（shadowing exercise）就是同传记忆训练中常用的方法。与同声传译相比，交替传译中的记忆期限更长一些，一段讲话持续时间可能会在 2～3 分钟，有时译员甚至会听到长达 5～10 分钟的长篇讲话，并要求借助笔记进行信息记录与提取。尽管同传与交传在短时记忆方面存在共同之处，但交传的记忆训练是同传记忆训练的基础，在各高校翻译本科（BTI）和专业学位研究生（MTI）的培养方案中，占主要教学内容的通常也是交传记忆训练。

长期以来，西方口译研究界多将关注重点集中在同声传译的工作记忆研究领域（如 Darò & Fabbro，1994；Liu，Schallert & Carroll，2004；详见本书第 2 章）。相比之下，在口译教学中占更大比重的交替传译过程记忆研究却显得非常不足。主要原因有二：第一，西方国家的职业会议口译译员多以同声传译为主要工作形式，因而对同声传译的研究也就成为口译记忆研究的核心内容；第二，交替传译过程往往伴随着笔记。借助笔记这种外显的信息存储方式，译员可以在很大程度上缓解短时记忆的负担。因此，在国外的交传记忆研究中，译员笔记常常成为口译研究和教学研究的重要对象，口译效果与笔记的互动关系也成为研究的重点（如 Seleskovitch，2002；Gonzalez，2012）。与笔记研究的蓬勃发展相比，"纯粹的"记忆能力对交传效果的影响的研究大多仍处于经验探讨或内省的层次，缺乏系统而深入的实证性研究，尤其缺乏在一定时期内对记忆能力发展的跟踪研究。

在口译实践中常常发现，由于缺乏有效的记忆力训练，译员经常在能够听懂源语的情况下，因为记忆负担过重而导致无法准确地再现源语信息。事后回顾时，往往笼统地将这些问题概括为"漏译"或"误译"。对于交替传译过程中的错误记忆现象，目前并没有多少深入的探究。需要指出的是，对于交传记忆研究关注的不足并不意味着交传过程中的记忆问题不值得研究。Obler（2012）援引一项由"国际会议口译员协会"（International Association of Conference Interpreters，AIIC）资助的对资深职业译员的调查发现，不少职业译员在做了多年同声传译之后，发现做交替传译反而是一项更具有挑战性的工作。这种现象在某些年龄较大的资深译员身上似乎更为明显：他们虽然能借助工作记忆出色地完成同声传译工作，但却不认为自己的短时记忆能够保证自己完成交替传译（即使在借助笔记的情况下）（Signorelli et al.，2012）。Obler 因此指出，交替传译和同声传译的记忆机制是有区别的。同声传译的记忆主要依托工作记忆（working memory，WM）来执行信息保持和加工的双重任务，而交替传译则主要依靠短时记忆（short-term memory，STM）来保持信息，信息保持的时间要超过同声传译的工作记忆（Signorelli et al.，2012）。但目前的大多数记忆研究对工作记忆和短时记忆并没有做出严格的区分，对二者在口译过程中的具体行为表现，也未见有实证研究的报道。

口译记忆机制研究始终是口译研究的重要内容。现有的研究基本确认，口译信息提取失败的原因可归结为三个方面（De Groot，2005）：一是受倒摄干扰和前摄干扰的影响；二是受紧张情绪的作用；三是受"发音抑制"（articulatory suppression，AS）效应的影响（Baddeley，2006）。随着口译过程的进行，译语输出活动本身会逐渐干扰工作记忆中语音环（phonological loop）的"默读-复述"功能，从而妨碍对输入信息表征的重复激活与保持，影响信息提取任务的执行效果，直接表现为译语中部分甚至全部信息的遗漏。

1.2.2　口译信息加工机制研究

口译过程中的信息加工研究范式有两大类，一类以法国"释意派"学者为代表，倾向于人文科学研究范式，采用论证、反思、定性和阐释等方法探究口译的认知过程。释意学派的创始人塞莱斯科维奇和勒代雷（1992）提出，源语转换成译语有两条途径，即"脱离源语外壳"途径和"语码转换"途径，或者称为"基于意义的方式"（meaning-based）和"基于形式的方式"（form-based）。另一类研究更侧重自然科学的范式（如 Paradis，1994；Macizo & Bajo，2004/2006；Ruiz et al.，2008），研究者采用认知心理学和神经科学实验等实证研究路径，致力于探索口译语言转换过程的机制研究，并提出了"串行加工"（serial processing）与"并行加工"（parallel processing）两种信息处理模式。

"串行加工"模式认为，译员只有在源语理解完全结束后才开始将源语转换成译语，两种语言之间的转换以非语言形式的抽象概念为中介。理解、转换、产出这三个

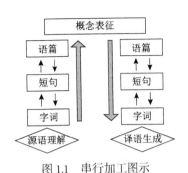

图 1.1　串行加工图示

阶段按照先后顺序进行串行的、互不干扰的加工。如图 1.1 所示，源语经过字词、短句和语篇这三个层面的逐步处理，最后变成抽象的概念，然后再借助目的语的语篇、短句和字词路径最后输出。

"释意理论"的倡导者们提出的"脱离语言外壳"理论与"串行加工"模式虽然属于不同的研究范式，但本质上却表述了同一现象。该学说在很长一段时间占据口译理论研究的权威地位。它带有引人瞩目的唯美色彩，因为据此很容易推论出"思维能够脱离语言而存在"。心理学研究也发现，作为一种突如其来的灵感，"顿悟"和"直觉"等现象印证了思维在一定程度上确实可以不依赖语言而独立存在（彭聃龄，2004）。但口译过程是否存在类似"顿悟"的现象，还未曾得到系统的研究与证实。

与"串行加工"模式的观点不同，"并行加工"模式则认为，源语理解的加工过程已经同时激活了译语，并和译语在词汇或者句法层面进行了匹配。也就是说，语言转换加工在源语理解阶段就已经开始，因此语言理解、转换和产出过程是两种语言相互作用、互相影响的加工过程，如图 1.2 所示（双向左右箭头表示并行加工过程）。

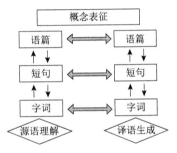

图 1.2　并行加工图示

对"串行加工"模式的批评主要在于：该理论只是以个人直觉为基础的经验总结和内省，缺乏实证研究的支持。到目前为止，来自"西班牙语—英语"和"德语—英语"的几次为数不多却影响力很大的心理语言学实验，其结果均支持并行模式（如 Macizo & Bajo，2004，2006；Ruiz et al.，2008）。

对于这一问题，董燕萍（2010）提出了"非对称有限并行加工"的模式，所谓"有限"，指的是译员不可能并行加工所有的语言单位，否则口译就等同于原始的语码转换；所谓"非对称"，指的是并行加工过程受到多种因素影响。例如，"外语→母语"的过程就比"母语→外语"的过程涉及更多的并行加工；再如，口译学生比富有经验的专业译员也更容易出现并行加工。

1.2.3 记忆与信息加工之间关系的研究

长期以来，口译记忆研究与口译信息加工研究各自分离，虽然有一些文章论及了译员的记忆能力与口译效果的关系，但多为个人经验总结或口译教学建议与心得，经过严格设计的实证研究尚不多见。张威（2011a）对同声传译过程中的工作记忆进行了系统的研究，发现同声传译的训练能够促进学习者工作记忆容量和协调性的发展；反之，工作记忆容量大小也对同声传译效果产生影响，且与口译方向和译员的口译经验有相关性。并据此提出了同声传译过程中工作记忆的运作模型。黄一（2013）对专业译员英汉同传中源语句子表面形式再认记忆和口译效果进行了实验研究，以此观察"脱离语言外壳"现象。研究发现，专业译员对源语句子形式的再认成绩比非专业译员被试要低，说明专业译员经历了"脱离源语语言外壳"阶段。另外，由于译员在同声传译时需要做更多的深入分析和处理，对于一些需要特殊处理的句子表面形式记忆更加深刻，更加容易辨识出结构和原句有较大不同、或是包含了特别词语或词组的改写句。

1.2.4 对此前研究的总结

口译记忆与信息加工机制的研究已成为语言学、翻译学、认知科学等相关学科的研究热点。对口译的信息处理过程进行深入探索，不仅有非常实用的教育意义，而且也是心理学界和语言学界探索人类语言认知过程的重要途径之一。

但是，到目前为止，大多数记忆研究均以同声传译为主要考察对象，对交替传译过程的记忆机制研究相对不足。研究多针对口译产品，也就是说，研究对象往往是译文本身或翻译效果，很少触及口译的实时在线过程。从信息处理专业的角度来说，这一研究范式仍属"线下"（off-line）研究，而非"线上"（on-line）研究。而为数不多的实时加工过程的代表性研究主要来自欧洲语言之间的口译活动，如"西班牙语—英语"和"德语—英语"之间，缺乏"汉语—英语"之间加工过程的研究。此外，口译记忆研究与信息加工研究往往各自分离，二者之间的相互关系尚未见实证研究报道。以上问题都值得进一步设计新的研究方案，予以深入探讨。

1.2.5 本书的研究目标

本书中的研究对象为交替传译过程，包括"英—汉"和"汉—英"两个方向的交替传译。在本书的此后各章节中，除非特别说明，所有的"口译过程"均指当前研究的交替传译过程。本书的研究目标主要包括以下几个方面。

（1）通过对学生、口译教师和职业译员的问卷与访谈，了解不同层级、不同类型的被试在记忆和信息加工方面的认知情况和行为情况；

（2）通过对现场口译文本的个案分析，研究高水平译员的记忆机制和加工模式在实际口译情景中的运作情况；

（3）通过无笔记交传实验和译后再认实验，分析错误记忆产生的机理，探究意义在大脑中的表征形式及工作记忆与信息保持之间的关系；

（4）通过设计针对关键词的反应时实验，分析词汇层面的并行加工情况，并探讨工作记忆能力对信息加工过程和口译效果的影响；

（5）总结以上研究的结果，构建"交替传译的记忆与信息加工模型"。

第 2 章　研究观点、思路与设计

本章是整个研究框架中的理论阐释部分。首先梳理口译研究作为一个学科领域的发展脉络，并对该领域的三个关键问题即口译记忆、认知模型和信息加工逐一探讨，深入解析其实证研究与理论架构，在此基础上提出本书的核心观点、操作思路和研究设计。

2.1　口译研究的发展历程

2.1.1　历史发展脉络

翻译活动源远流长，但翻译研究这门学科却起步较晚。即使在翻译研究内部，口笔译研究也呈现出较大的分化。虽然口译活动在人类历史上早于笔译而出现，但以口译活动为对象、开展真正意义上的学术研究的历史却非常短暂。较之汗牛充栋的关于翻译、特别是文学翻译研究的文献，口译研究无论是著作数量还是研究力度都远为滞后。这一点在一定程度上也体现出了口译研究的难度（Gile，1999）。

国外的口译研究可以追溯到 20 世纪 50～60 年代。但由于种种原因，当时的学者并没有留下太多的著作，见诸坊间的代表性文献包括 Herbert（1952）、Rozan（1956）等学者的著述。这个时期的研究者们以译员和口译教师为主体，研究内容以职业经验总结为主。1968 年，塞莱斯科维奇发表了《国际会议译员》（Seleskovitch，1968）一书，将口译程序作为研究课题，试图从理论层面对其加以解释和探究，该书的发表被看作是从经验总结到理论研究的过渡。

20 世纪 60 年代后期到 70 年代，随着神经科学和心理学的突飞猛进，口译领域的研究也得到了很大的促进。这一阶段的口译研究的主体包括众多心理学和神经科学的专家，研究内容也得到了很大的拓宽，主要包括：口译（尤其是同声传译）过程中的信息丢失与整合、源语发布和译语产出之间的时间间隔（Barik，1973）；选择性注意、源语中的停顿现象和信息单位划分等问题（Goldman-Eisler，1972）；源语发布速度对口译质量的影响及口译的信息处理方式等（Gerver，1974，1975）。这个时期的口译研究存在的主要问题是：研究对象局限于双语者和在校学习口译的学生，很少将职业译员作为研究对象；实验采用的材料通常是书面材料；研究和观察在语言实验室进行，与职业口译现场的情境相去甚远；研究方法片面强调"科学"化的定量分析，并没有得到相关人文科学足够的理论支持。

20世纪70年代后期到80年代，随着国际交流的进一步深化，国际性翻译机构的建设得到较快发展，相应的翻译院校和翻译研究中心纷纷成立，以职业译员为主导的研究队伍持续壮大，研究领域也不断拓宽。这个时期的口译研究与早期经验性研究最大的差别在于，研究人员借鉴了认知心理学与信息处理理论对口译程序进行描述，提出了一些口译信息处理模式，其中代表性的理论模式包括：塞莱斯科维奇和勒代雷的"口译过程三角模式"及相应的"脱离语言外壳"理论（1992）；Lederer（1981）的同声传译过程模式、Gerver（1976：192）的同声传译过程模式、Massaro（1978）的话语理解信息处理模式、Moser（1978）的同声传译信息处理流程模式、Gile（1985）的同声传译中译员精力分配平衡模式等。鉴于职业译员对前期非职业译员主导的以心理学、神经科学为主的研究范式提出批评，这个阶段的多数研究人员转而采用理论思辨的范式探讨口译过程中的问题，因此众多口译信息处理模型在这段时期应运而生，也就不难理解了。

1986年11月，意大利的特利斯特大学高级翻译学院组织了"会议口译教学理论与实践国际研讨会"，学界将此次会议视为口译研究领域一次具有里程碑意义的重要会议。此次会议集中了不同国家和地区的职业译员、口译教师，以及来自心理学、神经科学、语音科学、认知科学等领域的研究人员，他们借鉴跨学科尤其是认知科学领域的最新的研究成果和方法，就口译的诸多问题进行了交流和探讨，很多在此次会议上讨论的话题后来都成为口译研究领域的热点领域和核心问题，例如，同声传译的听力感知方式（Spiller & Bosatra，1989）；口译过程中语言使用的脑偏侧性（Fabbro et al.，1991）；双语与多语者的神经生理学特点；同传译员注意力在源语输入和译语产出之间快速切换的"飞轮效应"（fly-wheel effect，Gran & Dodds，1989）；源语信息加工深度对译员记忆效果和记忆容量的影响（Lambert，1988）。总体来看，同声传译仍然是这个时期的主要研究内容，实证研究成为这个时期的主要研究方法。在校研究生和博士生的加盟对口译研究主体的扩大及研究方法的进步发挥了重要的作用。

到了20世纪90年代，随着翻译的文化转向、后殖民主义、女性主义、意识形态等理论的发展,目的论和翻译准则理论等源自笔译的研究方法开始进入口译领域,随着全球各地移民社区的发展而产生的对话语篇互动范式也开始在口译研究中发挥影响,新的研究范式和研究方法不断出现,研究范围也从口译认知过程、口译教学等传统领域向口译产品、口译客户、口译职业定位、口译与社会发展等更广泛的领域延伸(Moser-Mercer,1994)。

2.1.2　进入 21 世纪的口译研究进展

口译研究进入 21 世纪后的显著特点,一方面是跨学科的实证研究范式正在形成,另一方面是各种形式的社区口译正在成为口译研究和教学的新热点(Pöchhacker,2004:44)。这些都突出反映了口译领域的学术研究正在朝着成为一门独立学科的方向发展。

进入 21 世纪后的前十年,口译研究领域的代表性著作层出不穷,包括:2002 年 Routledge 出版的《口译研究读本》(*The Interpreting Studies Reader*);2004 年 Routledge 出版的 Franz Pöchhacker 的专著《介绍口译研究》(*Introducing Interpreting Studies*)等。对这一阶段的研究,Gile(2005)做了系统的梳理和回顾。他通过分析互引文献的方式,揭示了当前口译研究中一些引人注目的不对等现象,表现在:①在翻译学科内部,口译研究者引用笔译研究的比例,远远超过被笔译研究者引用的比例;②手语翻译和社区口译研究者引用会议口译研究的比例,远远超过被会议口译研究者引用的比例;③在翻译学科与相关学科的互相引用上,翻译研究被相关学科引用的多为观点和理论,而鲜有研究方法和研究发现被相关学科引用的。这一对比分析结果在很大程度上反映了并不乐观的现状:口译研究内部存在明显的结构性问题,口译研究的方法和范式尚不成熟、系统,而口译作为一门独立学科的未来发展仍然任重道远。

进入 21 世纪的第二个十年,一些领军学者开始对口译研究范式这一核心问题进行反思和探索。Pöchhacker(2011)从本体论和认识论的角度探讨口译研究范式的哲学属性问题。他指出,自特利斯特大学 1986 年组织的那场具有分水岭意义的研讨会之后,口译研究便开始出现"科学范式"和"思辨范式"的划分。作为一名德语学者,Pöchhacker 援引现代德国哲学的开端人物狄尔泰(Wilhelm Dilthey)关于研究对象的二分法观点:研究对象既可以是现实的客体(Matter),也可以是头脑中的概念(Mind)。从狄尔泰对孔德的逻辑实证主义的批判出发,作者指出人文学科研究中的实证方法一方面是基于对经验和现实的观察,而不可忽视的另一方面则是将观察到的"实证"置于特定社会历史情境当中予以解读。在这时,"人"的因素不应该被视作对科学观察结果的干扰，而应该成为解读与建构研究过程的内在元素。由此，Pöchhacker 从建构主义认识论的角度，提出口译研究中应该倡导"实证结合解释"（Empirical-Interpretive）的范式，采取"严格的定量设计+灵活的定性设计"的操作，具体到实施策略上，Pöchhacker 建议采用三种方法的组合，即"现场调查"（Fieldwork）+"问卷"（Survey）+"实验研究"（Experiment）。

在研究方法上，刘敏华（Liu，2011）对 2004～2009 年发表在口译研究界最有影响力期刊之一的 Interpreting 上的 48 篇实证研究论文的研究方法做了分类、梳理和评述。主要发现：①在此期间社区口译领域的研究论文占近一半的比重，只有不到 1/3 的论文属于会议口译，显示出口译研究领域的不断扩大；②案例分析法大量运用于社区口译研究，体现了研究范式的"社会学转向"和研究方法的"定性研究转向"，同时，一些邻近学科的研究手段，如"扎根理论方法"（Grounded Theory Method），也为口译定性研究开辟了值得探索的途径；③定量研究的设计和过程更加精密，更多的新方法被成功运用，包括引导测试、多个评估人的间信度分析方法、推论统计方法等。但是她也指出口译研究一些难以规避的问题，例如，口译研究样本常常偏小，口译实时资料难以获得，这些客观因素确实在一定程度上限制了口译研究，尤其是实证研究的快速发展。

虽然口译研究目前发展迅速，但距离具备独立学科地位尚有待时日（Moser-Mercer，2011b）。我们知道，任何学术领域如要享有独立的学科地位，一般要满足几个条件：一是要有学科开始建立的标志性著作；二是要有逐步完善的术语系统和学科工具书；三是要有广泛的研究领域和课题，有不断增多的各类研究成果和著述问世，有专门的学术期刊作为思想交流的平台；四是要有学科教育基地和各种教材，有学位课程和学校培训作为人才支持；五是要有广泛的社会功能和社会认同，并拥有广阔的发展前景。就口译研究而言，发展至今，它已经基本满足或正在达到以上这些条件，未来有望成为一门独立的学科。

2.2　口译记忆的相关理论

2.2.1　研究概况

由于口译活动对记忆能力的特殊要求，自 20 世纪 60 年代口译研究正式展开以来，语言信息的记忆能力与口译活动的关系一直就是学界关注的焦点问题之一。随着对口译活动，特别是对口译深层认知加工过程的认识不断加深，同时在心理学和神经科学等相关学科关于语言记忆研究的推动下，口译记忆研究也在各个方面取得了很多成果，不仅进一步厘清了记忆能力与口译活动的相互作用与影响，有利于提高实际口译效果，也促进了口译教学与培训的改革与完善。当然，口译记忆研究还需要进一步加强跨学科研究的理论意识，改善研究策略与方法，设计更科学的实验程序与测量手段，对相关问题进行更细致的观察与分析。

记忆研究一直是心理学、认知科学、语言学和口译等领域专家关注的重要课题。张威（2006）根据对研究对象的分析与解释力度，将口译记忆研究分为理论论证、实证探索、系统构建三个不同层次。理论论证研究一般从口译过程分析入手，结合心理语言学、认知科学等相关学科关于记忆机制的运作机理，讨论口译活动中记忆的性质、特点、结构、作用等问题（如 Gile，1995b；Moser-Mercer et al.，1997；鲍刚，2005；芮敏，2002）。实证探索研究以理论论证为基础，利用实地观察、调查、实验、测试等多种手段，对口译与记忆（主要是同传与工作记忆的关系）进行细致的量化描述与分析。这是目前口译记忆研究中最受人关注、也是研究成果最多的领域（如 Christoffels et al.，2006；张威，2011a；刘猛，2014）。而系统构建研究，则是根据理论分析的成果，结合口译记忆研究的实证性数据，构想种种口译整体操作模式，描述记忆因素在其中的地位和作用（如 Moser-Mercer，1997；Setton，1999；Paradis，2000），或单独描述口译过程中的记忆加工程序，试图构建单一的口译记忆模式或模型（如 Darò & Fabbro，1994；Mizuno，2005；刘绍龙和仲伟合，2008）。

口译记忆研究的范式与方法也在经历不断的演变。中西方早期口译记忆研究都呈现出理论阐述充分而实证考察不足的特点，多以个人随感或经验总结为主，难以全面客观地揭示记忆机制的组成、功能及其在口译过程中的运作方式。当前学界的主流观点是：口译记忆研究应该尽量采用以实证研究为主、定性与定量相结合的研究路径（Gile et al.，2001；Pöchhacker，2004；刘和平，2005）。通过规划科学、系统的研究程序，设计较为严密的实验，获得详细的实证数据，结合理论分析，获得的研究结论才具有较强的解释力、适用性与可验证性。因此，实证性口译记忆研究虽然目前数量不多，但影响较大，且正在成为研究的主流。

2.2.2　口译记忆机制的组成要素

口译过程中的记忆研究重点是短时记忆，特别是一类特殊的短时记忆，即"工作记忆"的研究，而专门针对长时记忆的研究则相对较少。同时，针对口译活动的不同形式和涉及的不同类型的记忆研究各有侧重。

口译活动的即时性特点要求译员在极短的时间内完成一系列的信息加工任务，对短时记忆有非常高的要求，因此短时记忆效率对口译效果的影响也非常显著。相反，长时记忆（即储存于译员大脑的与口译主题相关的各种背景知识）则需要通过短时记忆才能对信息加工活动产生影响。而且，长时记忆更加抽象，更多地表现为概念性、逻辑性的信息命题和表征。因此，长时记忆对口译效果的影响难以直观地表现出来，也不易直接测量。

口译记忆的这种特点使得短时记忆成为口译记忆研究的主要对象（刘宓庆，2004:165-167；Gile，1997）。同时，一种具有短时记忆性质而又同时负责信息保持与加工双重任务的记忆体系——"工作记忆"（working memory）也成为口译研究的焦点对象（彭聃龄，2004）。工作记忆是一种特殊的短时性记忆，从机能角度来说，短时记忆是一种存储系统，其作用是暂时存储信息；而工作记忆是一个执行系统，执行着暂时存储信息、加工信息及监控和协调信息的多重功能。从构成上看，短时记忆指的是一种单一通道的单元系统，而工作记忆是由多个独立成分组成的多元系统。声音信息和视觉图像信息可以经过不同的通道进入记忆区。从内容上分析，短时记忆强调的是新接收到的信息。由于短时记忆容量有限，大部分信息很快淡出短时记忆而被遗忘。工作记忆系统则包括接收到的新信息，以及完成当前任务所须激活的长时记忆中的部分信息。例如，在阅读理解中看到一个新的句子，读者须要同时激活长时记忆中相关的语音、语义、句法知识及相关的背景知识才能真正理解句子的含义。这一系列的理解过程依靠的是工作记忆，而不是短时记忆。与一般短时记忆系统只具有信息短暂存储单一功能不同的是，工作记忆在对信息进行短暂存储的同时，还负责对信息进行加工处理（Baddeley，2000）。而正是工作记忆这种信息保持与加工的双重特性，使其对许多认知活动具有非常重要的意义，尤其在心算加工、决策推理、阅读理解、词汇学习、写作、二语习得、口译等认知活动中发挥着重要作用。

Baddeley 和 Hitch（1994）在短时记忆的基础上提出了工作记忆的三成分模型，后又完善为四成分模型（Baddeley，2000）。该模型包括中央执行系统（central executive）、视觉空间模板（visual-spatial sketchpad）、语音环（phonological loop）、情景缓冲器（episodic buffer）四个组成要素。中央执行系统是一个容量有限的注意力资源控制系统，主要负责工作记忆各子系统之间的注意力分配；视觉空间模板负责存储并加工视觉与空间信息，可以帮助人们利用生动的形象来加强对信息的记忆；语言环负责存储并加工语言信息；情景缓冲器通过多维度编码将工作记忆子系统和长时记忆中的信息综合起来，创造出新的表征，支持后续的信息加工。工作记忆的模型图如图 2.1 所示（Baddeley，2006）。

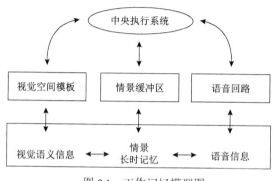

图 2.1　工作记忆模型图

工作记忆的认知资源有一定限度，其容量一般在 7±2 个"信息组块"（chunks of information）的范围内波动（Miller，1956）。这一有限性既体现在并行处理的任务个数上，也体现在能够得到处理的信息总量上（Seeber，2011）。研究证实，在推理、学习，特别是语言理解活动等复杂认知加工活动中，工作记忆与任务执行效果存在显著的相关性，同时工作记忆也被视为外语学能的构成要素之一（Sawyer & Ranta，2001；Dornyei & Skehan，2003）。对于口译研究而言，"7±2"这一发现的意义正是在于它昭显了人类大脑短期记忆容量的有限性，说明我们不能以笔译的评价标准去衡量口译这一记忆负荷极大的认知过程。

2.2.3　记忆与口译关系的研究

整体来看，到目前为止，在工作记忆与口译关系的研究方面具有代表性的成果多出自同声传译研究，而针对交替传译的记忆研究相对较少。在同声传译活动中，听辨、理解、存储、转换、表达等信息加工环节彼此衔接非常紧密，甚至"同时"进行，对译员信息保持与处理能力的要求极高，记忆能力（尤其是工作记忆）的优劣直接影响到同传任务的执行效果，因此同传活动也就自然成为口译记忆研究的重点对象（Gerver，2002；Lambert，1988；Moser-Mercer et al.，1997）。

在口译与工作记忆能力的关系方面，研究人员借助工作记忆测量工具，考察了口译活动与其他活动对工作记忆能力的不同影响（如 Darò & Fabbro，1994；Bajo et al.，2000），结果表明，口译人员的工作记忆容量显著大于非口译人员，说明口译训练和实践有利于工作记忆能力的发展。Christoffels 和 De Groot（2005）通过实验心理学记忆容量检测工具也得到了类似的结果，即口译实践有利于工作记忆潜势的发展；但同时另一些实证研究却显示，不同层次口译人员的工作记忆容量并不呈现显著差异。职业译员的口译效果之所以明显强于一般口译学员，并不是在于其工作记忆容量的差异，而是由于职业译员在口译训练与实践中所掌握的专项口译技能，使其能更好地分配认知资源，提高工作记忆资源的运用效率和工作记忆的协调性（Liu，2001；Rothe-Neves，2003）。还有学者（如 De Groot，2005；Liu et al.，2004）通过对比研究得出了更加综合的结论：口译实践不仅能够增加工作记忆的广度，也能够提高工作记忆的协调能力、改善工作记忆资源的分配效率，从而能全面提高口译的效果。此外，Seeber（2011）对英语—德语同声传译过程的观察发现：译员采用的口译策略一方面能提高口译的效果，另一方面却加重了口译过程中的记忆和认知负荷。

虽然在工作记忆是否会随口译训练发生变化方面的实证研究未能取得一致的发现，但在工作记忆的运行机理方面进行的研究却基本形成共识。Moser-Mercer 等学者（1997）根据认知记忆"加工深度"（depth of processing）的原理（见 Darò & Fabbro，1994）分析同声传译的认知机制，发现在源语信息听取与译语产出同时进行时，认知资源必须在理解、存储、转换、监控等各个加工环节上进行分配，用于源语信息深层加工的时间相应较少，因而对源语信息的保持效果相比单纯听辨的时候要差。随后有学者（Isham，2000；Christoffels & De Groot，2005）根据认知心理学工作记忆的运作原理对同声传译的进一步研究也发现，同传活动中与源语信息听取同时进行的译语产出干扰了工作记忆对源语信息的"默读复述"，形成了"发音抑制"现象，进而影响了对源语信息的保持与回忆效果，使得口译后的回忆效果要差于听力等无语言输出活动后的保持效果。还有一种解释是，口译译员的职责只是负责信息迅速而完整的传达，而没有必要或动机去记住所翻译的信息，因此其译后复述或回忆效果也较差（Padilla et al.，1995；Mizuno，2005）。

国内针对口译工作记忆的研究同样集中在同声传译领域。张威（2011a）的研究是国内首次以英汉双语同声传译为考察对象，针对工作记忆能力进行的全面、系统的研究。研究发现职业译员的工作记忆容量和协调性明显优于口译学员，说明工作记忆能力与口译效果存在显著的相关性，研究确定了工作记忆在同声传译信息处理过程中的功能与运行机制，并构建了同声传译工作记忆的运作模型。徐琦璐（2012）的博士论文以汉英同声传译为研究对象，针对被试工作记忆广度、控制性注意指标与同声传译的效果做相关性与线性回归分析，同时结合问卷调查结果，研究发现译员的工作记忆对其同声传译的表现有影响，但是影响有限；此外，译员的控制性注意与其同声传译的表现不存在影响关系。黄一（2013）的博士论文以英汉同声传译为考察对象，研究被试在口译后对源语句子的识别能力，研究发现专业译员对原句表面形式的再认记忆比一般听众要弱，经历了"脱离源语语言外壳"的阶段。同时，由于译员在同声传译时需要做更多的深入分析和处理，对于一些需要特殊处理的句子的表面形式记忆则更加深刻，更加容易辨识出结构和原句有较大不同、或是包含了特别词语或词组的改写句。

相对同声传译而言，交替传译中的记忆研究受到的关注要少。一部分原因是在交替传译活动中译员即时转换的压力相对较小，同时借助笔记这种"外显"的信息存储方式，译员可以在很大程度上缓解短时记忆的负担。在译语表达阶段，记忆能力主要表现为依据笔记对源语信息的检索、提取与转换，也就是长时记忆对信息的存储与提取（Gile，1995b：178-183；Pöchhacker，2004：183-184）。因此，在交替传译过程中，译员笔记往往成为口译研究和教学研究的重要对象，而记忆与笔记的互动关系也成为研究的重点（如胡凌鹊，2008；Gonzalez，2012）。正是由于记忆与笔记对交传效果的双重作用，人们对"纯粹的"记忆能力对交传效果影响的认识仍大多处于经验总结或个人感悟的层次上，尚未见到专门针对记忆的、较为深入的实证性研究。到目前为止，国内有不少博士论文以交替传译为考察对象，研究的主要方面包括思维过程与能力发展（蔡小红，2000）、现场口译语料的规范描写（王斌华，2013）、语言能力与口译能力的关系（孙序，2010）、口译思维过程中的意义协商与概念整合（谌莉文，2011），以及交替传译中自我监控机制与自我修正模式（虞文婷，2012），虽然以上研究均涉及口译的记忆机制，但并未将记忆能力作为一个专题考察，并没有专门探讨记忆能力与交传效果的真正关系。

2.2.4　口译记忆研究存在的问题与争议

口译记忆研究存在的问题体现在研究对象和研究手段上。就研究的对象而言，如前所述，针对交替传译的记忆研究依然数量不多，且大部分研究在方法上偏重定性分析而实证数据不足，没有明确阐释记忆系统不同成分在口译认知加工过程中的相互关系及具体作用，缺乏足够的实证数据说明以工作记忆为核心的记忆能力与口译操作过程及具体效果的关系（如相互促进或制约作用），当然也未能就交替传译的记忆机制得出较为完整的、有说服力的结论。

口译研究界对口译记忆的研究方法依然存在争议，部分学者认为，认知能力与其他口译专项技能是两种分别在口译中起作用的因素，彼此影响并不显著。因此，他们提出对口译过程可以进行"分解"式研究。例如，可以有效地控制其他口译技能变量的影响，单独设计精密的心理学实验考察记忆能力与口译效果的关系（Moser-Mercer，1997；Christoffels & De Groot，2005）。而有些研究人员（如 Gile，1997；Setton，1999）则站在更为宏观的社会文化视角，主张口译活动是一种各项基本技能彼此相互影响与制约的综合性加工过程，并且带有鲜明的社会性与交际性的特点，很难严格区分某项单独技能在实际口译中的作用。因此他们质疑在实验环境中，通过人为的控制手段，利用单纯的心理学指标（包括测量工作记忆广度的多种测量工具）来考察口译员的工作记忆能力的研究路径。

口译记忆研究发展至今，主要是通过借鉴认知心理学和语言学等相关学科形成自己的理论框架和研究思路，但由于发展时间较短，研究力量不足，在针对不同口译类型和不同记忆类型的研究上依然进展有限。目前学界的主流看法是（Pöchhacker，2004）：记忆能力在口译能力体系中占据重要的位置，实际口译过程中的记忆能力必须与译员的认知素质及其他专项口译技能协调配合，共同参与口译信息处理过程，共同影响口译效果。而且，单纯考察记忆能力并不能解释口译过程和结果，一些其他的专项口译技能在口译实践中常常发挥着更为突出的作用。因此，以口译加工程序为基础，综合运用定量方法（问卷、实验、语料分析）和定性方法（如访谈、观察），重点考察以工作记忆为核心的记忆系统与口译操作的相互关系，进而提出口译的记忆运行机制，应该是未来口译记忆研究的一个重点议题（张威，2011a）。

2.3　口译过程中的认知模型研究

人类大脑的注意力资源总是有限的，Styles（1998：116）指出，"我们同时从事多重任务的能力总会受到某种基本限制，这一点是人类信息处理系统最明显的行为特征之一"（转引自 Seeber，2011：177）。为了解释有限的认知资源如何能最大限度地在口译活动中发挥作用，口译研究者提出了多种理论模型，影响力较大的主要有 Seleskovitch 和 Lederer 创立的"释意理论"（"Théorie de sens"，theory of sense）和 Daniel Gile 根据多任务处理模式提出的"认知负荷模型"（The Effort Models）。此外，比较重要的理论模型还有 Anderson（1985）提出的"认知能力发展模式"（Adaptive Control of Thoughts，ACT 理论）、Paradis（1994）提出的"多重并行信息处理模型"（Multiple Parallel Information Processing Theory），以及 Setton（1999）提出的"认知-语用表征理论模型"（Cognitive-Pragmatic Representation Theory）等。

2.3.1 翻译描写模式：释意理论的概念及观点

"释意理论"（"Théorie de sens"，theory of sense）又称"释意学派翻译理论"（La théorie interprétative de la traduction，the interpretative theory of translation），于 20 世纪 70 年代由巴黎高等翻译学校的达妮卡·塞莱斯科维奇（Danica Seleskovitch）与玛丽安·勒代雷（Marianne Lederer）两位学者共同提出，主要观点是：翻译即释意，故名"释意理论"。就交替传译而言，塞莱斯科维奇和勒代雷（2011：33）指出，交替传译"既不是原讲话的摘要，也不是对原讲话的逐句解释，而是与原讲话从各个方面完全等值的另一篇讲话"。释意理论自诞生之日至今，在口译研究及教学领域影响很大，占据了自 20 世纪 70 年代至 80 年代末的主导地位。在标志着口译研究转向的"特利斯特口译大会"之后，释意理论模式开始受到一些质疑和批评，但其影响力至今依旧巨大。释意理论的关键概念包括三个方面。

1. 释意翻译是翻译的基础

作为释意理论最基本的概念，释意翻译指的是对篇章层次的翻译，以区别于词汇层次和语句层次的翻译。勒代雷在其专著《释意学派口笔译理论》对释意翻译的核心思想做了如下的阐述：

> 概括地讲，我将字译和句译称为语言翻译，将话语篇章翻译称为释意翻译。（勒代雷，2011：4）
> ①这里要强调的是，没有"释意"就不能翻译，而释意翻译理论建立在对会议翻译实践的观察基础上。因此，我故意在"interpreter"的双重词义上做文章，该词既指会议译员的工作方式，同时也指对待译篇章的深刻理解和清晰表述。（勒代雷，2011：4-5）
> 释意翻译是意义对等翻译，语言翻译是字词对应翻译。（勒代雷，2011：25）

②若想翻译成功，就必须寻求原文与译文的总体意义对等，词语对应只能满足临时需要，因此，一味使用词汇对应不可能帮助完成意义对等翻译。将两种语言成分的涵义逐一翻译出来不能产生优秀翻译的理由很难讲明，但这类恶劣的翻译却比比皆是。（勒代雷，2011：26）

2. 以"脱离语言外壳"为核心的翻译程序

释意理论认为，无论是交替传译还是同声传译，译员都在遵循一定的翻译程序，这个程序大致可以分为三个阶段。

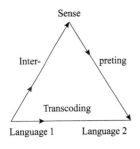

图 2.2　释意学派的口译三角模型

第一阶段：听到带有一定意义的发言，理解听到的话语并分析其意义。

第二阶段：立即审慎地丢掉原来的措辞，即"脱离语言外壳"，记住源语所表达的思想内容、概念和观点。

第三阶段：用译语对发言人原话的思想、概念进行表达，既能完整地表达原话意思，又能使听者理解。

释意理论提出了著名的"口译三角模型"来描述以上三个阶段，如图 2.2 所示。

该模型的核心思想就是"脱离语言外壳"（deverbalization），按照勒代雷（2011：135）的解释，脱离源语语言外壳是"理解一篇文章和用另一种语言重新表达之间的一个阶段。指语言符号引发产生的认知和情感意义，是对语言符号的跨越"。而塞莱斯科维奇（1979：48）则用更为形象的语言来比喻，"译员把法文译成英文的过程就好像是把一件法国式样的毛衣拆开，把毛线都洗净理好，然后再按照英国的式样织成一件新的毛衣"。

应该说，"脱离语言外壳"这一思想具备自然语言的哲学基础，它以口语作为其释意翻译思想的分析对象。口头语言是转瞬即逝的，我们常常只能记住听到整体内容，却几乎忘记了所用的语言形式。译员在口译过程中摆脱了源语所使用的语言形式，保持着非语言形式的记忆，即处于意识状态的思想或事实。

3. 对"意义"的理解必须依靠认知补充

对于口译中的理解过程，释意理论认为，认知知识与语言知识相结合的过程，构成了对源语意义理解的基础。勒代雷（2011：17）指出，"认知知识是一存在于大脑的整体物，属于非语言的，每个人为理解文章可以从中汲取需要的内容"。认知知识

相当于英文的 "encyclopedic" 或 "world knowledge"，即 "百科知识" 或 "基础知识"。释意理论认为，在任何情况下，译员对话语的理解都不能只依靠构成文章的语言，而必须依靠语言知识和语言外知识的结合。译员不能满足于语言符号的转换，因为 "文章的词汇相加总和并不等于文章的意义，意义的产生有赖于译员自身认知知识的参与"（许钧和袁筱一，1998：190）。

2.3.2 多任务处理模式下的 "认知负荷模型"

Gile（2009）以认知科学为理论基础提出的 "认知负荷模型" 在口译研究领域具有重要影响。该模型借用了 "有限的注意力资源" 和 "任务的难度与任务时限之间的关联性" 这两个核心的认知概念，重在阐述口译（尤其是同声传译）过程中译员如何分配认知精力（effort）来处理听辨、理解、记忆、输出等几乎同时发生的任务。Gile 根据口译过程的阶段性特点提出了 "同声传译的认知负荷模型"（An Effort Model of Simultaneous Interpretation），之后又在此基础上提出了 "交替传译的认知负荷模式"（An Effort Model of Consecutive Interpretation）。根据该模式，交替传译可以分为两个阶段。

第一阶段：

Interpretation = L + N + M + C

L: Listening and Analysis，即译员听解分析源语信息过程

N: Note-taking，即笔记过程

M: Short-term Memory Operations，即短时记忆过程。根据 Gile 的观点，该过程主要发生在从源语被接收到译员做笔记之间的时间阶段。

C: Coordination，对各种认知行为的协调

第二阶段：

Interpretation = Rem + Read + P

Rem: Remembering，即对信息的回忆过程

Read: Note-reading，即对笔记的再认

P: Production，即译语产出的过程

根据上述模式，Gile 认为交替传译各个环节的认知负荷需求 R（Capacity Requirement）应该低于译员大脑所能提供的认知能力 A（Capacity Available），而交替传译全过程所需的认知总量也应该低于译员大脑所能提供的认知总体能力。

LR < LA

（LR: Capacity Requirement for L; LA: Capacity Available for L）

MR < MA

（MR: Capacity Requirement for M; MA: Capacity Available for M）

PR < PA

（PR: Capacity Requirement for P; PA: Capacity Available for P）

CR < CA

（CR: Capacity Requirement for C; CA: Capacity Available for C）

因此有，LR + MR + PR + CR < TA（Total available processing capacity）

认知负荷模型是关于口译操作制约关系的模型，其优势在于有很强的可操作性，并且对分析口译过程中的错译和漏译现象具有较强的解释力。

2.4　口译过程的信息加工研究

2.4.1　研究概要和问题聚焦

口译研究的范式大体上可以分为人文学派的研究和自然科学派的研究。如前所述，倾向于人文研究的以巴黎释意学派为代表（Seleskovitch，1976；Lederer，2002），提出了口译过程的三阶段模型，即源语理解、脱离语言外壳和译语产出，并认为源语转换成译语有两种途径："脱离语言外壳"（deverbalization）的方式和"语码转换"（transcoding）的方式。也有的学者（如 Isham，1994）使用"基于意义的方式"（meaning-based）和"基于形式的方式"（form-based）来描述这两种方式间的区别。

虽然释意理论符合职业译员的行为直觉，并对口译过程具有很强的解释力，但它并没有厘清以下两个关键问题：①口译中的源语理解和一般的语言理解有什么区别？②脱离语言外壳后的意义究竟以何种方式而储存的？

侧重自然科学研究方法的心理语言学家把口译语言转换的在线过程作为研究对象，提出了语言转换方式的"串行观"（serial view）和"并行观"（parallel view）。所谓"串行"，就是指语言转换遵循严格的"输入→理解→产出"的线性加工过程，与"脱离语言外壳"在本质上是一样的；所谓"并行"，就是指在源语语篇被完全理解并形成完整的意义表征之前，译语中对应的词汇单位（lexical unit）就以一种持续并行的方式被激活并转换（Macizo & Bajo，2006：2）。

不难看出，"并行加工"与人文学派提出的"语码转换"的基本概念一致，且与"脱离语言外壳"的观点相左。显然，我们必须承认"串行加工"的必然存在，否则便不存在完整的源语理解。那么争论的焦点在于，"并行加工"是否能够与"串行加工"并行不悖地存在？

对于这一问题，董燕萍（2010）最早提出了口译语言转换符合"非对称有限并行加工模型"的观点。"并行"所表达的意思是，在口译过程中，被试的两种语言都处于高度激活的状态，至少对于流利双语者或者专业译员来说如此。因此，源语理解阶段的双语并行加工应该是一个常态的模式。"有限"所表达的意思是，实际口译任务中，输入语言的速度决定了译员不可能完全并行加工所有的词或者词块，也不可能逐词或者逐个词块地去"匹配"源语和译语。"非对称"所表达的意思是，并行加工的程度受到许多因素的影响，比如语言水平、口译经验等。对于不平衡双语者而言，从外语向母语的翻译可能比相反方向的翻译存在更多的并行加工，这种语言方向的非对称性也从另外一个角度阐释了"有限"的含义。

2.4.2 口译信息加工过程的实证研究

口译加工过程的行为研究主要来自认知心理学、心理语言学、神经语言学等领域，主要通过实验法、调查法等手段展开。为了探究加工过程，心理学家常常采用"自定步速阅读"实验来模拟口译的听力输入。实验要求被试在电脑屏幕上自定步速阅读设计好的句子，句子是一个单词一个单词地逐个出现在屏幕上，每按一次键盘就出现一个单词，同时前面的词汇消失，以此模拟听力输入的瞬时性和连续性。阅读时间的长短可以通过按键时间来测量，时间越长，意味着消耗的工作记忆资源越多。这一实验思路的设计非常巧妙，它把难以直接测量的思维过程转化成可定量测量的按键反应时间。

西班牙格拉纳达大学心理学系的研究人员在这一领域取得了引人注目的成果。Macizo 和 Bajo（2006）的实验就是其中一个有代表性的研究，他们比较了复述任务条件下的自定步速阅读和口译任务条件下的自定步速阅读，被试都是西班牙语—英语的专业译员。其中一组被试阅读之后复述句子内容（读后复述条件），另一组被试阅读之后口译句子内容（读后口译条件）。实验要观察的是在执行不同任务条件下的阅读过程中，哪种阅读需要消耗更多的工作记忆？西班牙语—英语间的同源词（cognate）是否促进了阅读速度（即同源词效应）？这个实验的假设是：①如果源语理解和语言转换是串行的，那么两种条件下的阅读应该没有区别，体现在按键时间上应该没有快慢差异；②如果是并行的，那么读后口译条件下的源语理解过程就会激活译语相关部分，就会消耗更多的工作记忆，从而体现在按键时间上会有长短之分；③阅读过程中遇到同源词时，同源词效应会促进阅读速度，表现为按键反应时间会比普通词汇要短。实验结果发现：读后口译条件下的阅读时间长于读后复述条件下的阅读时间，消耗了更多的工作记忆。只在读后口译条件下观察到了同源词效应，Macizo 和 Bajo 据此认为，口译源语理解伴随有译语的激活，不同于一般意义上的语言理解，因而他们支持并行加工的观点。

在另一个相似的实验中，Ruiz（2008）等学者采用类似的研究范式和被试，研究了源语理解过程是否受到译语语言项目特征的影响，如果受到影响，也可以说明并行加工的存在。西班牙语和英语有如下区别：西班牙语的形容词位置在名词的前面或者后面均可，而英语的形容词一般都要放在名词之前；西班牙语的句子主语可有可无，但英语句子必须有主语。实验发现：①读后口译条件下的阅读时间比读后复述的时间长，这一点与 Macizo 和 Bajo（2006）的发现一致，说明源语理解消耗了更多的工作记忆资源；②就读后口译的时间而言，当被试阅读的西班牙语句子在这两个方面与英语一致时（即既包含主语、且形容词位于名词之前），则阅读时间有显著缩短，译语特征主效应显著。作者因此推论：在阅读源语时，被试也在进行译语结构的匹配。与源语一致的译语结构得到激活，这种激活促进了源语的理解速度。同时实验还发现，译语词库中的高频词在源语理解过程中的阅读速度相对也更快一些。

国内学者近年也采用了类似方法对汉—英口译的转换过程进行了积极的探索。张群星（Zhang，2010）在其博士论文中，对学生被试的句法结构激活现象进行了研究。汉语句子中的状语或者状语小句一般位于主句之前（如"因为……所以……""虽然……但是……"），而英语在这方面无严格要求。当汉英口译学生阅读英语从句在后的句子时（和汉语结构顺序相反），翻译条件下的阅读并不比复述条件下的阅读时间长，但在译语（汉语）产出阶段，译语在该结构上的产出时间却比汉语的复述时间长。这说明学生在处理两种语言有区别的结构时，在源语理解阶段不能激活译语句子的结构，译语结构是在产出阶段才得到加工的，同时，脱离语言外壳的处理过程在语句和篇章两个层面可能存在差异。林洁绚和董燕萍（2011）比较了中英不平衡双语者在读后口译和读后复述任务中加工句首、分句末和全句末的音译词的特点，结果并未发现明显的并行加工现象。赵晨（2013）通过两个实验，探讨了中英不平衡双语者口译中的源语理解过程。第一个实验比较了被试在读后口译和读后复述中加工均衡歧义词的特点，发现读后口译的源语理解过程受到词汇歧义和工作记忆负荷的影响，而读后复述中则没有。第二个实验比较了工作记忆高、低容量两组被试在加工句首和句末音译词时的异同，发现只有高容量被试在读后口译中阅读句末音译词时的时间显著快于控制词。实验结果部分支持并行加工论。

2.4.3　对现有加工研究的深度讨论

1. 并行加工与语码转换的辨析

需要指出的是，语言转换过程中的并行加工，并不完全等于释意派所反对的"语码转换"（transcoding），也并不影响脱离源语外壳的意义整合。理由来自两个方面：

第一，以往心理学的相关研究（如 Green, 1986）已经清晰地界定了"词汇激活"和"词汇选择"之间的差异。双语者在语言加工中，有的词项出现在译语输出中，而有的词项则只是在译语表征中被激活，但并未被选择然后输出。也就是说，在口译的源语理解中，译语词汇或者结构被激活不等于被选择，而只要没有被选择，没有出现在译语中，就不存在语码转换。由此可见，口译中的并行加工仅仅是在源语理解阶段的激活，并不等同于释意理论所反对的"语码转换"的实际行为。激活的部分是否会演变为语码转换，关键取决于这种并行加工究竟是自动的、无意识的心理反应，还是一种人为的、有意识的努力。

第二，在现有的心理语言学在线研究所探讨的源语理解过程中，译语词汇或者结构的激活主要是一种自动的、无意识的加工，这一加工可能会延迟语言的理解时间，但并不会影响源语的意义整合。这和母语中词汇歧义理解过程类似，比如 Elston-Güttler 和 Friederici（2005）的研究发现，高水平的二语习得者能够在句子语境中自动加工歧义词的两个词义，并能够及时排除和语境不一致的那个词义，完成句子意义的整合。也就是说，口译的源语理解过程中，相关意义（包括译语对应词）的自动激活并不影响源语意义的整合。

2. 影响信息加工的若干因素

1）口译语言对之间近似程度的影响

在 Macizo 和 Bajo（2006）的实验中，同源词之所以更加容易激活译语中的对应词汇，是因为这种同源词效应和双语心理词库研究中的同源词效应一致，而且同源词效应是无意识的、自动的、非策略性的。因此，两种语言本身的相似程度，尤其是词汇层面的相似程度，可能会影响源语理解过程中译语的激活程度。相似程度越高，译语激活程度可能越高，并行加工的程度也越高。很明显，汉语—英语之间的区别远远大于西班牙语—英语之间的区别，因此在汉—英读后翻译任务条件下的理解过程中，英语（译语）得到激活的程度可能较低。这就是口译语言之间的差异而引起的并行加工非对称性，这种非对称性在一定程度上可以解释为什么在张群星（Zhang，2010）和林洁绚和董燕萍（2011）的实验中，源语（汉语）理解阶段无论是句子结构还是音译词均未出现明显的译语激活现象。

2）口译语言方向的影响

依据双语心理词库表征的非对称模型（Kroll & Steward，1994），对于一般的非平衡双语者而言，在词汇层面，第二语言到母语的联系强度要大于相反方向的联系强度；在词汇与概念的连接中，第二语言与概念的连接强度要小于母语与概念的连接强度。也就是说，对于双语者来说，第二语言的词汇更加容易激活母语的词汇，而母语的词汇更加容易激活概念表征。当口译源语是更加熟练的母语时，并行加工的程度要小；在相反方向的翻译中，并行加工的程度要大。这就是两种语言熟练程度不同而可能引起的并行加工非对称性不同。在这方面，Macizo 和 Bajo（2004）的另一项研究可以提供佐证，他们采用同样的反应时研究方法，观察西班牙语—英语专业译员的句子阅读时间和利用语用知识的情况，结果发现：①读后口译条件下的阅读时间更长；②只有当输入语言是母语时，语用知识才促进了理解过程。也就是说，母语理解比外语理解进行了更多的概念整合和意义推理，或者说，母语理解过程中的"脱离语言外壳"更加彻底。

另外，在以上支持并行观的实验研究（Macizo & Bajo，2004，2006；Ruiz et al.，2008）中，被试都是西班牙语—英语的专业译员和这两种语言的熟练双语者，因此两者都在读后翻译条件下的西班牙语阅读中显示了并行加工。而在对汉—英语言进行的实验中，被试均为不平衡双语者，英语理解时汉语词汇激活的程度要比汉语理解时英语激活的程度更高，并行加工的可能性更大，而相反方向下的加工就可能性要小。

3）工作记忆能力的影响

工作记忆被认为是影响语言理解和口译表现的一个非常重要的认知心理能力（如 Daneman & Carpenter，1980；Christoffels & De Groot，2005）。有研究显示（见 Whitney et al.，1991），与工作记忆高的被试相比，工作记忆低的被试在阅读过程中会更多地进行局部的，而且是明确具体的推理，如果后面的语言输入和前面的推理不一致，被试往往会返回到前面的语篇重新开始推理。由此可以推测，工作记忆高的译员一般不会在源语理解还不明确的情况下，就去加工具体的译语词块或者结构；而工作记忆低的译员会出现更多的口译语言转换的并行加工。这一结果印证了工作记忆对于口译的重要性，同时也能够解释为什么 Macizo 和 Bajo（2006）的实验没有在句首发现同源词效应（因为句首词不存在记忆负担）。这就是工作记忆的强弱可能导致的并行加工的非对称性。

　　有关工作记忆的这一假设和神经语言学的一些研究结果一致。Munoz 等学者（1999）调查了四名左脑血管损伤导致的失语症双语者和四名正常双语者的语言切换模式，发现失语症双语者表现出更高频率的语言切换。Hernandez 和 Kohnert（1999）认为语言切换机制与中央执行控制机制有密切关系，中央执行控制机制是工作记忆的核心，它负责工作记忆中语音回路、视觉空间画板和情景缓冲区三个子系统之间的联系、各子系统与长时记忆的联系，以及注意资源的协调和策略的选择与计划等多项功能（Baddeley，2000），这一发现也彰显了工作记忆和口译过程中语言转换的密切关系。

　　4）口译训练水平的影响

　　口译技能的训练水平对加工方式的影响体现在以下两个方面：首先，译语的结构是否会被激活，取决于译员的技能熟练程度。熟练的语言转换技能能够加强译员关于双语对应结构的意识，使语言结构的加工呈现自动化的特点。心理语言学结构启动的文献（如 Hartsuiker et al，2004）也提供了相关的佐证。在 Hartsuiker 等学者的实验中，被试听完用西班牙语描述图片的句子后，用英语描述另外一张图片。结果发现，被试倾向于将前面听到的西班牙语句法结构（主动或者被动）用在英语句子当中描述图片，即西班牙语—英语之间存在跨语言的结构启动。这种无意识的句法启动提示我们，在译语表达阶段，译员始终面临着如何控制源语结构干扰这一问题，以达到释意理论所主张的"脱离源语外壳"的程度。经过两种语言口译训练的双语者，能够有更强的意识去选择更加符合译语表达的结构，因此能够抵挡句法启动效应。

　　其次，口译技能训练影响到词汇的加工。专业译员在源语理解过程中，可以在不影响源语理解的情况下自动激活一些译语对应词块，起到加快语言的转换速度、提高口译时间效率的作用。当然，这种激活必须是自动的，否则源语理解过程就可能存在过多的译语激活，从而导致语码转换，影响译语质量。因此，加强语言转换训练、提高口译熟练程度，能够加强译员对于源语理解和译语产出的控制，有可能在不影响加工质量的前提下出现更多有利于口译结果的译语激活现象。

总之，口译技能训练能够在一定程度上提高译员的工作记忆（Christoffels et al., 2006；张威，2008b），优化工作记忆组成中"中央执行器"的执行效率，从而避免出现不连贯的源语推理，减少局部的译语并行加工现象，有利于源语的整体理解和译语的流畅表达，帮助译员对口译过程实现更好的控制。

2.5 本书研究的观点、思路与设计

在总结以往相关研究的基础上，本书研究提出所依据的理论观点、设计的研究思路与具体方法。

2.5.1 对以往研究成果的分析

对口译记忆与加工方式的研究发展至今，已经具备了较为系统的理论框架，在此基础上形成了比较丰富的研究内容和研究结果，但是在某些领域的若干关键问题上仍存在不足，主要体现在以下方面。

1. 对口译记忆和信息加工之间的整合研究空缺

记忆机制与信息加工机制在口译过程中发挥着核心作用，只有在二者协调运行的基础上才能实现高质量的口译结果。然而，现有的研究尚未做到二者的有效整合。具体说来，要么只是专门针对口译的记忆机制，要么只是关注信息加工的过程，甚至只是着眼于其间的某个更加微观的子领域。诚然，针对单一研究对象并尽可能排除多变量的影响，有利于研究者更精确地设计研究方案、控制实验变量、确保研究结果的信度与效度。但从另一方面看，完全将记忆与信息加工分离开来的研究设计，因其违背了实际口译过程的根本属性，割裂了各认知要素之间的固有联系，所得结果必定具有较大的局限性。既不能完整描述口译的复杂动态过程，对口译认知理论的完善缺乏支撑意义，也难以使口译实践或口译教学发挥真正意义上的指导价值。

2. 重要领域的相关研究需要加强

一方面，口译研究界对交替传译的关注仍然不够。到目前为止，国内外大多数主流研究集中于同声传译过程，"脱离语言外壳"理论及相关的其他学说流派也主要以同声传译为考察对象，对交替过程的记忆加工和信息处理的研究相对不足，尤其缺乏具有代表性、典型性的实证研究。

另一方面，对英语—汉语之间的信息加工过程研究匮乏，目前所见的代表性研究主要来自欧洲语言之间的口译活动，如"西班牙语—英语"和"德语—英语"之间，而汉语和英语属不同语系，其间差异明显超过欧洲语言，在欧洲语言间出现的"并行加工"模式是否适用于"英汉—汉英"加工过程？"英汉—汉英"交替传译过程中的加工机制有何特点？目前这些都缺乏相关的实证研究。研究成果的匮乏与口译需求热度的直线升温形成了很大反差。此外，西方学者研究的被试群体多为职业译员和流利双语者（即所谓"并列式双语者"），对于其他水平的双语者，语言能力和认知水平的差异是否会产生加工方式的改变？比如，就本书的研究对象（口译学生）而言，加工方式是否会有所变化？

3. 研究标准与研究方法有待优化

相对稳定的研究标准是确保研究质量的前提，但口译作为一门年轻的学科领域，在研究标准和测量手段的统一方面仍有待发展。以口译记忆研究为例，有的利用各种记忆测量工具直接测量口译员的工作记忆广度（如 Liu，2001；Isham，1994），有的则是利用复述、自由回忆（free recall）、理解等方式来考察口译员对原文信息的保持效果（如 Darò & Fabbro，1994），而有的研究则依靠测量口译员对与原文信息无关的材料（如单词、数字等）的回忆效果（如 Darò，1995，1997）。显然，不同测量方法反映的是不同记忆类型的功能，难以准确描述和反映口译与工作记忆的关系（参见彭聃龄，2004：230-233）。就工作记忆而言，此前的口译记忆研究要么过于强调工作记忆的容量（如 Darò，1995），要么过于重视工作记忆资源的协调性（如 Liu et al.，2004），其结论自然难以统一，也难以客观、全面地反映工作记忆能力与口译效果的关系。

以口译信息加工研究为例，多采用实验研究这种单一的研究方法，较少综合运用调查、观察等其他研究方法，数据类型较为单一，不能充分反映信息加工与口译活动的关系，特别是实际口译情景下的复杂情况。而且这些实验性研究仍存在一些缺陷，突出表现在实验设计、被试代表性、试验材料与实验环境真实性等方面（Gile，2000）。比如 Macizo 和 Bajo（2004，2006）的两项研究均采用自定步速阅读来模拟口译听力输入的过程，被试阅读的是一些精心设计的句子，与真实口译过程中的语言材料显然有所不同。那么，这些独立的句子是否更容易触发并行加工？因此，实验的结论在很大程度上常常由其研究方法所决定，不一定可以推广到其他的情境中。

此外，以往的研究在研究期限和研究样本上也存在一些不足。认知心理学研究表明，在具体任务环境下，一定时期的训练或实践可以有效地改善该任务环境下的工作记忆水平。但当前的口译记忆或信息加工研究都没有在一定时期内跟踪考察工作记忆能力的发展变化情况，而仅仅是一次性的实验或测量。显然，这样的研究所得出的结论就难以准确反映被试的口译认知能力发展特点，也就难以全面分析工作记忆、加工方式与口译的关系。同时，以往的研究要么以职业译员为研究样本，要么以口译学生作为观察对象，相对单一且缺乏相互比较，未能做到将横向对比与纵向发展的研究相结合，难以全面、立体地探讨口译认知能力这一动态指标的发展变化和分布情况。

2.5.2   本书研究的理论观点

本书研究认为，口译记忆和信息加工的机制研究，既要植根于口译实践活动的丰富土壤，又离不开对既有成熟的理论模型的批判性继承。释意学派致力于口译认知心理过程的规约性阐述，最大的贡献是提出了"脱离语言外壳"这一既符合认知直感、又具备超前意识的革命性理念。而 Gile（1995b）的认知负荷模型则充分考虑到实际口译活动中译员认知能力的有限性，突出了各种任务对认知资源的竞争，也昭示了口译过程与口译结果的非理想性和非完美性。当然，没有哪一种模型或假说能够完整地诠释口译心理表征方面的认知运作，现有的这些理论体系均着力于口译活动的描写或规约，而不完全是口译心理过程的内在的、结构性的理论。本书在对理论的批判性继承的前提下，提出了以下三个观点。

1. 释意理论与认知负荷理论对本书的统驭作用

释意理论和认知负荷理论以其丰富的内涵和全面的解释力，一直是口译研究者使用最多的理论来源。基于释意理论，本书将深入观察被试、尤其是高水平译员如何在口译过程中的各个层面实现"脱离语言外壳"操作，如何规避"语码转换"现象，进而分析口译串行加工和并行加工的具体表现。同时，借助认知负荷理论，本书承认不同层级的译员在认知能力、尤其是工作记忆能力上的差异性和局限性，承认串行加工和并行加工共同存在的必然性。因此对不同层级被试设计相关的实验，观察工作记忆能力的差异对口译信息加工的过程与结果产生的实际影响，并希望所得到的研究结果能够对以上理论做出有益的补充。

同时，本书认为，如果按照以往的常规研究思路，单纯地从认知负荷理论的角度看待口译中的记忆过程和遗忘现象，或是单纯以释意理论为基础分析信息加工，都忽略了实际口译过程中记忆与信息加工的交互作用这一基本事实，所得的结论既不能对实际问题做出客观的分析与解答，也无益于对现有理论的内容做出丰富与发展。释意理论和认知负荷理论所关注的并非仅仅是口译中的某个问题，两者之间存在很大程度上的共性与交集，因此，有效的研究设计应该首先来自于理论之间的互通与互动。如果能够从认知负荷的角度看待释意理论中的"脱离语言外壳"与"语码转换"等现象，同时，以释意理论为出发点分析口译过程中的记忆与认知负荷，将不仅有利于对实证数据的全面解读，获得更为客观的结论，反过来也将促进理论本身的丰富与完善。

2. 非对称的有限并行加工观

本书认为，关于口译语言转换的"串行-并行"观的分野，其实是一个动态系统的两个侧面，其间并不存在二元对立、非此即彼的冲突。"非对称有限并行"是能够客观反映口译语言转换机制的假说，具有一定的普遍性与解释力。一定程度上的自动的并行加工对于双语流利的职业译员而言是常态，自动的并行加工不但不影响脱离源语外壳的释意翻译，而且会提高口译的效率。当然，并行加工的程度受到多重因素的影响。反之，对于双语不平衡的译员（如口译学生）而言，过度的、有意识的并行加工才会导致语码转换并影响翻译质量。本书承认并行加工的非对称性的客观存在，并以此为依据设计相关实验，获得有针对性的研究结果（第 6 章）。同时本书认为，提高翻译质量的途径不是抑制并行加工，而是提高译语的流利程度，并加强口译技能训练，从而提高对口译过程中源语理解和译语产出的整体控制效果。

3. 记忆与加工机制的互动发展观

考虑到口译过程的动态特点和多变量属性，本书提出记忆与加工机制的互动发展观。所谓"互动"，是突出两者之间的相互的、横向的联系。一方面，记忆与加工机制各自有其内在的认知特点，应该有针对性地设计实验予以分析；另一方面，本书根据认知负荷理论，承认记忆能力与信息加工的内在关联与相互影响。整体说来，加工水平直接决定了记忆的保持效果，而记忆能力、尤其是工作记忆水平的高低又会影响信息加工的方式和程度。因此，对于记忆与信息加工的内在机制，应纳入理论的统一框架内实施整合研究，如此方能真正发现记忆与加工机制的核心要素与关键变量。所谓"发展"，是指在口译研究中，必须充分考虑到译员个体认知能力的多元存在和动态发展的客观现实。一方面，不同层级被试内部之间存在不同的发展水平；另一方面，即使同一被试内部，也存在不同时期的能力发展阶段。口译研究应该据此设计横向对照与纵向比较相结合的研究方案，基于多个群体、多重变量的综合视角，才能实现对口译活动尽可能全面、客观地解读。

2.5.3 本书研究的实施理念："三角测量"的研究策略

本书研究根据口译实证研究的范式进行设计。口译实证研究的三大主要路径为观察法、实验法和调查法，三种方法各有特点，在单独使用时都不可避免地存在一定的局限性。例如，客观数据收集的局限性、主观判断与推理的准确性等因素都会影响研究的效度和信度。为了避免研究的缺陷，当前口译研究领域主张采用"三角测量"（triangulation）的研究策略（仲伟合，2012）。所谓"三角测量"，是一种源于几何学的自然科学研究方法，通常指从不同角度对同一对象进行测量以便得出关于该对象的准确定位数据（仲伟合，2012：65）。在社会科学研究中，也常常综合采用多种数据收集方法，从不同角度交叉比较，使得研究结果更能客观真实地反映研究对象。

本书实证研究的主体部分，包括四个章节，即是按照"三角测量"进行设计的，第3章的问卷调查、第4章的语料分析和第5、6章的实验研究构成"三角测量"的核心。同时，本书提出以下理念，作为各章研究的设计思想和实施依据。

（1）口译研究应该首先关注其言语交际属性：口译员的大部分认知行为与我们日常的言语交际行为具有高度的相似性，因此采用传统的文本分析和认知语言学路径，结合认知神经科学等相关学科的范式和方法，有助于全面深入地探究口译认知模式和信息处理过程的外在表现和内在机理。

（2）研究设计的生态性：对口译认知过程研究不能离开具体的研究客体和环境，观察现场口译情景下译员的表现并进行客观的、描写性的研究，是研究口译记忆和信息加工的必要手段。

（3）研究对象的针对性：对口译记忆的研究不宜过于宽泛，本章针对"错误记忆"这一现象，通过无笔记交传和译后再认实验，分析错误记忆产生的机理，探究意义在大脑中的表征形式。

（4）实验材料应该尽可能仿真：对于口译这样以心理活动为主的研究对象，在实验内容和材料的设计上应该尽量接近真实情景。因此，本章在测量反应时的实验材料设计上超越音译词层面，尝试采用隐喻词作为测试材料。

（5）研究应该兼顾不同客体间的差异：口译的观察客体不仅可以是单个译员或一组被试，也可以扩大到更广泛的群体中。本章希望了解不同的译员群体对于记忆和信息加工在观念和行为上的差异，因此包含了一项问卷调查。这种具备统计学意义上的问卷结果，也是对个案描写和对比实验研究的有益补充。

2.5.4 本书的研究设计

本书研究将在文献综述的基础上，通过问卷调查、观察、访谈、实验和模型建构来完成研究工作。主要研究工作如下几个步骤。

（1）问卷调查：在第 3 章"记忆与加工模式的问卷调查与分析"中，将对学生、口译教师和专业译员进行问卷调查，调查主要了解以下四个方面的信息：①对于记忆能力在口译综合能力中的地位的看法；②对于口译记忆和信息加工过程相关知识的了解；③在记忆出现困难时的应对策略和措施；④口译过程中涉及记忆和信息加工的相关行为。通过本次调查，希望获得不同层次的被试对口译记忆和信息加工的一般性看法与具体行为方面的信息。本部分的研究工作以定量研究为主，结合定性分析。

（2）译文分析与译员访谈：在第 4 章"记忆与信息加工在实际口译情景中的表现"中，介绍一项以现场观察、文本分析和访谈为主的描写性研究。研究者将现场观察一次口译过程，并对录音进行文字转写，转写工作按照"段落分割—逐句对齐—三重标注"的方式进行，进而具体分析译语中的省漏现象和信息加工方式。对于省漏现象，主要从语言形式省漏、信息内容省漏两个方面进行分析；对于信息加工方式，主要从句法结构、文本语义、话语信息三个方面予以分析。通过文本分析结合译后访谈，来研究记忆与加工方法在实际口译情景中的具体作用与表现形式。本部分的研究以定性分析为主，辅以量化统计。

（3）口译记忆的实验研究：在第 5 章"交替传译的记忆机制研究"中将深入探讨交替传译的记忆机制，包含三个实验。实验 1 将对口译学生在一个学年的前后进行无笔记交传对照实验，借助认知心理学"错误记忆"的分类模式，分析被试译语中各种错误记忆现象的变化情况和分布状况，研究口译训练对交替传译工作记忆能力发展的作用。同时，对出现典型问题的被试进行访谈，深入了解各种错误记忆出现的机理。实验 2 和实验 3 将研究"脱离语言外壳"现象在交替传译过程中的实际表现。实验 2 属于预备实验，对被试（学生、口译教师和译员）进行工作记忆广度测量，并分为高容量组和低容量组。接下来实施实验 3，被试在一次交替传译实践之后，完成句子内容判断和单词再认两个任务，探讨"脱离语言外壳"在口译实践中的具体表现，观察不同水平的被试对于源语内容和形式保持能力的差异，并分析工作记忆、口译效能与源语保持能力的关系。

（4）口译加工机制的实验研究：在第 6 章"口译的在线加工机制研究"中，通过对反应时的测量来研究交替传译过程中的信息加工机制，包括实验 4、实验 5 和实验 6。研究者采用"自定步速阅读"模拟口译听力输入，利用 E-Prime 2.0 软件编程，测量被试对关键词的反应时，实验使用隐喻词作为关键词。实验 4 属于准备实验，用以确认隐喻词效应的存在。实验 5 和实验 6 分别采用汉—英和英—汉两个方向的实验材料，对实验 2 中区分出的高低工作记忆组进行分组实验，采用按键记录的途径测量阅读过程的时间消耗，研究口译过程的意义表征和加工过程，并分析工作记忆、翻译方向对信息加工过程及结果的影响。

（5）模型建构：在以上研究的基础上，第 7 章的"模型建构"将梳理交替传译过程中记忆与加工机制的运作方式及相互关系，并构建"交替传译的记忆与加工机制模型"，该模型将包括两个方向和三个方面。所谓"两个方向"，是指该模型包括英译汉和汉译英的双向翻译过程；而"三个方面"则包括：①信息的记忆机制：包括工作记忆、长时记忆，以及遗忘情形下的应对机制；②串行加工机制：从源语输入、概念合成、到译语产出的语篇串行加工；③并行加工机制：在词汇和句子两个层级语言单位发生的并行加工。

第3章 记忆与加工模式的问卷调查与分析

本章介绍一项对记忆与加工模式进行的问卷调查,属于整体研究框架中的宏观研究部分。在本章中,首先简要介绍问卷调查在口译研究中的运用,接下来阐述调查问卷的设计思路、问卷结构、内容和使用过程,描述问卷结果,结合口译的相关理论分析调查数据,并形成相关的结论。这些结论与后续章节的研究结果可以起到互相印证的效应。

3.1 问卷调查在口译中的运用

问卷调查法是社会科学领域一项重要的研究方法,通过书面形式的问卷,以严格设计的问题面向研究对象进行调查,能够帮助研究者在较短时间内获得比较全面的、样本较多的数据。经过统计分析,研究者可对问卷数据进行定量分析和定性考察,得出相关结论或发现。传统问卷多为纸质形式,随着互联网的广泛应用,电子邮件或网站平台等非纸质媒介的问卷调查得到了迅速发展。

口译研究的很多领域都可以使用问卷调查这一途径获取信息,例如,为了了解口译活动的效果而对口译客户进行的满意度问卷调查(Shlesinger,1997);针对职业译员群体进行的口译职业意识、职业体验等方面的调查(张威,2008a);针对口译教师的口译教学和培训方面的调查等。

问卷调查在口译研究中的作用几乎是无可替代的,原因在于:第一,口译研究所需的大量实证数据往往不容易获得。虽然职业译员成功的口译活动是口译研究的最佳对象,而且可以利用录音、转写等手段对真实口译材料进行观察和分析(Pöchhacker,2004:68-69),但实际情况是,会议主办方出于保密考虑,常常谢绝为译员提供会议现场的录音,因此,如何获得口译研究所需的数据来源这一问题始终困扰着口译研究者。第二,与二语习得、外语教学等研究领域相比,口译研究的研究对象往往不容易找到，很多地区的职业译员数量相当有限，进行实验研究时，被试的样本数量常常达不到最低 30 人的标准。即使是以口译专业的学生作为实验对象，这一群体的样本数量也不会很大。因此，在口译研究中，文本分析方法或对比实验方法都常常受限于资料和样本的不足。第三，对比实验方法由于对研究生态性的考虑不足，其结果常常受到质疑；相比之下，问卷调查的研究对象范围则比较广（例如，职业译员常常不能保证前后两次的对比实验均能参加，因此，问卷调查成为必要的研究手段），样本数量能得到保障，而且费时较短，数据采集效率较高，数据的客观性和真实性也较高。

虽然口译的认知加工过程较为抽象，难以直接观察，必须通过精心设计的心理实验得到相关数据，但是实验研究的人工痕迹过重，很多时候仅凭心理实验的数据难以对口译过程进行完整的解读。问卷调查能够使被试在比较"自然"的情景下对有关口译的各种问题做出回答，能够较为准确地反映调查对象在自然情境下对有关问题的意见和态度。因此，在本书研究中，采用问卷调查是一项重要的研究手段，能够在一定程度上了解不同水平被试的情况，更为全面地体现口译过程中记忆与信息加工机制，也有利于研究者对实验环境下获得的数据做出更为客观、系统的解读。

3.2　对调查问卷的描述

3.2.1　问卷的设计依据

本项调查研究的是面向口译教师、口译学生和职业译员三类群体，针对口译记忆机制与语言加工过程的一项定性结合定量的研究，目的是了解被试在两个方面的理解及实际行为。本次调查研究属于横向、共时性的调查，即在同一时间期限内对不同的调查对象收集调查数据。

本次调查问卷设计的出发点，是为了掌握以下四个方面的信息：

（1）被试对于记忆能力在口译能力构成中的地位的看法；

（2）被试对涉及记忆能力和信息加工的相关知识的认知程度；

（3）被试在口译过程中涉及记忆的相关行为；

（4）被试在口译过程中涉及信息加工的相关行为。

在设计问卷时，首先根据 Moser-Mercer（2000）、鲍刚（2005）、张威（2011a）、仲伟合（2012）等关于口译基本认知素质的相关研究，结合研究者对部分资深译员和口译教师的访谈，总结出涵盖 10 项指标的译员能力构成框架，包括：双语能力、口译技能、记忆能力、笔记能力、知识面、心理素质、表达技能、交际策略、实践经验、职业素养（详见附录 1）。要求受调查者根据其重要性进行排序，以探究不同的被试组对于口译能力构成的综合了解和评价（问卷的第二部分）。接下来系统实施对口译记忆能力、信息加工过程及记忆与加工的关系的调查，以了解被试对相关问题的认知程度与自身的实际行为。在设计问题时，一方面借鉴较为成熟的口译调查问卷的设计模式和关注焦点（如蔡小红，2002；王湘玲等，2008；张威，2011b），另一方面来自研究者对译员、口译教师和学生的访谈结果的整理，提取其中最有代表性的内容设计相关问题。

3.2.2　问卷结构与内容

1. 问卷的结构

调查问卷的结构，是指问卷的组成及各种问题的类型。首先，本项问卷的主体是一份高度结构化的问卷，问题答案的封闭程度较高。封闭式问题主要包括以下三种。

（1）分级题：包括第二部分的全部问题（2.1～2.10）；第三部分的大多数问题（3.1～3.10；3.12.1～3.12.4）及第四部分的大多数问题（4.1～4.10）。所有分级题均按 Likert 五分量表的形式设计。

（2）选择题：包括第三部分的 3.12；第四部分的 4.12。

（3）填空题：主要集中在 4.13 中精力分配的比例上。

同时，为了获得更全面、更客观的发现，我们在试题中增加了一部分开放式问题，主要包括以下两种类型。

（4）问答题：如 3.11.4 中对具体做法的描述；3.12 和 4.12 中对原因的阐述。

（5）评论题：如第五部分的深度访谈。

2. 问卷的组成

导言：简要说明开展此次调查问卷活动的组织方、调查目的，以及问卷的具体填写方法。

第一部分　个人信息：主要包括调查对象的类别、年龄等信息，以考察不同类别的调查对象对相关问题的不同认识和处理方式。

第二部分　对口译过程中各项能力指标的调查：以了解被试对口译能力构成的综合理解。

第三部分　对口译记忆能力和记忆因素的调查：就口译过程的记忆方面，了解被试的认知程度及其自身的做法。

第四部分　对口译过程中信息加工过程的调查：就口译过程的信息方面，了解被试的认知程度及其自身的做法。

第五部分　对记忆和信息加工的补充评论：在问卷调查后，就个别问题与被试进行深入访谈。

3. 问卷的主要内容

1）对交传中记忆影响因素的调查

记忆在交替传译过程中扮演着重要的地位，但是，这一重要性究竟在多大程度上得到认可，不同的群体可能会有不同的答案。本项研究希望了解这种认知度上的差异是否与受访者的口译能力或经验呈现某种相关性？例如，是否水平越高的译员，其对记忆力的重视程度也越高？应对遗忘时的对策与口译初学者是否有差异？我们希望从问卷调查中得到一些相关的发现。

对于交替传译中记忆影响因素的调查，分为两类内容。

第一类问题，主要是了解被试对记忆因素的认知程度，即"知"的问题。例如，问卷第二部分 2.1～2.10，希望了解被试对构成口译的各种能力模块的重要性的认知度，采用通用的 Likert 五分量表的模式，据此可以了解记忆能力在被试心目中的重要性，以及与其他各个单项能力的比较。

问卷第三部分是专门针对记忆能力而设计的问题，3.1～3.5 通过对句子陈述内容评分的方式，了解被试对记忆的相关方面的认知程度。该部分的 5 个问题均不涉及被试本人的实际与记忆有关的行为。

第二类问题，主要涉及被试个体在口译学习或实践中与记忆能力相关的实际能力与表现，即"行"的问题，包括 3.6～3.10，该部分问题形式也是对陈述句的认可度五级评分。通过对一些具体的能力或行为的描述，了解被试个体对于口译记忆能力的掌握情况和实际行为。

出现记忆困难是译员都体验过的经历，但是在出现记忆困难时候的应对举措却因人而异，很多专家都提出过各种意见，但文献中未曾检索到相关的实证研究。例如，译员记忆困难时的应对措施是否与译员的水平、经验存在相关性？这一问题尚未得到系统的调研，因此 3.11 题"我做口译出现记忆困难的时候，采取的应对做法是什么？"

就是试图了解不同层级译员在出现记忆困难时所采取的对策是否存在显著差异，本题包含三个陈述句评分题 3.11.1～3.11.3，以及一道开放式问答题 3.11.4。

　　口译的语言方向因素是口译研究必须考虑的重要的变量，口译记忆领域的研究也必须考虑到语言方向的差异可能会带来的记忆效果的差别。本书研究希望了解到底是汉译英时的记忆负担更重，还是英译汉时的记忆负担更重？因此设计问题 3.12，可以了解记忆能力表现在口译中是否存在方向性差异，以及差异产生的原因。结合被试的口译水平，可进一步了解不同层级译员在方向性上的差异和分化。

　　2）对口译加工过程的认知与行为的调查

　　对于口译加工过程，大致说来，存在"释意"和"转码"两种不同的行为方式。这两种行为方式的背后，其实也是受到不同的操作理念的支配。问卷第四部分针对口译加工过程设计问题，集中了解被试对于信息加工方式的认知程度和行为。

　　问题 4.1～4.3 旨在了解被试对"脱离语言外壳"的认可程度，属于"知"的层面；试题 4.4～4.10 则是为了了解被试在口译实践中信息加工的具体实施情况，同时也可以发现被试对"释意"理论的运用程度，属于"行"的层面。试题同样在口译方向性上有所区分。例如，英译汉和汉译英都会受到源语句子结构的影响，但是程度可能有所不同，因此分别设计 4.5 和 4.8 两道题。基于同样的原因，在研究是否存在一边听一边"想词"这种"并行加工"行为时，问卷中设计了 4.7 和 4.10 两道不同方向的问题。再如，英译汉时会遇到虽然能听懂，但一时难以找到汉语相应表达的情况，因此设计 4.6；而在汉译英时，源语理解一般不会有问题，出现的往往是要么完全不会译（这已经不属于信息加工的讨论范围），要么会采取"直译"或"死译"的做法，因此，在英译汉时，"受到词典释意的影响"（4.4）和"难以找到对应表达"（4.6）这两种情况所蕴含的被试的信息，在汉译英时集中体现在"是否会采取直译"的问题上，因此只要设计一道试题（4.9）即可获取相关信息。

　　"脱离语言外壳"是口译的理想境界，问卷专门设计了 4.11 希望了解被试对这个理念的接受程度，有别于"知"和"行"方面的调查，这道题属于"态度"的调查。

　　根据 Gile（2002）的观点，口译时的认知负荷总是会影响到记忆和信息加工的质量，在不同层级译员的身上也必定出现差异。因此设计 4.13，采集不同水平的被试在听解、记忆和译语输出时的精力分配的大致比例数据，进而了解记忆与信息加工能力之间是否存在某种关联。设计 4.13 时同样也在英译汉和汉译英两个翻译方向上做了区分。

3.2.3 问卷的实施

1. 问卷的对象描述

本次调查问卷共向以下四类群体发放调查问卷。

（1）职业口译员：16 人，（包括自由职业口译员、政府部门专职翻译人员、大型企业专职翻译人员）均有 5 年以上职业口译实践经验。

（2）英语系三、四年级本科生：随机抽取四个自然班，共 46 人，来自西安交通大学和西安外国语大学。本科阶段上过口译课程，但未受过专业的口译训练。

（3）一年级和二年级的 MTI 学员：随机选取四个自然班共 52 人，来自西安交通大学和西安外国语大学，接受过一年以上的职业化的口译训练，完成了《交替传译》全部课程内容，并已经开始同声传译训练。

（4）高校的口译专业课教师：选取来自 11 所高等院校的 38 名教师，长期从事专业口译课程的教学，并同时从事口译实践工作。

这里需要指出的是，在我国，口译员往往具有"双重身份"。例如，活跃在北京、上海、广州等各大城市的口译员中，有相当一部分就是这些地区的高校口译教师。在此次问卷中的"译员"，指的是高校教师这个群体以外，在政府机构、企事业单位从事专职翻译的人员，以及一小部分自由职业译员。他们在语言水平和口译能力上与高校口译教师水平相当，之所以在问卷中予以区分，一方面是为了研究专职译员在口译职业领域是否存在一些特有的观念。另一方面是为了凸显口译教师这一群体在口译教学方面的特有的理念，以及这些理念对口译学生的影响。

此次调查问卷的方法，采用纸质问卷和电子邮件相结合的形式进行。利用授课、调研、学术会议等场合，在有关部门和相关学校教师的协助下，问卷的发放与回收于 2013 年 6 月～2014 年 3 月陆续完成。

2. 问卷的检验与调整

调查问卷初稿设计好之后，邀请 4 名口译教师、8 名口译学生（包括 4 名一年级研究生、4 名二年级研究生）、3 位职业口译员共 15 位人士组成检验小组，首先以召开小组讨论或单独访谈的形式，对调查问卷的质量进行评价，以获取不同人员对调查问卷的反馈意见。检验小组评估后认为，调查问卷的问题能够较为准确地反映出口译过程中的记忆因素与信息加工的关系，并对问卷中一些问题的表述和措辞提出了修改意见。接下来，根据检验小组的反馈意见对问卷进行了相应的调整，并在小组内对问卷进行预调查，测试了问卷在"口译能力指标""口译记忆"和"信息加工"这三个主要维度的信度系数，Cronbach's α 指标分别如下表 3.1。

表 3.1　调查问卷的信度检验

信度系数	口译能力指标	口译记忆	信息加工
Cronbach's α	0.8214	0.7551	0.7938

接下来对第二部分"口译记忆"与第三部分"信息加工"的个别项目进行相关性分析，参考检验小组的意见，剔除相关系数低于 0.6 的部分后，问卷量表内部一致性分析显示该调查问卷 Cronbach's α = 0.810，信度系数达到可接受程度（＞0.8）。然后正式实施调查活动。

3.3　问卷调查的结果

本次调查研究共发放问卷 179 份，实际回收 152 份。在问卷回收完毕后，对有效调查问卷进行初步分类处理，确定不同调查对象的区分明确无误。接下来，对各项选择的数据分别进行统计，并转换为占具体调查人数的百分比，录入计算机，利用 Excel 和 SPSS 软件进行统计处理，形成最终统计结果及统计图表。

3.3.1　对口译各项能力指标的调查结果

1. 调查数据统计

此次调查问卷中的"评分"采用 Likert 量表的五级评分制。问卷第二部分"口译过程中各项能力指标的调查"中，从 1～5 分重要性等级递增，1 分表示此项能力最不重要，5 分则表示该项能力最重要。问卷第三、第四部分中，被试按照 1～5 等级对陈述句给予认同评级。1 分：完全不认同；2 分：基本不认同；3 分：无法判断/不便评价；4 分：基本认同；5 分：完全认同。

首先，各项指标中各组赋值最高的均为"双语能力"，平均在 4.8 分以上，说明各组均高度认同语言能力在口译实践中的基础地位。而记忆能力、笔记能力、口译技能、心理素质和实践经验等指标的重要性则受到各组不同程度的评价。

就本研究所关注的"记忆能力"这一核心指标而言，四个被试组均给出了平均 4

分以上的评分，说明各组均认同记忆能力在口译素质中较为重要的地位，四组被试组中对"记忆能力"赋值最高的是 MTI 学生组（4.538），显著高于其他三个被试组，而职业译员组赋值最低（4.062）。职业译员组 16 名被试组中的 3 名给出了 3 分的赋值，其比例（18.8%）显著高于教师组（2.6%）与 MTI 学生组（3.85%），超过一半的被试组赋值为 4 分，而认为"非常重要"（赋值 5 分）的仅占 25%。"记忆能力"重要性赋值在 3 分、4 分、5 分上的各组人数百分比如图 3.1 所示。

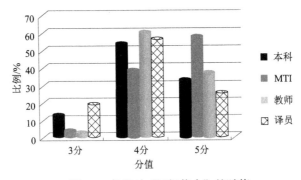

图 3.1　各组对"记忆能力"的赋值

在实际口译中，常常与"记忆能力"一同被提起的另一项信息保持技能是"笔记能力"。四个被试组中，对"笔记能力"平均赋值分最高的是本科生组（4.478），而其余三组对其重要性赋值均低于 4 分，以职业译员组赋值最低（3.625），该组给出 3 分赋值的人数比例在四个被试组中最高（50%），而给出 5 分赋值的最低，仅占 12.5%。"笔记能力"重要性赋值在 3 分、4 分、5 分上的各组人数百分比如图 3.2 所示。

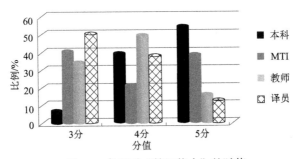

图 3.2　各组对"笔记能力"的赋值

2. 对数据的分析与讨论

此次调查问卷中的"评分"采用 Likert 量表的五级评分制。问卷第二部分"口译过程中各项能力指标的调查"中，从 1～5 分重要性等级递增，1 分表示此项能力最不重要，5 分则表示该项能力最重要。问卷第三、第四部分中，被试按照 1~5 等级对陈述句给予认同评级。1 分：完全不认同；2 分：基本不认同；3 分：无法判断/不便评价；4 分：基本认同；5 分：完全认同。

从图 3.1 和图 3.2 中可以看出，各组人员对记忆能力的态度较为一致，均认可其在口译综合能力中的重要地位（但并不是最重要的素质）。MTI 学生组对"记忆能力"的赋值最高，显著高于另外三组，且有 57.7% 的被试组给予 5 分（最为重要）的赋值，这很可能与 MTI 学生在专业练习口译期间对记忆能力的强化训练所造成的重视效应有关，据事后访谈了解，在 MTI 学习期间，教师对学生经常采用时间较长的无笔记交传材料训练，训练学生的记忆力，学生从一开始就树立了"脑记为主、笔记为辅"的理念，这一点从 MTI 组对"笔记能力"的赋值不足 4 分也能得到体现。与 MTI 组形成鲜明对比的是本科生组，本科生似乎非常重视笔记能力的重要性，对其平均赋值高居各项能力的第二位，这很可能与他们在口译学习初期对口译笔记充满好奇的心态有关。据本科生在访谈中反映：大学阶段的口译课上，主要是练习英汉两种语言的语言转换技巧，一般不教如何做笔记。段落稍长，就会感到吃力。有的同学在外面培训班报名学过口译笔记，感觉那些笔记符号非常有用，也非常"神奇"。由此可见，本科阶段学生由于刚刚接触口译，片面强调了笔记这一辅助记忆工具的价值，而对记忆能力发展的重要性尚缺乏足够的认识。

值得注意的是，在四个被试组中，职业译员对"记忆能力"和"笔记能力"的赋值都是最低的，而职业译员组更为看重的能力指标包括"双语能力""口译技能"等口译基本素质，以及"知识面""实践经验"和"职业素养"等与口译职业直接相关的能力素质指标。大部分译员在访谈中表示，在做了多年口译之后，还是觉得最能直接影响口译表现的依旧是语言能力基本功。此外，对某一方面的知识掌握得越全面、背景知识越丰富，做起口译来就觉得越省力，记忆负担也越小。有部分译员表示，虽然笔记是一个有用的工具，但自己在做交传时并不依靠笔记，基本上可以凭大脑记住发言人的主要信息，对于自己熟悉的题材，更是不需要花太大力气就能记住。

从上面的分析可以看出，口译训练时间越长、口译实践经验越丰富，对记忆能力的依赖就越低，而口译专项技能、实践经验及相关的知识面等因素对口译活动效果的作用也越来越明显。

3.3.2　对交传过程记忆能力和记忆因素的调查结果

第三部分的问题专门针对记忆因素而设计，旨在了解被试组对记忆因素的认知水平（"知"的问题）及自身在这方面的具体行为（"行"的问题），从整体上看，对于"知"的问题的回答，各组人员间具有较多的共同点，而在"行"的问题上则存在差异。

1. 调查数据统计

例如，对于"记忆力是口译成功的必要条件"（题 3.2），各组均给予了 4.5 分以上的赋值，其中 MTI 学生组（4.846）略高于本科生组（4.696），职业译员组（4.563）略低于教师组（4.789）。同时，对于"专门的记忆训练应该是口译训练的必要环节"（题 3.3），各组的赋值也较高，其中 MTI 学生组和教师组的平均分超过 4.7 分，相比之下，职业译员组与本科生组对此认同度略低，但平均赋值均超过 4.2 分。

另一方面，各组间对于某些问题的看法仍存在分歧，如题 3.1，在看待"口译训练是否有助于提高记忆能力"时，各组回答不尽一致，MTI 学生组与教师组的平均赋值显著高于本科生组与职业译员组。从人数分布上看，MTI 学生组的赋值均为 4 分和 5 分，而职业译员组赋值 3 分的占近 1/3，只有 1 名译员给出了 5 分赋值。"口译训练是否提高记忆能力"认同度赋值在 3 分、4 分、5 分上的各组人数百分比如图 3.3 所示。

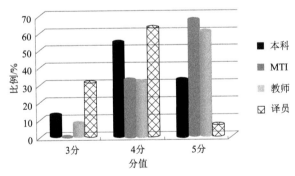

图 3.3　各组对"口译训练是否提高记忆力"的赋值

对于"与非专业人员相比，专业口译员的记忆力更强"这一观点（题 3.4），尽管学生组与教师组均给出 4.3～4.7 分之间的较高赋值，但职业译员组并不认同，赋值也最低（3.563），与前三组存在显著差异。从人数分布上看，MTI 学生组的赋值均为 4 分和 5 分，而职业译员组赋值 3 分的占一半，只有 2 名译员给出了 5 分的赋值。"专业口译员的记忆力更强"认同度赋值在 3 分、4 分、5 分上的各组人数百分比如图 3.4 所示。

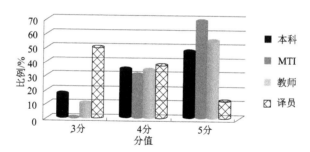

图 3.4　各组对"专业口译员的记忆力更强"的赋值

　　对于口译过程中记忆的重要性的认识（题 3.6），各组均给出了较高的赋值，其中以职业译员组最高，全部被试均给出了 5 分的满分。但对于其他问题，各组间则呈现较大的分化。例如，在"是否将记忆力作为口译训练的重要内容"（题 3.9）上，各组间差异显著，职业译员组的赋值（3.313）远低于其余三组，且赋值 2 分（不太认同）的人数占比例达 25%。"将记忆力作为口译训练的重要内容"认同度赋值分在 2 分、3分、4 分、5 分上的各组人数百分比如图 3.5 所示。

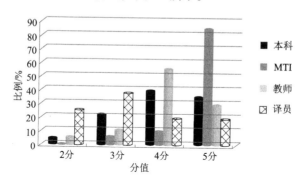

图 3.5　各组对"将记忆力作为口译训练的重要内容"的赋值

2. 对数据的分析与讨论

　　首先分析职业译员组这一口译能力最高的被试组。对于记忆能力这一因素的认识，职业译员组显然在不少方面有别于其他各组。首先，职业译员对记忆的重要性有着最清晰的认识（题 3.6），然而并不是所有被试组都承认它是口译成功的必要条件（赋值分低于教师组与学生组），更值得注意的是，职业译员并没有认为自己将记忆训练作为口译训练的重要内容（赋值显著低于其余三组）。与其他各组相比，职业译员也并不完全确定自己的记忆力强于非职业口译人员（50%的被试组觉得不能确定），也不认为口译训练就一定可以提高记忆力（31.3%的被试组表示不确定）。

对于职业译员在"知"和"行"上相背离的回答，可以做以下解读：一方面，译员在经过多年的口译实践之后，完全深刻地认识到记忆能力对口译的重要性；另一方面，职业译员由于成长背景多样、个人经历丰富，在口译中会更多地借助背景知识、上下文、临场经验及各种副语言信息来帮助自己理解源语并储存信息，因此很多时候译员并不完全需要单纯地依赖记忆力去完成口译任务。所以对于题 3.2，职业译员组的认同度赋值反而低于其余三组（对题 2.3 的回答也能说明这一问题）。另外，16 名译员中有 5 名对于"口译训练能提高记忆力"（题 3.1）表示不能确认，有 10 名被试"不认为"或"不确定"自己将记忆力作为口译的重点训练内容（题 3.9）。在访谈时，译员对此表示了比较接近的观点：职业译员的记忆力很多并非出自系统训练，因为在选材的时候往往就挑选了那些记忆力强、善于用脑子的年轻人。有译员甚至表示：专业译员出色的记忆力与其说是练出来的，不如说是天生的。不过，对于记忆力训练在培养口译学生过程中的客观必要性，译员群体依然表示了相当一致的认同。

在另外三个被试组中，口译教师组显得更为熟悉记忆的相关术语，也更加熟悉交传和同传在记忆上的差别，对记忆在口译中必要性的认同度赋值也最高。同时，由于专业从事口译教学工作，口译教师组高度认同在口译教学中开设专门的记忆训练环节（这一点有别于职业译员），从 MTI 学生组对题 3.3 的高赋值（4.865）也能印证出这一点。MTI 组被试由于开始接受了口译专业、系统的训练，具备了基本的口译理论知识，因此，除了在记忆能力的发展上仍显不足、较为依赖笔记之外，对于记忆能力重要性的认识与口译教师组相差并不明显。而本科生组对口译记忆能力的重视程度并不显著，其在记忆能力训练等方面的指标也低于 MTI 学生组。

综上分析可以发现，记忆能力的重要性是普遍被口译教师和职业译员认可的重要素质，而口译经验越丰富，记忆力对口译效果的影响权重越低，这时背景知识、临场经验、应变能力起到更重要的作用，还可以在很大程度上弥补记忆能力的不足。另一方面，职业译员普遍不存在依赖笔记的习惯，这一点也是口译学生值得借鉴的。

3.3.3　对记忆困难时应对措施的调查结果

1. 调查数据统计

该部分中，教师组和职业译员组在题 3.11.1 上的赋值均全部为"1"，而 MTI 学生组当中仍有 14 名被试选了"3"或"4"，本科生组在这一选项上赋值分最高（1～5 分都有），可以看出比较明显的差异。各组在 5 个赋值分上的人数百分比如图 3.6 所示。

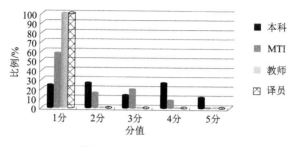

图 3.6　各组对 3.11.1 的赋值

对于 3.11.2，除本科生组外，另三组差异并不明显，其中口译教师组对于这一项的赋值最高（4.316）。而各组对 3.11.3 题的赋值呈现较大差异，由高到低依次为：教师组>译员组>MTI 学生>本科生组。其中，教师组与译员组无人给出 1 分的赋值，同时在 4 分和 5 分上的人数百分比最高的为教师组（84.2%），远高于译员组（62.5%）。各组在 5 个赋值分上的人数百分比如图 3.7 所示。

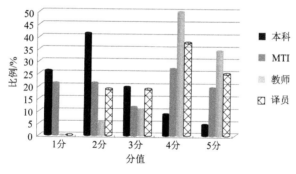

图 3.7　各组对 3.11.3 的赋值

2. 对数据的分析与讨论

教师组和职业译员组在出现遗忘时，几乎从来不会停在原地回忆信息，都会或多或少地采用各种应对策略和技巧。而 MTI 学生组当中仍有 14 名被试选了"3"或"4"，即他们有时仍会卡壳从而无法继续。本科生被试组在这一选项上赋值分最高，差异明显。可以看出，接受系统的口译训练，有助于学生在出现遗忘时迅速找到合理的应对措施。

3.11.2 和 3.11.3 考察的是对于遗忘时的应对方法，需要指出的是，由于这两种策略之间并不矛盾，因此在选项上也不体现出相互排斥或非此即彼的关系。对于 3.11.2，MTI 学生组与教师组和译员组之间的平均赋值差异并不明显，可见选择"跳过去"的做法基本上得到被试组的认同。有口译教师在访谈中表示，遇到遗忘的地方选择暂时跳过，等到后面找机会弥补，可以保持译语语流的连贯性，在口译教学中也应该强化学生这种意识。可以推断出，教师的这种理念和训练方法也在很大程度上影响到 MTI 学生的行为习惯。

对于 3.11.3 的回答，集中体现在"是否会使用模糊替代"方面，各组之间呈现明显差异。据教师组被试在访谈中表示，之所以倾向于选择"模糊替代"，是因为在教学中"模糊替代"常常作为一种重要的口译策略教给学生，受自身的教学经验影响，教师在"模糊替代"上积累的经验相对更丰富，认同度也更高。然而，职业译员似乎并不完全认同这一点，虽然有 10 名被试表示他们会考虑使用"模糊替代"的策略，但仍有 6 名被试选择了"2"（不太常用）和"3"（不确定），选择"不太常用"的译员认为：一方面，自己很少出现信息遗忘的情况，另一方面，遗忘的部分大多为次要的、非核心信息，主干信息遗忘的情况很少出现，因此在这种情况下，将遗忘的内容暂时跳过并不影响大局，而模糊处理的同时往往会带来误译的风险。因此他们宁可选择暂时跳过，而不倾向于模糊处理。

综上分析可以看出，口译水平较高的人员，在遇到记忆困难的时候都不会卡在原处导致译语中断，而会迅速采用各种策略和技巧渡过难关，至于究竟是采用"跳过去"还是"模糊处理"，则并无一定之规。综合来看，选择"跳过去"作为一种基本的应急策略，在口译教学中得到了较大程度的普及，也是职业译员比较常用的策略。而"模糊处理"策略的运用在职业译员中呈现较为明显的个体差异，也从一个侧面说明职业译员群体在遇到记忆困难时，所采用的应对方式更加灵活、更加多样化。

3.3.4 对不同方向口译的记忆压力的调查结果

1. 调查数据统计

首先，各组均认为英译汉过程的记忆压力要高于汉译英过程。进一步观察可以发现，MTI 学生组中认为英译汉记忆压力更大的人数比例最高（90.38%）。职业译员组虽然也认同英译汉的记忆压力高于汉译英，但认为"差别不明显"的人数比例与"英译汉过程记忆压力更大"的人数比例相同（43.75%），而其他组认为"差别不明显"的比例均远低于对"英译汉过程"的选项比例。各组在3个选项上的百分比如图3.8所示。

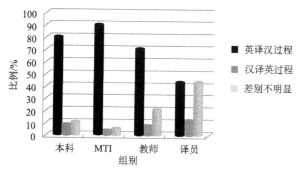

图3.8　各组对"不同方向口译的记忆压力评价"的赋值

2. 对数据的分析与讨论

从整体上看，各群体在选择上表现出较为一致的意见，他们普遍认为不同方向的口译中信息记忆的压力存在差异。确切来说，在英译汉过程中，对英语源语的信息保持压力要大于汉译英时对汉语的信息保持压力。这一结果与其他的相关调查结果基本一致（De Bot，2000，张威，2011a）。Gile（2011：149）在认知负荷模型中指出，口译过程有三个基本认知负荷，分别为"听辨理解""记忆"与"口译产出"，不同的认知负荷常常导致注意力之间的竞争，就"外语—母语"的翻译过程而言，由于需要将相当一部分精力分配在听解信息上，分配在信息记忆储存上面的精力常常显得不够。

然而，职业译员对不同口译方向造成的记忆压力差别却似乎不那么"敏感"，在访谈时译员对此的回答是：长期口译实践使自己习惯了听取较长篇幅的英语讲话，而且随着对题材的逐渐熟悉，常常能够大致预测发言人话语的内容，这样几乎不需要太多的精力就能听懂并记住，因此并没有感觉到英译汉时的记忆压力与汉译英有什么不同。而认为"汉译英记忆压力更大"的译员则表示，如果不借助笔记的话，汉译英时的语言转换过程会消耗很大的精力，反而有时会让自己出现信息回忆困难。

通过以上分析可以看出，语言问题对口译学生还有相当大的影响，在很大程度上制约着对英语源语信息的理解和保持过程，而职业译员则能根据长期实践积累起来的语言知识及其他口译专项技能，调动相关认知资源和知识储备，提高信息处理效率，有效地缓解英译汉过程中由于理解占用注意力而形成的记忆压力的情况。

3.3.5　对信息加工过程的调查结果

1. 调查数据统计

问卷的第四部分是为了了解不同被试组在信息加工方面的认知水平和操作方式。4.1～4.3 题属于对口译信息加工机制的知识了解。首先，所有被试组在这三道题中均给出几乎接近满分的高赋值。对于 4.3 题（水平越高的译员，在口译中"释意"的行为越多、直译的情况越少），职业译员组的赋值分略低，但与其余三组并无较大差异。4.4～4.10 题从英译汉和汉译英两个方面，要求被试组对自己在翻译时的实际行为做出评判。各组被试的赋值分差异较大。从整体上看，两个学生组在各题上的平均赋值分显著高于教师组和职业译员组，其中最为明显的差异体现在题 4.6（英译汉时遇到能理解但无法表达的情况）：教师组和译员组的赋值均为 1 分，远远低于学生组的平均赋值。就学生组内部而言，本科生组的平均赋值分高于 MTI 学生组，且存在显著差异（4.3～4.10 各题的 p 值均低于 0.01）。而教师组和职业译员组相比，差别不大，两组在 4.6 题上的赋值均为 1 分，呈现零差异，其他各题的赋值两组也比较接近。

4.4～4.5 与 4.8～4.9 这两对 4 个问题，各组赋值呈现较为明显的差异。在 4.4 题（英译汉时，我会受到词典上单词释义的影响）中，两个学生组的赋值全部分布在 3～5 分，而教师组与译员组主要集中在 1～4 分（教师组仅有 2 名被试赋值为 5 分），各组平均赋值分由高到低依次为：本科生组>MTI 组>教师组>译员组。对于题 4.4，各组在 1～5 分上赋值的人数百分比如图 3.9 所示。

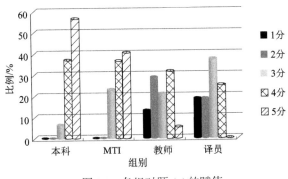

图 3.9　各组对题 4.4 的赋值

对于题 4.5（英译汉时，我会受到源语句子结构的影响），本科生组的赋值仍然全部分布在 3～5 分，MTI 组中有 14 人给出了 2 分的赋值（26.92%）。教师组与译员组的赋值全部分布在 1～4 分，教师组的平均赋值（2.079）略低于译员组（2.375）。各组平均赋值分由高到低依次为：本科生组>MTI 组>译员组>教师组。各组在题 4.5 上 1～5 分的赋值人数百分比如图 3.10 所示。

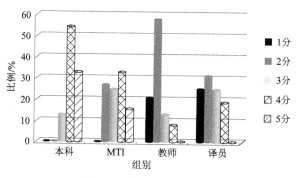

图 3.10　各组对题 4.5 的赋值

在 4.8 题（汉译英时，我会受到词典上单词翻译的影响）中，本科生组的赋值全部分布在 4～5 分，MTI 组除大多数（88.46%）集中在 4～5 分外，也有少部分被试给出了 3 分（占 7.7%）和 2 分（占 3.85%）。教师组的赋值分布在 2～5 分，而译员组的赋值则集中在 2～4 分。各组平均赋值分由高到低依次为：本科生组>MTI 组>教师组>译员组。各组在题 4.8 上 1～5 分的赋值人数百分比如图 3.11 所示。

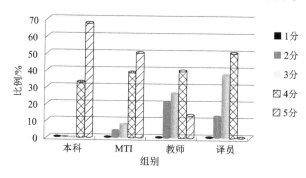

图 3.11　各组对题 4.8 的赋值

对于题 4.9（汉译英时，我会受到源语句子结构的影响），本科生组的赋值全部分布在 3～5 分，其中 4 分和 5 分占绝大多数（93.5%）。MTI 组的赋值较为平均地分布在 2～5 分，而教师组与译员组的赋值则分布在 1～4 分。各组平均赋值分由高到低依次为：本科生组>MTI 组>教师组>译员组。各组在题 4.9 上 1～5 分的赋值人数百分比如图 3.12 所示。

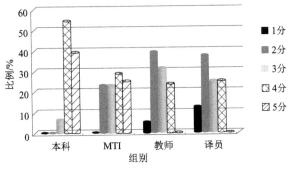

图 3.12 各组对题 4.9 的赋值

最后，对于题 4.12（感觉更容易受源语形式影响的翻译方向），整体来看，各组被试均认为在汉译英过程中更容易受源语形式影响。各组的赋值差异较明显。本科生组对两种翻译方向区分度不高，英译汉和汉译英两个方向的赋值分别为 0.435 和 0.565，这一比率在 MTI 组中下降为 0.25：0.75；教师组的比率进一步降为 0.21：0.78，而职业译员组的区分度最明显，赋值比率下降到 0.125：0.875，大多数（87.5%）的被试组认为汉译英过程比英译汉更容易受源语形式影响。

2. 对数据的分析与讨论

首先分析职业译员这一平均口译水平最高的一组，我们主要关注译员在口译时是否受到源语形式的影响，先看题 4.4（英译汉方向）和题 4.8（汉译英方向）这一对问题，译员在这两种不同的翻译方向上的表现存在差异。从平均赋值分看，题 4.8 上的赋值高于题 4.4，显示出词汇的影响效应更容易体现在汉译英方向。类似地，在题 4.5（英译汉方向）和题 4.9（汉译英方向）这一对问题中同样体现了方向性的差异，在汉译英的过程中也更容易受源语句子结构的影响。接下来，将题 4.4 和 4.5 及题 4.8 和题 4.9 进行成对比较可以发现，无论是英译汉还是汉译英过程，译员更容易受到的都是来自源语词汇的影响，相对而言较不容易受到句子结构的影响。从译员赋值的分布来看，个体间差异也较为明显，例如，在判断"英译汉时是否受词典释意影响"（题 4.4）时，译员的赋值分呈现较大分化，6 名被试选择"不会"或"不太经常"，而 4 名选择"基本认同"；而在题 4.8 中，选择"基本认同"的则占被试组总数的一半，选择"不太经常"的只有 2 名。同时，在题 4.7 和题 4.10 中，译员组的平均赋值分别为 1 和 1.1，说明译员在口译时的源语理解过程与普通的言语理解过程基本一致，即一次性地听取源语的意义并形成较为完整的概念后，再在译语中进行信息再现，因此其加工形式以"串行加工"为主。

以上分析说明了三个问题：①整体看来，母语译为外语的过程中，译员更容易受到源语语言形式的影响，换句话说，母语译为外语的过程中，实现"脱离语言外壳"显得更为不易。②相比句法结构而言，源语词汇更容易对译员造成形式上的影响，即"脱离语言外壳"在词汇层面更难以实现。③在翻译过程中是否受源语形式影响这个方面，即使是平均翻译水平最高的职业译员群体，其个体之间依然存在较为显著的差异。

口译的不同方向性对翻译过程的影响符合我们的翻译经验，由于母语的表达过程更加自如、熟练，译员更容易在把握源语信息的基础上，借助自身丰富的口译经验，娴熟地运用各种翻译技巧，使得从外语到母语的翻译过程更加灵活，也更容易实现"得其意而忘其形"的操作优化。

词汇和句法这两个不同层面的语言形式对译员的译语输出影响是否存在差异，到目前为止未见有实证研究的报道。从理论上分析，词汇的影响之所以要大于句法，最有可能的原因在于语言间的固有差异。由于英汉两种语言间的形式差异更多的是来自句法层面，因此，转变句法使之适应译语表达习惯就成为译员在译语表达时"优先"考虑的问题。这一点与部分译员在访谈中所表达的观点比较接近。有译员认为：翻译出来的句子如果听起来过度"欧化"，听众不一定能马上明白，从而会质疑译员翻译的准确性，因此译员必须竭力避免译的过死，必须要对句子结构进行变通，使之符合汉语的表达习惯，实现信息沟通的目的。在这样的压力下，大部分注意力都集中在句子表达上，因此没有太多的精力顾及词汇选择，出现较多地依靠词典释意进行"直译"的现象就不足为奇了。

同时应该看到，译员的操作理念和习惯存在很大的个体差异性。有译员在访谈中表示，在口译实践中到底采用直译还是意译，到底在多大程度上对源语的形式进行改变，一方面取决于口译语篇的形式特点，同时也与口译现场的实际情况有关。例如，对于旅游、历史等涉及较多的文化因素的语篇，可以更多地采用释意的方式促进理解，尤其是对于文化负载较高的词汇，更需要进行各种手段的处理。有时，客户的需求对译员的译语选择也会产生影响。此外，译员的个人习惯也会导致面对同一文本时出现不同的操作策略。这一点，从题4.3中也可以得到体现，平均4.625的赋值说明，职业译员在这个问题上的观点有所保留，并不完全认同采取何种操作策略取决于译员的自身实力的观点，也不单一地认为"意译"就一定是好的翻译，说明职业译员在长期的翻译实践中，对这个问题的看法更为深刻、更为全面，也更接近实际。相比之下，其他三个组的评分均在 4.80～4.90 之间，或多或少地体现了一种追求理想化的翻译理念。

接下来，以 MTI 学生组为代表，对学生群体的情况做一整体分析。首先，从题 4.1～4.3 来看，MTI 学生组的赋值与教师组和译员组非常接近，说明 MTI 学生对于口译这一高度复杂的认知过程已基本具备了较为科学的认识，应该说，这方面主要是受口译教师在教学中潜移默化的影响。然而，就 MTI 学生的实际口译过程而言，其能力与认识仍然存在较大的脱节。从题 4.4～4.5 和题 4.8～4.9 来看，MTI 学生依然在较大程度上受到源语语言形式的影响，其中，源语词汇的影响又超过了句法结构的影响，这一点与职业译员组的分析结果一致。这种语言形式的影响最集中地体现在英译汉环节，题 4.6 的平均赋值 3.9 分显示，能听懂却无法表达的情况是学生比较普遍的问题（有 36 名学生承认存在这样的困难）。另外，题 4.7 和题 4.10 显示，"边听边转换"在部分学生的口译过程中确实存在，具体来看，英译汉的过程中 20 名学生存在转换现象，而汉译英时则有 13 名学生承认存在转换现象。对于这一点，学生在访谈中解释为，在英译汉时的主要影响因素是源语的理解，对于不熟悉的单词，总是希望在第一时间找到汉语意思，因此会下意识地思考这个词的意义。汉译英时，由于不存在这种理解障碍，因此有时在听的时候就有可能腾出一部分精力去搜觅汉语单词所对应的英语翻译。同时也有学生认为，平时在口译训练中经常做大量的视译练习，也会无形中强化这种"边听边译"的习惯。由此可见，英译汉时的语言转换是出于理解的目的，为了寻找"意义"；而汉译英时的语言转换则更多的是出于翻译的目的，为了寻找译语。通过以上分析可以发现，无论是经验丰富的职业译员，还是尚在学习阶段的 MTI 学生，在口译过程中均会不同程度地受到源语形式的影响，其中，词汇的影响又超过了句子结构的影响。同时，源语形式对译者的影响程度在汉译英的过程中更为显著。在口译训练中，应该指导学生将注意力集中在对篇章整体意义的摄取上，听源语时尽量避免纠结在个别的单词上，努力降低"边听边转换"的并行加工情况。

3.4　本　章　小　结

3.4.1　本章各部分调查结果的归纳

在以上语料分析与讨论的基础上，结合数据统计结果，本次问卷调查就不同层级的被试对于口译记忆与信息加工过程进行了较为深入地探讨，所得出的发现可归纳为以下几点。

1. 记忆能力的重要性及记忆能力的培养

（1）各组被试均认为，记忆能力在口译能力体系中占据重要的地位。各组均认同良好的记忆力是口译成功的必要条件，专门的记忆训练应该是口译训练的必要环节。

（2）除本科生组之外，其余各组被试均认同记忆能力是比笔记能力更为重要的素质。本科生在此方面的认识不够全面，是由于其对口译本质的了解程度较为有限。

（3）MTI 学生作为口译学生的代表，对于记忆能力的重要性有着较为深刻的认识，在专业训练阶段对记忆能力训练的重视程度与训练强度的认识也较为明显。

（4）由于专业从事口译教学工作，口译教师组对记忆力在口译能力组合中的重要地位的认同度最高。该组更为熟悉记忆领域的相关术语，对交传和同传在记忆训练上的差别也有深刻的认识。

（5）职业译员组对记忆能力培养的重要性有着深刻的认识。同时，从自身的经验和体会出发，职业译员更为看重的是"双语能力"和"口译技能"这些更加基本、更加核心的素质，以及在此基础上逐渐形成的"知识面""实践经验"和"职业素养"等与口译职业直接相关的综合能力指标。

2. 各组被试在口译记忆方面的认知与行为

调查结果显示，口译学习的年限，以及口译实践经验的多少，都会使被试的记忆能力在口译实践中产生不同的表现。而且在同一组被试中，在具体问题上也会产生较为明显的差异，具体表现为如下几点。

（1）与学生组相比，职业译员与口译教师在口译过程中基本不会出现听懂但无法回忆信息的"记忆困难"现象，同时他们对笔记的依赖很小。

（2）职业译员和口译教师具有代表性的观点是：口译经验越丰富，记忆力对口译效果的影响权重越低，而背景知识、临场经验、应变能力等其他因素则发挥更重要的作用，在很大程度上可以弥补记忆能力的不足。

（3）各组均认为英译汉过程的记忆压力要高于汉译英过程，其中，MTI 学生组中持此看法的人数比例最高，职业译员虽然也认同英译汉的记忆压力高于汉译英，但认为"差别不明显"的人数比例与认为"英译汉过程记忆压力更大"的人数比例相同。

（4）职业译员与口译教师在口译过程中遇到遗忘时，首先绝不会卡在原地，而是综合运用各种策略和方法渡过难关。同时，接受系统的口译训练也有助于 MTI 学生在出现遗忘时迅速找到合理的应对措施。

（5）所有被试选择"暂时跳过"的比例均高于选择"模糊处理"的比例。选择"跳过去"作为一种基本的应急策略，在口译教学中得到了较大程度的普及，也是职业译员比较常用的策略。而"模糊处理"策略的运用在职业译员中呈现较为明显的个体差异。

3. 各组被试在口译信息加工方面的认知与行为

（1）各组被试均认同"脱离语言外壳"理念，口译的过程应该是信息的重新表达，而不是简单的语言转换。同时口译语言加工质量直接取决于译员的双语能力。

（2）与其他三组一致认同"脱离语言外壳"的理念不同，职业译员组并不单一地认为"意译"就绝对是好的翻译。

（3）就翻译结果而言，母语译为外语（即汉译英）时，译语更容易受到源语形式的影响。相比句法结构而言，源语词汇的影响更为明显。口译水平越高、经验越丰富，英语语言形式的影响相对越弱，汉语则相对更强。但总体上看，越是高水平的译员，"释意翻译"的意识与能力更强，受源语形式影响的程度越低。

（4）就翻译过程而言，在口译学生中，"边听边转换"的现象普遍存在，且在英译汉的过程中更为明显。翻译过程是否受源语形式影响，即使是平均水平最高的职业译员群体，其个体之间依然存在较为显著的差异。

3.4.2 结论及意义

在口译认知过程研究领域，职业译员这一高端群体长期以来是最为重要的研究对象，具有不可替代的核心价值。通过对职业译员的调研发现，职业译员能根据长期实践积累起来的语言知识及其他口译专项技能，调动相关认知资源和知识储备，提高信息处理效率，有效地缓解了口译过程中由于理解占用注意力而形成的记忆压力。同时，职业译员群体在遇到记忆困难时，所采用的应对方式往往更加灵活、更加多样化。职业译员在信息加工中常常能够灵活贯彻"脱离语言外壳"这一理念，对于"释意理论"的理解更加深刻、全面，也更加立体化。职业译员在记忆和信息加工方面的行为表现及其背后的认知动因，在很大程度上体现了口译的认知属性与社会文化属性，能够对既有的口译理论做出丰富和补充。职业译员代表着口译能力发展的最高的一个阶层的实际水准，他们的理念、思路和建议对于口译教学设计和口译学生训练都具有宝贵的借鉴意义。

对以 MTI 学生为代表的口译学习者这一群体而言，虽然能够认识到记忆与信息加工能力在口译能力体系中的重要性，也能够自觉地强化这一领域的训练，但在他们的口译训练与实践过程中，双语熟练度不高这一"短板"在很大程度上制约了其对源语信息理解和保持的能力。如果我们将"双语熟练度"进一步分解为英译汉时的源语理解能力和汉译英时的译语表达能力，那么源语理解能力的不足直接导致的结果就是加工程度不深，进而造成信息保持能力下降。在口译教学中常常出现"越难听懂的材料，越难记住"的情况，这一现象的背后恰恰折射出记忆能力与源语信息加工之间的依存关系。这一发现对于口译教学的指导意义在于，口译教师在着重培养学生记忆力的同时，始终要将源语理解能力的提升作为口译能力训练的核心环节。

本章研究还发现，无论是经验丰富的职业译员，还是尚在学习阶段的 MTI 学生，在口译过程中均可能出现遗忘现象，也均会不同程度地受到源语形式的影响，其中，词汇的影响又超过了句子结构的影响。同时，源语形式对译者的影响程度在汉译英的过程中体现得更为明显。那么，口译过程中的记忆和信息加工机制究竟如何运作，至今仍是口译研究中的核心领域，也是针对各个层级的研究对象的共性研究内容。值得注意的是，这种机制又随着译者自身认知能力和口译能力的差异而有着不同的表现，使得这一领域的研究更为复杂、多元，也更为立体化。

本章以前人的理论研究为基础，针对不同层次和背景的被试设计调查问卷，以掌握各类口译人员对记忆和信息加工的原始性的认知、态度和行为。鉴于口译活动的复杂性，本章调查问卷不可能涉及记忆与信息加工的各个方面，同时受调查范围和人员代表性的限制，本次问卷调查更多的是为后续的研究提供基础性的准备工作，其结果与发现也是为进一步的深入研究提供前期的、较为宏观的数据。后续的研究需要对实际口译过程进行深度观察，并设计更为精确的实验予以佐证，才能使我们对口译记忆机制与信息加工过程获得更为客观、更为全面的发现。

第4章 记忆与信息加工在实际口译情景中的表现

本章属于本书整个研究框架中的定性研究部分，首先简要介绍口译研究中的现场观察法，接下来梳理口译信息加工的定性研究方面有代表性的成果和结论，重点探讨释意学派"脱离语言外壳"思想在不同的信息加工层面的体现，并提出本书研究中信息加工模式的分类方法。接下来介绍本项描写性研究的语料获取过程、语料标注方法、转写和分析方法，具体分析译语中的省漏现象和信息加工方式，以定性分析为主，辅以量化统计。最后总结此次观察性研究的发现，本章的研究结论可为后续的实验性研究和模型构建提供佐证。

4.1 口译研究中的现场观察法

口译过程中，由于译员的理解能力与记忆能力的差异，以及对源语采取不同的加工模式，在输出环节体现为不同风格、不同形式的译语。在实际口译场景中对译员的加工模式和产品进行观察、分析，对深入了解口译记忆和信息加工过程具有重要的意义。

以口译员的真实口译案例作为研究对象的方法属于自然观察法，也叫做现场调查研究（field research），是定性研究中极为重要的研究手段，也是其他调查方法的基础（刘润清，1999：74）。自然观察的首要选择就是研究者对研究背景不加以任何控制，把研究背景看成是自然存在的时间、过程和相互关系，因此，自然观察的目的是"了解在自然发生的状态下的自然发生的现象"（桂诗春和宁春岩，1997：93）。

根据自然观察中观察者的地位和作用，观察性研究可以分为非参与性观察和参与性观察两种。其中非参与性观察是指观察者完全不参与所观察的事件或对象的任何活动，观察者也不为观察对象所知晓，只是以旁观者的身份观察整个活动的过程。而参与性观察则是指观察者本人亲自参加所观察的活动。由于观察性研究不对研究对象进行任何影响或控制，因此观察结果能够较为客观地反映研究对象在实际情景下的自然过程，相关结论也较为真实、可信。

口译研究中的现场观察法，就是将研究对象置于口译活动的真实情境下，借助录音、录像等技术手段记录研究对象的实际表现，并对收集到的录音或录像进行转写、整理与分析，寻找需要研究的相关问题的答案。现场观察法的最大优点在于，它既能够记录口译语言的产出情况，又可以将实际情境中的其他相关信息纳入到研究范围。

在口译研究领域，现场观察法也是应用最为广泛的研究方法之一（Gile，1998；Pöchhacker，2004：63）。运用现场观察方法，从真实的口译情境中收集研究素材，并在相关理论的指导下进行合理科学地分析与解读，已经受到越来越多的研究人员的重视。例如，塞莱斯科维奇和勒代雷（1992）认为，虽然通过实验方法可以获得口译研究需要的数据，但是她们一直强调科学实验法并不一定就是口译研究的有效或必要的方法。她们主张，口译研究人员要从成功的口译实践中获得一些实证材料，将这些语料进行录音及转写，再根据这些材料对口译活动进行观察或反思。这样的研究过程，要比在语言实验室里通过严格设计的实验得到的结论更为合理。Gile（1990）在评述各类研究方法的优缺点的基础上，也建议应该优先开展观察性研究。Setton（2002：29-30）也强调，研究口译过程，分析口译质量影响因素，首要的工作就是对真实口译情境下的源语及译语进行全面细致地观察和对比分析。而 Pöchhacker（2008：67-72）则在颇有影响的一部论文集中提出了现阶段及未来 20 年的口译研究应该在实现跨学科发展的同时，继续在质性研究层面深入挖掘，尤其应该关注口译研究的社会属性。所有这些都充分体现了以观察法为主的定性研究在口译研究领域的重要地位，也昭示着口译研究的定性转向（张威，2013：81）。

Gile（1998：34）进一步将口译研究中的现场观察法分为三大类：探索研究法（exploratory approach）、集中分析法（focused analytical approach）、假设检验法（hypothesis-testing approach）。探索研究法是指研究人员在研究之前并没有事先确定某个观点、提出某个问题或做出某种假设，全部的研究结果都是基于现场观察所得出的全部数据。集中分析法是指通过分析观察所得来的数据，集中反映或说明某个现象。这是口译研究中最常用的观察研究路径。假设检验法是指通过自然观察收集材料用以检验某种研究假设。由于实际情境中的很多因素无法合理控制，因此获得的数据往往过于多样化，相互影响而难以分析。

此外，根据研究对象的参与程度，口译研究中的观察研究法还分为互动性观察

（interactive）和非互动性观察（non-interactive）两大类（Gile，1998）。在非互动性观察中，被观察的对象不会有意识地参与数据的收集、分析和评估，例如，对现场口译或课堂教学情景的录音或录像。而互动性观察则是使被观察对象有意识地参与数据的收集与分析，如访谈等形式就是典型的互动性观察。

本章将展现一次口译现场活动的观察性描述，以此分析口译记忆与信息加工过程。从具体研究的目的来看，本项研究属于集中分析法，即对现场口译录音资料进行有针对性的整理与分析，通过对源语与译语在语言形式、语用信息等多方面的对比分析，确定记忆与加工方法在实际口译操作中的具体作用与形式。

从研究对象的参与程度来看，本项观察性研究主要属于非互动性观察，即在不干扰译员正常工作的情况下，通过录音设备记录口译员在现场实际口译过程中的真实表现。同时，为更加准确地掌握口译员对自己实际表现的评价，特别是对记忆和信息加工能力在实际口译操作过程中的作用的态度，本次观察性研究又邀请译员在口译活动后进行了个别访谈，因此也具有互动性观察的特点。

研究记忆能力在实际口译中的表现，一般可以通过对"省略"或"遗漏"这一类现象的观察收集到代表性数据（张威，2011a：83-85），对译语中各种省漏现象的观察、分类与统计可以作为研究译员记忆机制的一个主要切入点。对于信息加工过程的研究也将是此次观察性研究的重点，本章主要通过分析源语和译语在句法结构、信息传递、词汇表达等方面的差异，详细统计并分析各种加工模式的外在表现与内在动因。此外，与译员访谈的重点是探讨出现译语省漏现象与采用各种加工方法的原因，以确认记忆机制和信息加工方式在实际口译场景中的作用。因此本章研究以实际口译过程中的信息省漏和加工方式为具体的观察对象，主要目的在于以下三个方面。

（1）以类型分析的方式观察口译过程中的信息省漏现象，并分析译员在出现信息遗漏时的应对措施；

（2）观察加工方式在口译实际场景中的表现形式与分类，并探讨其背景机制；

（3）结合以上（1）和（2）的结果，从质性分析的角度探讨记忆与加工机制的关系。

4.2 信息加工的定性研究

长期以来，翻译界的研究重点集中在与翻译产品相关的描写型、分析型研究上，关注的是"译文"或"译语"这样的"静态"产品,而作为翻译主体的译者,其在翻译过程中的动态的心理过程却并未得到应有的深入研究。就口译过程而言,涉及两种语言间的转换,因此必然要涉及信息加工过程,这样的信息加工总是需要遵循一定的路径和方式,而不同的信息加工模式,也必定会导致不同的信息加工结果。在本节中,首先从理论上梳理国外主流翻译研究学派在口译信息加工领域的主要观点,接下来探讨中国传统译论在翻译信息加工方面的理念和思路,最后对本书研究中的口译信息加工模式和加工方法做一较为清晰的类型界定,以利于后续的实证研究。

4.2.1 国外译界对于信息加工的研究

1. "释意学派"的"脱离语言外壳"加工模式

关于加工模式,就必然涉及翻译的路径和方法的讨论。在口译领域影响最大的理论流派之一是巴黎释意学派,释意派理论用语言学、逻辑学、心理学的成就来阐述翻译的理解和表达过程,比较口笔译的异同,揭示了即席翻译及同声传译的基本规律。释意原理建立在对会议翻译实践观察的基础上。法语中的"interpréter"既说明了会议译员的工作方式,也指出了对待译语的深刻理解和重新表达的过程。

释意理论认为,口译不是从源语到译语的直接转换,而是遵循着三角程序,即"从讲话的有声符号出发,经过语义和认知知识融合的非语言过程,构成篇章的片段意义从而开始重新表达"(勒代雷,2011:63-64)。

(1)源语的理解:理解源语是使用语言的基本心理过程,源语的理解包括理解话语中的语言因素和非语言因素(认知、知识面、对译出语文化的了解等),它反映的是译者从语言表层提取或构建深层意义的、积极的心理推理过程。这一过程具体表现在:听话人(译员)接收发言人话语的声音信号,然后通过心理词库检索获得单词的意义,随后再经过句法、语义、语用分析获得话语的意义。

(2)脱离原语语言外壳(de-verbalization):译员从话语中提取出意义时,便形成了话语的概念系统。概念系统的形成,是一种"非语言化"或"意念抽象"的过程,体现了言语信息从表层含义到深层概念的转换。其实,"脱离语言外壳"不仅是双语翻译过程,即使是单语交际的语境下也同样适用。日常言语理解过程和口译的理解过程都同样经历了这一意义构建的心理过程。

(3)译语的表达:与源语理解相对应的过程就是译语产出,译语产出这一过程是建立在意义基础上的、使用译语对信息进行重新表述。它反映了语言使用的另一个核心过程，即从深层概念到表层话语符号的转换过程。译语表达所涉及的核心问题就是：如何根据已经形成的源语概念系统，制定译语产出计划，形成内部言语，并通过言语产出机制予以执行。译语产出大致经过了以下步骤："概念构建"→"概念到内部言语的转换"→"内部言语到译语产出的执行"。所谓"转换"就是译员将深层的概念系统里包含的信息或思想转换成具体的语言，其结果就是形成内部言语；所谓"执行"就是内部言语的具体实现，是内部言语的"外化"。其结果就是形成听话者能够接受的外部言语。

释意学派认为，口译过程中的源语理解和译语产出，与日常单一语言交际中的理解和言语产出机理是一致的，同样经历了一个从构建到转换，再到执行的心理过程。其主要区别就是，日常语言理解和产出使用单语完成这一过程，而译语产出的过程不是同一种语言符号系统的"概念—言语"的转换，而是使用另一种语言符号系统的结果。

"脱离语言外壳"学说在很长一段时间内占据口译理论研究的权威地位。经过这种"三角程序"转换后的译语，与源语存在着意义上的对等关系。译语再现的不是语言形式，而是内容、态度和情感（勒代雷，2011：63-64）。

从研究范式的角度看，释意学派的研究范式倾向于人文研究，采用论证、反思、定性和阐释等方法，提出源语转换成译语的过程。虽然释意学派对口译过程有很强的解释力，但是对它的质疑恰恰来自这种解释力背后的研究范式。很多学者（如 Gile，2000；Macizo & Bajo，2004）认为释意派得出的"脱离语言外壳"理论在很大程度上是基于总结或内省的结果，但是难以通过实证研究的方式得到证实或证伪，因此存在着研究过程科学性不足的"先天缺陷"。

2. 基于字词对应的语码转换加工模式

释意学派在提出"脱离语言外壳"理论的同时，也指出了另一种常见的、基于语言代码转换的翻译操作模式。勒代雷（2011：25）指出，释意翻译属于意义对等翻译，而语言翻译则是基于字词对应的翻译。根据释意学派的观点，意义对等和词语对等的主要区别在于，意义对等建立于篇章之间，而词语对应则建立于语言之间，即字词、音义段、固定的语法或表达形式之间的对应。

释意学派指出，基于词语对应的语码转换途径只能满足临时的翻译需要。为了说明语码转换操作模式的弊端，释意学派举出不少实例。例如，许多译者往往仍局限于提出篇章的某些词并竭力寻找其对应词，或者出于尊重源语结构而刻意地在译语中寻找对应的表达。这种翻译方法对语言比较、编纂双语词典或语言教学有用，但是一味使用词汇对应的方法，不可能帮助完成篇章层面上的意义对等翻译。为了说明这种只局限于语言表层意义的翻译路径行不通，释意学派以同声传译为例进行阐述：同声传译过程中的源语转瞬即逝，译员经常在一个句子尚未听完就必须开口翻译，给译员大脑信息处理带来了极大的负担，因此相比交替传译而言，同传译员更有可能采用基于词语对应的"语码转换"路径，但是这样的译语往往会让听众觉得晦涩难懂。

虽然释意学派主张基于意义对等的翻译是一般翻译的共用方法，但是并不因此完全排斥某些情况下可以使用词语的对应成分的方法。勒代雷（2011：37）指出了几种对应词翻译的使用场合。例如，文学作品和正式严谨的演讲中的某些词是经过精心推敲、字斟句酌的，而司法、医疗场合中的口译，不仅需要交谈双方理解会话的意义，同时有其特殊分量，即在有限语境下具备相对永恒不变的意义。因此，这些词是特选的，并不是思想和话语接触时的瞬间产物，所以需要翻译的是这些词语的"涵义"，而不是其"所指"。此外，列举词、科技领域的专用词，无论在语言层次还是篇章层次，都指的是单一的、确定的东西。因此，采用词语对应的途径进行专用词的翻译，即使在篇章层次上，也是可行的。这就是为什么专用语词典是翻译必不可少的工具。

释意学派同时指出，几乎所有词汇都不存在完全单一的意义，这是词汇自身的特点。因此，篇章翻译中，可以使用的对应词的种类是有限的，大部分词语的涵义不再等于其独立存在时的意义，因此不能再依靠从译入语中寻找对应词的方法去翻译这些词。那些源语篇章中的不可译词，在译入语中可能成为空缺。另一方面，无论源语使用什么字词，无论使用哪种语言，思想和情感都是可以传达的，因此，某个词在语言层面是否存在准确的对应词对译员而言并不是十分重要，没有直接对应词并不会影响翻译，因为词汇的空缺可以通过思想和情感的表达得到补充。这一点既说明了语码转换在翻译中的有限性，也强调了基于篇章的意义翻译的普遍适用性（勒代雷，2011）。

3. 其他相关的加工研究

除了释意学派以观察法对口译过程进行研究之外，还有学者采用侧重自然科学研究的范式（2.4），他们采用包括心理实验甚至脑成像、fMRI 等神经科学研究方法，提出口译语言转换的"串行/纵向观"（serial / vertical view）与"并行/横向观"（parallel / horizontal view）。

串行与并行两种观点，关注的是语言转换过程中语言要素的激活、抑制状态。串行观认为，理解和产出阶段的加工各自只涉及一种语言，两种语言之间的转换由非语言形式的抽象概念为中介，理解、转换、产出阶段是按照先后顺序进行的串行的、互不干扰的加工。如图 1.1 所示，源语信息经过词汇、句法和语篇层层处理，最后变成抽象的概念，然后再借助另一种语言的篇章、句法和词汇路径最后输出。不难看出，串行加工观背后的理念，与释意学派"脱离语言外壳"的理论不谋而合、殊途同归。

与串行加工观不同，并行加工观不认为口译信息处理是按照先后顺序进行的过程，并行观主张：在源语理解的同时，译员已经"自动地"激活了译语对应的部分，并和译语在词汇或者句法层面进行匹配，也就是说，语言转换加工在源语理解阶段已经开始，因此语言理解、转换和产出过程是两种语言相互作用、互相影响的加工过程（图 1.2）。

4.2.2 我国传统译论对于信息加工的探讨

罗新璋曾经在《钱钟书的译艺谈》一文中指出："任何一种翻译主张，如果同本国的翻译实践脱节，便成无本之木、无源之水。没有渊源的崭新译论，可以时髦一时，难以遍播久传"（罗新璋，1990：10）。对于在汉语文化语境下发生的口译活动进行研究，既需要借鉴西方主流口译理论的思想，并参考相关学科的交叉成果，同时也应该将口译研究植根于中国传统译论的学术土壤之中。然而，长期以来，口译界有关中国传统译论思想的挖掘和研究却相对落后，既不利于对传统译论思想的深入研究，也阻碍了国内学界拿出富有特色的研究成果，与西方译学界进行有效的沟通和对话。

1. 中国传统译论的意义观

对意义的正确理解是翻译的基础，中国传统译论的研究和探讨主要集中于意义、内容与形式等课题。罗新璋（1984：19）认为，中国传统译论的焦点体现在"案本、求信、神似、化境"这四个核心概念上，它们既各自独立，又是相互联系、渐次发展的一个理论整体，成为我国翻译理论体系的重要组成部分。

中国近代译论始自清末，马建忠在《拟设翻译书院议》中对翻译活动的特点、译者需要遵守的原则和方法做了深刻的阐述，同时从意义观的层面提出了"善译"的标准，原文引述如下：

> 夫译之为事难矣，译之将奈何？其平日冥心钩考，必先将所译者与所以译者两国之文字，深嗜笃好，字栉句比，以考彼此文字孳生之源，同异之故，所有相当之实义，委曲推究，务审其音声之高下，析其字句之繁简，尽其文体之变态，及其义理精深奥折之所由然。夫如是，则一书到手，经营反覆，确知其意旨之所在，而又摹写其神情，仿佛其语气，然后心悟神解，振笔而书，译成之文，适如其所译而止，而曾无毫发出入于其间。夫而后能使阅者所得之益，与观原文无异，是则为善译也已。（转引自罗新璋，1984：126）

从该段引文可以看出，马建忠"善译"论的关键是要求译者对原作"所有相当之实义，委曲推究"，深究"义理精深奥折之所由然"，从而做到"确知其意旨之所在"，而能"心悟神解，振笔而书"，反对"参以己意而武断其间"。可见，"善译"思想的中心理念就是基于语际意义的传达，而并非机械的文字代码转换。

2. 中国传统译论的文本观

中国传统译论关注文本，其主线可以表示为"案本→求信→神似→化境"，也是紧紧围绕着文本而展开的，不论是"信、达、雅"，还是"神似""化境"，乃至"译味""神韵"等观点，最终落脚点还是在文本上，强调对"案本"的"求信"，就是突出源语文本的核心地位，追求对源语内容的忠实再现，只有在忠实的基础上才能进一步实现"神似"与"化境"。

3. 传统译论对于翻译过程的整体观视角

受到"天人合一"的朴素哲学思想影响，中国传统文化的精髓之一就是突出整体性思维（胡庚申，2010：63），受此影响，中国传统译论也呈现出积极的整体哲学观，追求整体的平衡。这种平衡可以体现在两个方面：①翻译过程中过分的直译或意译、异化或归化、过度诠释或解释不足都是不可取的；②译论研究本身也需要允执厥中，不能走向极端（胡庚申，2010：63）。

4. 中国传统文化对翻译加工过程的影响

中国悠久的传统文化对文学艺术的影响深远，其中当然也包括翻译。在研究翻译过程中译者的心理加工过程时，显然也不能不考虑中国传统文化的影响。在中国传统译论中，我们可以看到其对传统文化的多角度、多方面、创造性的继承。以"信达雅"翻译观为例，严复说，"三者（指"信""达""雅"）乃文章正轨，亦即为译事楷模"。

可见"信达雅"的翻译标准与中国传统写作密不可分。再如，"神似"本为我国古代诗画评语（方梦之，2011：73）。傅雷继承了林语堂等人关于艺术作品翻译须"传神"的观点，提出了"重神似不重形似"的翻译观。他认为译者要"精读熟读原文，把原文的意义、神韵全部抓住了"，方能谈到翻译（罗新璋，1984：10）。由此可见，傅雷在强调"神似"的同时，同样强调对原文意义的理解。傅雷之后，钱钟书在《林纾的翻译》一文中提出"化境"说。他认为"化"是文学翻译的最高理想。如果"把作品从一国文字转变成另一国文字，既能不因语文习惯的差异而露出生硬牵强的痕迹，又能完全保存原有的风味，那就算得入于'化境'"。换句话说，译本对原作应该忠实得读起来以至于不像译本。事实上，"化境"说可以溯源到中国传统文论中的"意境"说（方梦之，2011：69）。

5. 传统译论对于信息加工研究的总结与反思

中国传统译理论是以传统哲学、经学、美学、文学乃至绘画等国学思想为其理论根基和基本方法而形成的翻译理论。以"案本—求信—神似—化境"为主线的传统译论，对中国翻译理论和实践起了不可磨灭和积极的作用。传统译论背后的整体哲学观、其对中国传统文化的继承性，以及植根于传统文论的积极的翻译文本观，对于当今译学研究多元化背景下的国内译学研究和译学建设发展而言，仍然具有积极的指导意义。这也是这些传统译论在今天仍有很强的生命力的原因，其蕴含的思想精华还有待译界学者进一步去挖掘。

但是，由于特定历史、文化语境的限制，以及译者和译论家个人认知语境的局限性，中国传统译论的薄弱环节主要体现在翻译过程、效果评价、文体对应、语义转换和翻译批评（王宏印，2003），而在翻译信息处理过程研究方面则具有明显的局限性，主要体现两个方面。

（1）偏重整合概念，缺乏分析思维：不管是"案本""求信"，还是"神似""化境"，都需要译者基于对原文意义的正确理解和对译语表达的得体把握。这就需要对翻译的信息处理过程予以更细致的分析。但是，由于受到中国学术传统中重宏观整体思维、轻微观分析研究的局限，传统译论研究未能实现对翻译文本进行深入的、结构化的分析，更缺乏对翻译过程进行具体的、类型化的实证研究，在翻译实践上，也没有对译者怎样把握原文意义，以及通过什么样的过程和步骤实现"化境"或"信达雅"给出可操作的指导性意见。

（2）研究范式缺乏，学术基础薄弱：中国传统翻译理论注重译者的经验和感觉，较多随想式、经验式的评价，而缺乏相对严格和固定的研究范式，这与西方现代翻译理论研究立足实践、强调实证的发展脉络相去甚远。虽然中国传统译论也从美学、文学、艺术鉴赏、社会心理等领域借鉴了相关思想和理念，但是并未形成严格意义上的跨学科研究。而西方翻译界则较为成功地从语言学、哲学、认知科学、社会人类学等多个学科全方位借鉴思路、吸取成果、推陈出新，丰富并完善了翻译学科本体建设。因此，中国传统译论的整体平衡观和文化继承，对于翻译的宏观过程具有一定方向性的导向作用，但就具体的信息加工步骤而言，仍然未能发挥方法论上的指导功能。

4.2.3　加工方式和加工结果的关系研究

从以上的分析梳理中可以看出，无论是释意学派主张的"脱离语言外壳"，或严复主张的"信达雅"，或中国传统译论的"意译-直译"，主要是针对总体的翻译原则而言的，宏观的翻译理念或评价标准。另一方面，对于翻译过程中信息的具体加工方式这一比较"微观"层面的问题，所见较多的仍是基于个人经验的总结性论述，而以理论为依据、结合口译实践所做的研究极少见诸文献，尤其缺乏对加工方式和加工结果所做的结构化的观察、分析与实证研究。

1. 释意学派列举的错误的加工方式

以释意学派为例，在论述"脱离语言外壳"理念时，塞莱斯科维奇和勒代雷（2011）列举了口译时常见的直译现象，可以看作释意翻译的对立面，其中主要包括四种典型的直译操作及其导致的结果。

（1）照搬原词：将外语的原词照搬过来，只调整一下发音（transphonation）。这种情况一般出现在拉丁语族内部间的语言传译中，如西班牙语和法语之间、英语和法语之间。例如，用法语的"global"来翻译英语的"global"，用法语的"subsantiel"来翻译英语的"substantial"。在两种相近的语言之间，照搬原词的诱惑会时时存在。这就是翻译中所谓的"假朋友"现象。

（2）词本意的直译：译员在处理某个词时，只是机械地翻译这个词在词典中的释意，而不是其在上下文中的意指，这种情况在任何语言对等翻译之间都会出现，在相差比较大的语言之间，译员采用直译的可能性要小一些，释意翻译的方法也更容易让人接受。塞莱斯科维奇和勒代雷（2011：144）举了一个例子：在"These organizations have granted full diplomatic support to the Namibian people's right for independence."一句中，照搬原句"grant ... to..."结构译为"给予……"会听起来很不自然，宜译为"这些组织表示将永远支持纳米比亚的独立事业"。释意学派主张，只有传达意义的口译才是真正的口译，仅仅直译词的意思是无法传递讲话的意思的。

（3）追求词数的对应：译员力图在源语和译语之间保持字词数量上的相等，也就是说，源语中有某个词，译语中也一定要有。例如，将"Australia has vast resources on which to draw."译为"澳大利亚拥有广泛的可供她使用的资源"，听起来非常累赘，不如"澳大利亚拥有丰富的资源"简洁明了。勒代雷（2011）特别指出，一字不漏地翻译带来的不仅是累赘的弊端，而且会带来别的不良效果，例如，译员的语速会断断续续，翻译的话会自相矛盾，常常缺乏内在的联系。

（4）模仿源语句法导致出现不可译词：译员如果在句子开始用的是和源语一样的词，那么很容易按照外语的句法说下去，很快就会发现根本不可能完全直译，在译入语中找不到适当的对应词。最简单的例子是"Can you give me a lift?"如果硬要按照英语句子结构译成"你能给我……吗？"，就会发现"lift"无法找到对应词。另一方面，释意学派指出，只有在刻意模仿外语的句法结构时，才会出现"不可译词"的现象。单个的词虽然不可译，但译员需要传递的是话语的意义，而非某个词本身。

2. 符合释意原则的加工方式

释意学派在论述"脱离语言外壳"时，提出了一些可以操作的加工理念和方法，包括以下几个方面。

1）概念整合/重组

释意派认为翻译的理解过程首先是对源语意义的意识过程，在连续的口语语流中，单个的词汇和短语的意义不足以构建出可翻译的意义，甚至完整的句子也不一定能构建出一个独立的意义，译员需要在篇章理解的基础上明确发言人话语的核心概念，并将话语意义与上下文已知信息积极整合，构建成完整的概念，并用译语进行重新表达。在概念整合的过程中往往需要对信息的重组，如下句：

We must strike a decent balance between the burgeoning demands of more people for a better life and the inescapable reality of a fragile environment.

译语：一方面，人们想要生活得更好，所以提出种种要求；可另一方面环境正在遭遇着严重的威胁，我们必须在这两者之间找到平衡。

2）现实化

"现实化"这一操作方法，来自翻译学中的关键概念：忠实。对译者而言，忠实意味着忠实于意义的各个方面。塞莱斯科维奇和勒代雷（2011：147）引用了一个例子，来说明如何利用环境的现实化和对具体现实的了解，对源语的信息进行基于翻译场景的"现实化"处理。

As we look to the conference in Naibobi, we would do well to consider the United Nations Conference on Women in Mexico City in 1975, and in Copenhagen in 1980.

译语1：考虑到将来要召开的内罗毕会议，我们最好考虑联合国1975年在墨西哥城以及1980年在哥本哈根就妇女权利问题召开的会议。

考虑到讲话的现实情境，释意学派认为应该依照发言人的意图进行更加准确的翻译。

译语2：在内罗毕会议召开的前夕，我们不要忘记1975年的墨西哥城会议和1980年的哥本哈根会议的情形。

虽然译语2看起来不如译语1完整，但是表达的信息却更多。因为译语2考虑了发言人原话未明言的内容：美国代表团即将出发，前往内罗毕参加联合国关于妇女权利的大会。所以"在内罗毕会议召开的前夕"比"考虑到将来要召开的内罗毕会议"显得更自然。而且根据前面的发言，听众知道美国代表团在前两次会议上表达的意见无人关注，提出的建议也无人理睬。所以原话的重点不是应当如何"考虑"这个会议，而是"不要忘记"当时的情形，以便在必要的时候更好地面对出现的类似困难。"考虑"有可能被当作一种建议或叮嘱，而"不要忘记"实际上相当于一种警告，而这才是发言人所希望传达的意图。

3）认知补充

当译员对所译材料的知识掌握到一定程度时，这些知识可以起到认知补充的作用，帮助译员将说话人的意义明朗化，并进一步推导其话语的意图。认知补充既包括概念的补充，也包括情感的补充。认知补充可以进一步分为两类，一是认知知识，包括存储于记忆中的语言和非语言知识；另一类是认知语境，它产生于对篇章翻译的过程，并储存于译员的短时记忆中。在翻译活动中，认知知识存在于听取源语或阅读文章之前，每当篇章的某一成分出现时，认知知识被激活，动员起来帮助理解话语篇章的意义。

塞莱斯科维奇和勒代雷（2011：149）举了一个例子，在翻译"Ironically some of the

countries that are undermining this plan fall under its authors"时，鉴于联合国会议现场的实际气氛，对"ironically"一词不宜译为法文的"ironiquement"，而是应该融合发言人的情感态度去翻译，她提出将整句译为"现在破坏这个计划的某些国家，正是当初制定这个计划的，这种事难道不是很离谱吗？"。

4）文化转移

双语之间的翻译同时也意味着两种文化之间的交融与碰撞，译员始终会遇到对源语中负载文化内涵的表达，对此释意学派提出了四种操作思路：变换、调整、阐明，以及文化同化（勒代雷，2011）。

3. 传统译论主张的信息加工方式

中国传统译论提出了"信达雅"的翻译标准，产生了"意译-直译"二分法，也提出了"化境"的翻译目标。马建忠的翻译思想充分考虑了翻译文本所能实现的效果，他强调翻译要达到"能使阅者所得之益，与观原文无异"。这与西方译论中的"动态对等"或"功能代偿"学说可谓异曲同工。对于具体的信息加工方式，传统译论虽然未做出具体详细的梳理，但从部分学者的研究中仍然可以总结出一些具体的方法，例如，句式调整、策略性的省略、概括等。

以严复为例，严复最具有代表性和影响力的翻译思想即"信达雅"翻译标准，出自严复对赫胥黎（T. H. Huxley）的《天演论》（*Evolution and Ethics and Other Essays*）的翻译实践和亲身感受。在1898年出版的《天演论译例言》（1898）中，严复首次提出了"信达雅"的翻译理念，并对翻译的文本加工过程做了深入的阐述。严复翻译思想的基本操作原则就是基于"达旨"的文本加工模式，所谓"达旨"，就是传达、再现原文主旨。对于如何实现"达旨"，也就是说，具体的文本加工方式是什么，严复以其自身的翻译实践给出了答案，可以从两个层面来理解。

第一个层面是一般意义上的信息处理原则，那就是"译文取明深义，故词句之间，时有所颠倒附益，不斤斤于字比句次"。译语侧重说明原文的深刻含义，因此在词句顺序、内容多少等方面均需灵活处理，以确保译文既不失原文的意义，又保证其可读性。

第二个层面，对于源语和译入语之间缺乏直接对等的情况（"原文词理本深，难于共喻"），严复的建议是"当前后引衬，以显其意"。不难看出，这样的加工方式明显与"释意理论"提倡的"解释型翻译"（interpretative approach）有着异曲同工之处。严复的翻译思想体现出鲜明的文本观和整体观，同时兼具接受美学的思想，即"信"

"达""雅"三种要素相互制约，臻于平衡。

4.2.4　基于多个视角的信息加工研究

1. 语言形式加工

语言形式集中体现在句子结构上，英语和汉语在句法结构上存在很大的差异，译员在口译时需要对源语的句式结构进行适当的处理，生成合理的、可接受的译语。本章的文本分析将关注两个方面：①源语句法结构加工中的"脱离语言外壳"处理；②译语受源语句法结构影响的情况。

2. 文本语义加工

文本语义加工集中体现在对源语的语词代码的处理上，尤其关注对于实意词的加工方式和加工水平，主要探讨的内容包括：①对实义词的加工：跨语言的范畴调整；②受源语词汇影响导致的语码转换现象；③隐喻等特殊语言形式的加工。

3. 篇章信息加工

口译的最终目的是要再现话语篇章的整体信息，而并非只是文本的代码转换。因此在分析文本语义加工的同时，还需要关注对话语篇章层面信息的加工处理，这也是对口译员实现"脱离语言外壳"的释意翻译能力的综合检验，这一层次的加工主要体现在：①对认知空白的填补；②对重要主题信息的凸显；③发言人的副语言信息（如情感、态度等）的加工。

4.3　口译现场的观察性研究

本次观察性研究的主要过程如下，首先对一次现场口译录音资料进行转写，转写过程按照"段落分割—逐句对齐—三重标注"的方法实施。接下来分析译语中的信息省漏与信息加工现象。对于译语中的省漏现象，从"语言形式省漏"和"信息内容省漏"两个方面进行分析；对于信息的加工方式，主要从句法结构、文本语义、话语信息三个层面予以考量。通过文本分析结合译后访谈，本章将深入探讨记忆与加工方法在实际口译操作中的具体作用与表现形式。本章研究以对语料的定性分析为主，辅以量化统计。

4.3.1　口译录音材料的选择

为了实施本项研究，研究者在各种口译现场收集了数量较大的原始材料（英汉、汉英交传共近 5 个小时）。为使材料具有代表性、同时也更能较为准确地反映研究问题，对原始录音材料进行了一些必要的筛选，主要排除了以下几类情况。

（1）声音质量不佳，难以准确判断录音内容的材料；

（2）口译质量难以保证的材料，如严重的误译、漏译等（主要来自口译学员）；

（3）口译语篇不完整的材料（由于录音设备突发故障而引起的大段内容漏录）。

在此基础上，针对本项研究所关注的信息加工方式，选取了各种加工方式较为集中、也较有代表性的一个完整语篇，作为研究的主要对象。

4.3.2　口译活动介绍

时间：2012 年 10 月 18 日

地点：西安市阎良区国际航空展览中心

会议名称：第三届航空转包生产与国际合作论坛

参与者：中外各类企业、研究所及投资机构

主题：航空转包；飞机表面处理

4.3.3　口译语篇介绍

口译形式：英汉交传

口译语篇文本类型：陈述性文本

口译语篇主题：航空转包的国际化进程与飞机表面处理产业的发展

口译语篇长度：2690 词

口译时间总长度：42 分钟

4.3.4　译员介绍

译员背景：女性，中国国籍，母语为汉语，39 岁，职业译员，有正式专业口译训练背景，10 年以上口译实践检验，累计同声传译、交替传译时间超过 800 小时。

译员准备情况：译员连续两天参与会议的交替传译和同声传译工作，对会议主题、会议程序、会场气氛均比较熟悉，对相关领域的知识背景也有了较好的掌握。此外，译员在口译前一小时拿到了发言提纲，但没有发言原文。

4.3.5 数据收集程序

1. 采集原始录音

使用两支专业数码录音笔（Sony ICD-8GB），分别录取口译现场发言人和口译员的语言材料。采用会场模式，声音清晰度较高。

2. 原始录音整理

将现场口译录音按照录音转写规则转录为文字，并予以标注。具体转录和标注方法见 4.3.6。

4.3.6 口译语篇分析方法

1. 语料标注方法

参照既有的较为成熟的口译语料标注方法（如张威，2011b: 82-83），并予以适当修正，本书研究将源语和译语的文本语料按照语音、信息和语法形式三个方面进行标注。标注方法如表 4.1 所示，除"省略/遗漏"和"句法结构有较大出入"两种标记在源语上记录外，其他标记均标注在译语上。

表 4.1　口译语料标注方法

标记类型	符号	意义	示例
语音标记	+	沉默停顿（1～2 秒）	我们⁺必须积极应对气候变化
	++	较长的沉默停顿（2 秒以上）	我们必须⁺⁺积极应对气候变化
	^	有声停顿，如 em、呃、嗯、这个	^我们必须^ ^积极应对^气候变化
	口误	出现口误，且主动纠错	我们必须积极应对天气气候变化
	吐字不清	斜体字表示吐字不清的部分	我们必须积极应对气候变化
	～	语音拖长	我们～ 必须积极应对气候变化
	>语速快>	两个箭头间的部分语速太快	我们～ 必须>积极应对气候变化>
	<语速慢<	两个箭头间的部分语速太慢	我们～ ＜ 必须积极应对气候变化<
	重音	语音音量提高	我们必须积极应对气候变化
	弱音	语音音量减弱	我们必须积极应对气候变化
	/	语调上升	—
	\	语调下降	—
	&	其他无意义的声音	如咳嗽；清嗓子；翻页

续表

标记类型	符号	意义	示例
信息标记	省略/遗漏	源语信息的省略或遗漏	标注在源语文本上
	[ ]	冗余或增译的信息	我们必须 [一定要] 积极应对气候变化
	( )	一般误译	标注在译语上
	{}	较严重误译	标注在译语上
	楷体	译语与源语词汇表达差异较大	标注在译语上（如隐喻/跨文化负载词）
	段落@	段落的结构在译语中有较大重组	标注在源语段落的开头
语法标记	#	语法失误，但不影响理解	we need to # fighting climate change
	……	省略号表示未完成的句子	我们必须积极～ +…… 这是非常重要的
	不自然	波浪线表示听起来不自然的句子	我们必须积极对付气候变化问题的挑战
	@	译语与源语句法结构差异较大	标注在源语句子的开头

2. 语料转写方法

在此次观察性研究中，对口译语料的转写严格按照口译语料库通行的转写与标注方法。目前，规模较大的口译语料库包括：欧洲议会口译语料库（EPIC）、日本名古屋大学开发的英日同传语料库、意大利博洛尼亚大学开发的"欧洲议会语料库"、上海交通大学开发的"汉英会议口译语料库"（CECIC）。目前语料库通用的转写方法主要包括以下三种。

1）线性时间对齐转写

根据 Setton（1999）的相关论述与分析，线性时间对齐转写是指：依照口译语言发布的时间先后顺序，首先将语音转写为文字，然后根据具体研究目的，一方面设定语流分割时间单位与长度（一般以秒为单位，长度一般为 2～4 秒），另一方面规定其他语言信息的标记方式，最后对源语和译语转写后的材料进行语言信息与时间间隔的标注，最终形成带有语形和语义双重标记的文本，用于后期观察与分析。线性时间转写方法适用于同声传译研究，在格式上一般采用竖体排列，这样是为了直观地展现口译（尤其是同声传译）中源语和译语在发布时间上的信息差及语言形式和信息的对比。线性时间转写需要精确的音频转录和时间切分过程，因此标注耗时长，适合个案考察与分析，对于大规模语料库建设而言，研究成本将急剧增加。

2）句对齐转写

句对齐转写多见于同声传译过程。由于同传译员对源语中每个句子都是边听边说，因此采用线性时间转写就已经体现了句对齐这一因素。在交替传译中，译员一般是以段落为单位进行口译的，因此一个段落中源语与译语在句子层面的对应就成为了口译语料的研究重点。句对齐转写考察独立语义环境下源语信息的表达效果，句对齐转写过程重点考查语言形式因素和语义因素，对"源语—译语"发布的时间因素不做具体分析。

3）信息对齐转写

口译的实践特征要求译员迅速判断原文信息内容与重要性，并结合译语表达特点，即时传递源语的核心信息。"字词对译"或"逐句对应"不应该是口译实践的常态，而"信息对等"和"功能等效"才应该是口译质量评价的首要因素。因此，明确口译中源语与译语的信息对应关系，并在语料转写中加以体现，才是口译语料应该呈现的主要内容。信息对齐转写重在分析源语到译语意义的转换，对源语发布的时间因素和语言形式因素并不做太多关注，因此一般不用于同声传译的语料分析。

本章的语料研究采用"段落分割—逐句对齐—三重标注"的转写方法。所谓"段落分割"，是由于交替传译的操作单位一般是一个相对完整的段落，因此对源语及译语的语篇按段落进行分割，既符合口译的实际情况，也有利于研究者从较为宏观的层面关注语篇信息的传递程度；所谓"逐句对齐"是指将源语的每个分句和译语的每个分句以"S1、S2、S3..."和"I1、I2、I3..."的编号一一对应，这样可以直观地看出段落内部各个分句的加工情况；所谓"三重标注"是指对译语语料按照语音特征、信息传递、语法形式这三个层面进行标注，从而尽可能忠实、客观地再现译语的语言形式和语言内容，如表4.2所示。

表4.2　语料转写方法示例

S1: China's aerospace industry is progressing at a very fast pace.	I1: 中国航空事业的发展突飞猛进
S2: @While some of this progress can be attributed to rapidly growing governmental support for China's aerospace sector,	I2: 其中的原因呢 ∧ 一方面是来由于来自政府部门对航空事业发展的支持
S3: China's aerospace capabilities have also benefited from the increasing participation of its aerospace industry in the global commercial aerospace market and the supply chains of the world's leading aerospace firms.	I3: 另一方面，也是由于中国的航空能力，也得益于它的这个航空产业 ∧ 越来越多地参与到全球商业航空市场，以及航空公司供应链[的竞争]当中去

3. 语料分析方法

本章研究主要将译语中未能再现的部分分为两类，即语言内容的"遗漏"和语言形式的"省略"。在后文中，以"省漏"一词概括全部的省略和遗漏现象。

首先对源语/译语进行对照分析，并对译员进行访谈，请她听自己的口译录音，回忆译语中省漏现象产生的原因，以及典型的信息加工策略和方法。根据译员的回顾与分析，产生省漏的原因分为以下三类。

（1）认知欠缺：指的是背景知识不足，源语具体信息未能听懂，或虽然明白意思但在译语中无法找到对应表达而导致信息无法译出；

（2）认知负荷超载：指由于源语发布速度过快、信息密度过大、语言结构过于复杂而造成译员理解和记忆的认知负荷过大，从而导致信息遗漏；

（3）口译策略选择：指的是当时译员根据具体口译语境或语篇知识对源语形式与信息的重要性进行判断，有意识地进行节略性翻译，以提高口译加工效率或实际口译效果。

对于信息加工策略和方法，主要从以下六个方面予以考察。

（1）句法相似性与差异性；

（2）词汇的对等程度；

（3）译语中的高频结构或词汇；

（4）对源语特殊表达结构（如隐喻、文化负载词）的加工；

（5）发言人的副语言信息（如情感、态度等）的加工；

（6）口译操作中自我修正的机制与表现。

4. 语料统计分析

根据转写的资料，分析源语——译语语料中各种信息省漏和加工方式的内在性质、表现形式与数量分布，并用 Excel 进行简要的描述性统计分析，得出相应的统计数字并绘制图表，以展现口译记忆和加工现象的性质和特点。

另外，本章的研究对象兼具"译员"和"教师"的双重身份，虽然在本书第 3 章中将"职业译员"和"口译教师"分为两类被试，但第 3 章主要目的是希望发现口译教师从教学的角度对口译过程的理解，并且第 3 章问卷调查显示这两个群体间在口译行为方面的差异很小，因此在本章此后的分析中，将被试的身份统一作为"译员"予以确定。

4.4　现场口译文本的分析

4.4.1　对译语中的省漏现象分析

根据源语—译语对照，结合译员自己的判断，整个口译语篇中共出现各类性质的省漏现象 79 次，接下来，从数量分布、语言形式省漏、语义信息省漏三个方面做一详细分析。

1. 省漏现象的数量分布

将译语全部转写之后，经统计，源语信息遗漏和语言形式省略两类现象共 79 处，也就是说，源语平均每 36 个单词，译语中会出现一次省漏。

经与译员进行译后回溯访谈，可以确认各处省漏的性质和成因。从省漏性质上看，属于语言形式的省略共 32 次，约占 40.5%；语义信息的遗漏为 47 次，约占 59.5%。从省略或遗漏的成因上看，由于记忆压力形成的认知负荷型遗漏现象共出现 38 次，所占比例最大（48.1%）；根据口译语境与语篇具体情况而进行的有意识的策略性省略共出现 28 次，占比 35.4%；而由于主题知识或相关背景知识欠缺所形成的遗漏现象有 13 次（16.5%）。统计数据详见表 4.3 和图 4.1。

表 4.3　省漏内容与类型统计表　　　（单位：次数）

类型	语言形式	语义信息	合计
认知欠缺	0	13	13
认知负荷	14	24	38
口译策略	18	10	28
合计	32	47	79

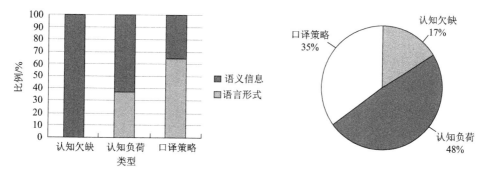

图 4.1　各类省漏性质和成因分布图

2. 语言形式省漏现象分析

在本章研究中，语言形式省漏主要涉及两类：一是源语当中非核心意义的修饰性成分（如形容词、副词、连词等）；二是源语中的某些固定句式和句型。根据译员的回顾，对语言形式的省漏一方面源于认知负荷的压力，另一方面是出于口译策略的选择。

1）认知负荷型省漏

认知负荷型省漏指由于源语发布速度过快、信息密度过大、语言结构过于复杂而造成译员理解和记忆的认知负荷过大，从而导致信息遗漏。此次口译中，发言人平均语速约为138wpm，属于正常语速。但也有一些地方发言人语速较快、信息密度较大，导致译员无法全部再现源语的语言形式信息，如下例：

S11: This demand will add $340 billion dollars of sales in the Chinese Aerospace Market.	I11: [如此巨大]的需求，将给中国的航空市场带来 3400 亿美元的销售额。
S12: The demand for aircraft on a worldwide basis is estimated to be 28,600 new aircraft over the next 20 years.	I12: [我们知道]，在未来的 20 年内^就全球范围内而言，对飞机的需求将会达到⁺28600 架^ 新的飞机。
S13: This demand is estimated to bring an additional $2.8 trillion dollars in sales worldwide.	I13: 而这样[大]的一个需求，将[给全世界的航空市场]带来⁺2.8 万亿美元的销售额。
S14: This represents approximately one-eighth of the total world demand during the next 20 years.	I14: 所以我们可以看出，[中国市场的需求量]就占据了未来 20 年当中全球航空市场总需求量的 1/8。

可以看出，S11~S14 的句子信息较为密集，突出表现为数字集中，对译员的听解记忆形成了较大的认知压力。译员在信息处理时不得不关注数字等核心信息，而舍弃一些相对次要的内容。因此，在完成对"$340 billion""28，600""$2.8 trillion""one-eighth"等一系列数字的听解和记忆的同时，译员的认知负担已经相对很重，使她难以再对 S13 中的"is estimated to"和 S14 中的"approximately"这些成分做到有效的记忆或记录。虽然这些单词本身不构成理解难度，但却无法及时反映在译语中，形成了较为明显的认知负荷型省漏。

2）口译策略型省略

语言形式的策略型省略是指，译员根据具体语言形式的语义特征，同时结合具体口译语境与语篇的情况，对语言形式意义的重要性进行适时判断，并进行灵活的节略性处理，从而能更迅捷地传递关键信息，提高口译信息表达的实际效果。如下例：

S9: It is estimated that the demand for aircraft in China is more than 3,400 commercial aircraft for the next 20 years.	I9: 据估计，在未来的 20 年里，中国对商用飞机的需求将会达到超过 3400 架[的这样一个规模]。
S10: In addition to commercial aircraft, it is estimated that the demand for general aviation planes is over 5,500 aircraft in the next 10 years.	I10: 除此之外，在未来的[这个]10 年当中，对普通的、通用型的飞机的需求也将会超过 5500 架。

在 S10 中，"it is estimated that"属于句子的"框架部分"，并不带有实质性信息，而且该结构在前句 S9 的开头已经出现过，因此译员对其进行了节略式处理（同时省略的还有"commercial aircraft"这个语义成分），从而能够集中精力应对后面的数字（5,500）及一个专有名词"general aviation planes"。可以看到，译员对"general"一词的准确译法并不熟悉，先是译为"普通的"，后又迅速纠错为更恰当的"通用型"。

译员采用策略型省略的操作，主要是出于翻译的效果考虑，而不仅是出于减轻认知负荷的需要的考虑。因此，"策略型"一词带有更多"自觉、主动"的含义。如下例：

S44: Surface treatment is used to describe a broad range of processes used to change the surface of a metal to achieve the desired properties.	I44：表面处理技术可以改变金属表面的+性质，从而使其获得+我们想要的某些特性。

S44 中使用的被动结构"is used to …"及后面的"a broad range of processes"都不构成理解上的难度，但考虑到汉语更多地使用主动语态这一基本特点，因此，译员回避了"被……"这样的表达，采用"快刀斩乱麻"的操作，直接跳过被动结构，从"change"一词开始翻译句子后半部分的实质性内容。

3. 语义信息省漏现象分析

在本章中，语义信息省漏指的是由于各种原因，导致对源语的重要主题信息、关键术语、专有名词、关键数字等核心信息的省漏。

1）认知欠缺型省漏

口译中的认知欠缺，指的是由于背景知识不足导致源语信息未能听懂，或者虽然明白意思，但在译语中无法找到对应表达，从而导致信息无法译出。因此，译员如果对所译内容存在认知方面的不足，既可能造成理解上的困难，也会带来表达时的障碍。如下例：

S6: While the machining and assembly capabilities of the aerospace industry are growing, there is definitely a lack of surface treatment capability in China.	I6：随着中国航空工业+装配能力的日益提高，∧表面处理技术方面的薄弱这个问题[迟早]会出现。

S6 中的"machining"一词并非常用词，译员事前也未曾准备，据译员事后回顾，当听到"machining and assembly"时，能够大致猜测出其含义是和"生产、加工"差不多的意思，但为了保险起见，只译出了这个并列结构中的"assembly"。

此次口译任务属于商务与科技的复合型题材，部分段落出现了较多专有名词和术语，给译员在理解上造成了一定难度，认知上的欠缺导致了信息遗漏，如下例：

S45: Surface treatment processes include anodizing, allodine, phosphating, chemical etching, plating, shot peening, HVOF, Plasma Spray, IVD heat treating and coatings.	I45：表面处理技术，主要包括阳极氧化、化学⁺（处理）、电镀、HVOF、以及^等离子（处理），IVD（技术）及⁺涂层处理。
S46: All of these processes are used in the manufacture of aircraft.	I46：所有的这些技术都要应用于飞机的制造过程。

S45 中大量的专业术语给译员造成了不小的难度。据事后回忆，虽然在口译之前准备了关于飞机表面处理方面的术语，但毕竟平时极少遇到，即使在书面语中能认识，但对其语音形式仍不熟悉（用她的原话说"在口译时一下子听到还是不容易反应过来"），因此该段落出现了较多的语义信息遗漏。对于部分能听懂的，译员尽量采取推理或模糊处理的方法，如"chemical etching"中，根据"chemical"的语义与搭配习惯，将"etching"模糊译为"处理"。尽管如此，整个段落中还是出现了明显的信息遗漏现象。

2）认知负荷型省漏

导致认知负荷的原因主要包括源语发布速度过快、信息密度过大、语言结构过于复杂等。与"认知欠缺"所造成的"听不懂"或"不会译"情况不同，认知负荷过大导致的结果一般是"记不住"，从而出现信息遗漏，如下例：

S2: [@]While some of this progress can be attributed to rapidly growing governmental support for China's aerospace sector.	I2：其中的原因呢 ^ 一方面是来由于中国政府对航空事业发展的支持，
S3: China's aerospace capabilities have also benefited from the increasing participation of its aerospace industry in the global commercial aerospace market and the supply chains of the world's leading aerospace firms.	I3：另一方面，是由于中国的航空能力，也得益于<它的这个航空产业< ^ 越来越多地参与到全球商业航空市场，以及（航空公司）供应链[的竞争]当中去。

这是会议刚刚开始的第一段发言，篇幅较长，且含有如 S3 这样的长句。据译员事后回忆，自己当时还未充分进入到口译状态，主要精力必须集中在听取话语信息上，确保重大信息没有听错，因此只能分配一小部分精力用来做笔记。由于信息处理负荷过大，对于"rapidly growing"和"world's leading"这样的修饰语，虽然当时肯定是理解了，但却难以在记忆中加以保持。该段的译语形式体现了两个特点：①S2 句的结构在译语中发生了较大变化，译员灵活地使用了"一方面……另一方面……"这样的结构翻译"While …"结构，体现出集中听解信息的理解过程和"脱离源语语言外壳"的操

作思路，在集中注意力对核心信息进行操作时，对部分修饰成分的遗漏就不难理解了。②译语出现了两处有声停顿，以及一处不太自然、随后带有自我纠错性质的表达，这些问题的出现可以折射出译员当时比较犹豫、不确定的心理状态，说明较大的认知负荷已经开始影响到译员的译语输出行为，在这样的状态下，译员难免出现部分信息的遗漏。

对于数字较为密集的语篇，译员的认知处理负荷也势必加重，对其他部分的省略或遗漏的可能性就会增加，如下例：

S34: The value of aerospace imports to the United States from China was $421 million in 2009.	I34：2009 年，美国从中国进口的飞机，这个进口额高达⁺4.21 亿美元。
S35: China is the tenth most important aerospace supplier to the United States.	I35：中国已经成为美国的第十大⁺最重要的飞机供应商。
S36: Aerospace imports from China grew at an average annual rate of 25 percent between 2005 and 2009.	I36：从 2005 年到 2009 年，美国从中国进口的飞机的{数量增长了 25%}。
S37: Boeing has purchased more than $1.5 billion of aviation hardware and services from China.	I37：波音飞机公司从中国采购的（总额）已经超过了 15 亿美元。
S38: Boeing has active contracts with Chinese suppliers valued at more than $2.5 billion.	I38：波音公司与中国的供应商之间的合同的总额呢，也超过了 25 亿美元。
S39: China's share of U.S. aerospace imports will increase rapidly in coming years.	I39：在未来几年内，中国的^中国在美国进口的飞机当中所占的份额将会快速增长。

S34～39 总共 6 句，出现了多处数字，由于英语和汉语在数字表达上存在很大差异，译员在集中精力记录并处理数字时，往往会忽略数字之外的信息。S37 中 "1.5 billion" 之后遗漏了 "aviation hardware and service" 这样比较具体的信息，而只能以 "总额" 一词模糊处理；而在 I36 中，在记忆百分比（25%）、年代（2005；2009）中的这三个数词之后，对于 "average annual rate" 这样重要的信息完全遗漏，在译语中用 "数量增长了 25%" 替代，应该说这已经不是单纯的遗漏，而是较为严重的误译了。

3）口译策略型省漏

如前所述，策略型省漏往往是译员主动采取的行为，既不是源自 "听不懂" 或 "不会译" 的尴尬，也不是出于 "记不住" 的无奈，而是出于对译语简洁、流畅、地道的主动追求，如下例：

S19: This figure shows the world wide forecast of RPK.	I19：下面的这张图就显示了全球 RPK 的预测情况。
S20: China's RPK is about 20 percent that of U.S. airlines, more than the traffic carried by either German or Japanese airlines, or about 6.7 percent of all world traffic in 2007.	I20：中国的 RPK 的数值相当于美国的 20%，高于德国和日本；在 2007 年，中国的数字大约占全世界总量的 6.7%。

在 S19 中出现了专业术语缩写 RPK，译员考虑到现场听众大部分是行业专家，因

此直接采取照搬原词的"零翻译"策略。在随后的 S20 中，核心信息是中国的 RPK 与国外的比较，对于"airlines""the traffic carried"及"traffic"这样已经高度"语境化"的词语，译员果断采取了省略操作，译语 I20 通顺连贯、一气呵成，说明这样主动的策略型省略是完全合理的操作思路。

策略型省漏常常出现在源语中含有并列结构和冗余信息的位置处，如下例：

S31: COMAC is also developing and plans to manufacture the ARJ 21 and the C919 aircraft.	I31：中国商飞^计划生产 ARJ21 和 C919 这两种型号的飞机。
S32: The ARJ 21 is a small regional jet and the C 919 is a single aisle aircraft similar to the A320.	I32：ARJ21 是一种小型的^支线飞机，而这个 C919 属于+单走道客机，与 A320 有相似之处。

在译员看来，S31 中的"developing"如果译为"正在发展"，会使译语显得不够精练，而后面还有几处飞机型号方面的术语，翻译起来可能会多耗一些时间。因此对前面的部分采取简化处理，直接跳到"plans to"。事后对译语的分析显示，后面在翻译飞机型号等信息时，译员确实出现了一些停顿现象，但前面简捷的处理策略对后面的术语翻译部分仍然起到了腾出时间思考的积极作用。

4.4.2 省漏时的应对策略分析

在出现省漏现象的同时，往往都能看到译员所采取的各种操作策略，接下来将分析这些应对策略的类型和使用频率，并探讨使用这些策略的原因。

研究依据：根据第 3 章问卷调研的统计，在出现遗忘时，译员常见的措施主要包括两种：一是忽略遗忘的位置，从能够回忆的起来的位置继续口译（以下简称"忽略"）；二是寻找模糊表达进行替代（即"模糊替代"）。

研究对象：在本章中，笔者希望较为全面地观察译员在出现省漏时的应对策略，因此，虽然本章的重点是口译记忆机制，但我们的分析对象除了"认知负荷型省漏"之外，也包括由于认知欠缺造成的"听不懂"或"不会译"，以及为了优化译语的表达效果而采取的"策略型省漏"，这样可以对不同的应对策略做一较为系统、全面地分析。

1. 不同的处理策略范例分析

1）采用"忽略"处理策略的情况

译员在能够理解句子的整体意思、但对个别词汇不熟悉的情况下，会导致认知欠缺型省漏，这时译员会采用"跳过去"的忽略处理，如下例：

S15: China is already the world's second largest national air travel market, trailing only the United States. S16: This market, moreover, is likely to grow rapidly over the next two decades.	I15：中国已经成为世界第二大的航空旅游市场。 I16：而且，这个市场在未来 20 年里还可能会迅速扩大。

　　S15 中的"trailing"在此处表示"落后于"。据译员回顾，该词的听感对她而言较为陌生，当时并未听懂，但是根据上文的"second largest"和下文的"only the United States"，能够推断出"trailing…"这个分词短语的整体意思。尽管如此，但是仍然出于"宁可漏、不能错"的考虑跳过了该短语，况且当时已经将句子核心意思译出来了，而且跳过去也并不影响句子的完整性。由此可以看出，译员在选择"忽略"时，并不一定是由于完全听不懂，而更多的是出自一种谨慎的态度。

　　再如下例，S83 中译员在"built"和"calibrated"两个单词上出现了省漏，译员采取的也是"忽略"的应对措施。

S83: Once these issues are taken care of, then processing equipment must be designed, built, installed, calibrated, and made operational.	I83：一旦这些问题得到妥善处理，那么接下来就可以设计、安装^并使这些设备投入运营投入运行。

　　从译员对于该部分的回顾来看，"built"一词的省漏是由于遗忘，而"calibrated"的省漏则是因为没听懂。由于遗漏的单词位于并列成分内，省漏其中一部分不影响译语的连贯性，于是译员立即采取了"忽略"的处理策略。

　　2）采用"模糊处理"策略的情况

　　如果当语言信息记忆负担较重，而单纯采取略去不译可能影响译语的通顺性，产生不合语法的句子时，译员多会采用"模糊处理"的应对策略。如下例所示，S61～S68 这一段落篇幅较长，译员记忆负担增加，在 S62、S66、S68 三句均出现省漏现象，译员积极地使用了"模糊处理"的策略予以应对。

S62: This facility will use the latest air cleaning technology to remove 98% of the particles and solvent used in the manufacturing process. S66: The surface treatment facility will perform work on an outsourcing basis. S68: The facility will also seek approvals from all prime and tier one suppliers on an as-needed basis.	I62：这项设施由于运用了最新的空气净化技术，可以清除掉在生产过程中带来的颗粒及（其他的污染物），[清除率] 达到 98%。 I66：那么所有这些呢，将在外包的基础上^实施。 I68：我们的设施将根据具体的需求，寻求获得^那些^主要的供应商的批准认可。

　　S62 中的"solvent"未能被译员充分理解，根据上文 S61 中的信息模糊译为"其他的污染物"，虽然不够准确，但不影响整体意思的表达。

对于句 S66，其核心信息蕴含在"on an outsourcing basis"这一状语成分当中，而主语和谓语部分"The surface treatment facility will perform work"虽然不构成理解难度，但因为其并未传递新的内容，因而未能有效地进入译员的记忆系统（根据译员的回顾，只注意到了"outsourcing"这个关键词，其余的没有留下深刻印象）。在抓住了主干信息的前提下，译员将遗忘的主谓部分模糊处理，整句翻译成"那么所有这些呢，将在外包的基础上实施"，原句的整体意思没有受到影响。

对于句 S68，根据译员的回顾，当时已经听懂"prime and tier one"的意思，但是未能及时记下，而该句又是位于段落末尾，在口译到这里的时候，记忆已经有些模糊，只能识别出笔记上的"供应商"一词，所以先犹豫了一下（I68 中的停顿标注），然后使用"主要的供应商"一词进行模糊替代。

3）两种策略结合使用的情况

"忽略"和"模糊处理"这两种不同的处理策略虽然在使用方式和效果上有别，但并不意味着在使用其中一种的时候完全排斥另一种，例如：

S6: While the machining and assembly capabilities of the Aerospace industry are growing, there is definitely a lack of Surface Treatment capability in China.	I6: 随着中国航空工业⁺装配能力的日益提高，^表面处理技术方面的薄弱这个问题[迟早]会出现。
S7: This lack of capability has limited the types and number of products manufactured in China.	I7: 那么^这样就会限制中国制造的产品的（质量）。

该部分中出现两处省漏：S6 中"machining"和 S7 中"types and number"。但译员分别采用了不同的处理策略："machining"省漏后，译员直接跳到了紧随其后的"assembly"上，而 S7 中"types and number"省漏后，译员使用了"质量"一词进行替代。对于同一段落不同的操作策略，事后译员的回忆是这样的：

"我当时听到'machining'时，大概可以猜它的意思是和'生产、加工'差不多，但是我对这个词确实不太熟悉，为了保险起见，只译出了这后面的'assembly'。后面的这个'types and number'当时整个就没记住，可能是一开始还没进入口译状态吧，后面我只记住了'product'，而动词'限制'和'产品'又不能直接搭配，于是我就翻译成'产品的质量'，当时感觉应该意思是差不多的，不过现在分析起来，还是不够准确"。

另一个更有代表性的例子出现在 S45 中，该句包含很多专业术语，对译员的理解造成了一定难度，出现较多省漏现象。

| S45: Surface treatment processes include anodizing, allodine, phosphating, chemical etching, plating, shot peening, HVOF, Plasma Spray, IVD heat treating and coatings. | I45：表面处理技术，主要包括阳极氧化、化学[+]（处理）、电镀、HVOF、以及^等离子（处理）、IVD（技术）及[+]涂层处理。 |

根据译员的回顾，该句当中听不懂或记不住的成分较为密集，虽然可以跳过去一部分，但舍弃得太多，译语内容的完整性必定会受到较大影响。因此，对于有些部分能听懂的短语，译员尽量采用意义推理和模糊处理的方法，如"chemical etching"中，根据"chemical"的语义与搭配习惯，将"etching"模糊译为"处理"；类似地，将"Plasma Spray"译为"等离子处理"。虽然整个段落中出现了较多的信息遗漏，但采用模糊处理的策略确实起到了提高译语内容完整性的作用。

2. 两类策略使用频率的定量统计

对于口译文本进行的分析显示，译员在整个口译过程中，对于两种不同的省漏形式和三类不同的省漏原因，译员采用的两种应对策略使用频率也有很大差异，定量统计结果见表 4.4。

表 4.4　对于省漏的应对策略统计

类型	语言形式	语义信息	合计
认知欠缺	0	忽略（10）/模糊（3）	13
认知负荷	忽略（11）/模糊（3）	忽略（19）/模糊（5）	38
口译策略	忽略（16）/模糊（2）	忽略（10）	28
合计	忽略（27）/模糊（5）	忽略（39）/模糊（8）	忽略（66）/模糊（13）

从表 4.4 可以看出，"忽略"策略是译员采用最多的应对手段，对于 79 处省漏，采用"忽略"的情况共计 66 处，占 83.5%，而模糊处理只有 13 处，占 16.5%，差异明显。这一发现与第 3 章问卷题项 3.11.2 和 3.11.3 的回答可以互相印证：选择暂时跳过遗漏的信息是译员通用的策略，而是否采用模糊处理，则呈现较大的个体差异性，其总体使用比例也低于"忽略"策略。

此外，根据对口译文本语料的观察，结合对译员的访谈，可以发现两种应对策略的使用场合和具体动因，简要归纳如下。

（1）在并列成分较多的结构中出现信息省漏的，译员倾向于选择"忽略"；

（2）由于认知欠缺导致听不懂的专业术语，译员倾向于"忽略"；

（3）能听懂意义且"跳过去"不影响译语完整性的，译员倾向于"忽略"；

（4）为了译语表达效果而主动选择策略型省漏的，基本上表现为"忽略"；

（5）能判断大意，但空缺会较大程度地影响句子信息完整性的，译员会选择"模糊处理"。

4.4.3 对源语加工的分析

对源语加工的研究，从语言单位的角度，分为语言形式、文本语义和篇章信息三个层面来进行分析，这样可以使研究者从不同维度考察信息加工的水平。根据 4.1 的论述，释意学派在论述"脱离语言外壳"时，提出了一些可以操作的加工理念和方法，包括：①概念整合/重组；②现实化；③认知补充；④文化转移（包括变换、调整、阐释、文化同化）等，这些主要的加工理念和方法也将在接下来的文本分析中得到示例呈现。

1. 源语句法结构的加工

对语言形式加工，最明显的表现是体现在句子结构上，英语和汉语在句法结构上存在很大的差异，译员在口译时需要对源语的句式结构进行适当的处理，生成合理的、可接受的译语。但有时，译员也会受到源语句法结构的影响。

1）句法加工中的"脱离语言外壳"

英汉两种语言的句法结构相差很大，在处理英语句子时，亦步亦趋地按照源语句法结构翻译，极易生成"欧化"的句式，在大多数情况下译员都会变更源语结构，使译语符合汉语表达习惯。

例如，英语中使用被动语态的频度要高于汉语，译员在口译时主动地进行语态转换是一项常见的句法加工手段。如下例：

S25: Boeing and Airbus are now demanding that at least 25% of their parts and components be manufactured in a low cost country.	I25：现在，波音和空客这两家公司都要求至少要有25%的^零部件是在成本较低的国家生产。
S26: @ China is considered to be a low cost country.	I26：而一般认为，中国就是属于这样的成本较低的国家。

S25~S26 中的"be manufactured"和"is considered to be"在译语中均转为主动语态，以符合汉语的表达习惯。整个口译过程中，译员对语态之间的转换显得非常熟练、自如。

再如下例 S91~S92 中，译员对 S91 的处理中出现了认知负荷型省漏，在后面的 S92 中则灵活改变了源语句子结构。

| S91: As a result, manufacturers can get to market much faster with their products by outsourcing the surface treatment. | I91: 这样一来，飞机制造商的产品可以更快地占领市场。 |
| S92: @Also capital is not needed to invest in treatment equipment and this money can be spent on the core business of the manufacturer. | I92: 而且制造商在表面处理方面的投资也可以省下来，∧这个钱就能够用于核心业务。 |

据译员回顾，这一段落中，前面有一句（S90）自己感觉没有处理好，出现了照搬源语词汇的现象，因此在翻译 S92 时，对于"capital is not needed"和"this money can be spent"这样的被动结构，马上"有意识地感觉到要避免翻得过死"，正是这种有意识的对译语产出过程的主动监控，使得译员对 S92 的处理非常灵活到位，不仅跳出了源语句式结构的窠臼，而且使用了如"省下来"这样汉语听众熟悉的表达，可以看作使译语表达符合听众习惯的"现实化"处理思路的一种体现。

对句法结构的加工常常体现在更复杂的层面，对句子信息结构的调整是一项常见的做法，如下例：

| S4: There are machining centers located all over China. | I4: 现在众多的∧加工中心遍布中国。 |
| S5: @Xi'an, Chengdu, Wuxi, Suzhou, Kunshan, Shanghai and Tianjin are just some of the areas that are growing fast due to the progression of the Aerospace Industry. | I5: 有很多城市都是因为∧航空产业的迅速发展而获得了∧[迅速的进步]迅速的城市发展，其中有代表性的城市包括西安、成都、无锡、苏州、昆山、上海、天津等地区。 |

I5 中对源语 S5 的结构做了较大调整，根据因果关系，译出全句的主干信息，再将城市名称这样的并列成分放在最后去处理。译员在回顾时表示，"并列成分最后译"是她做口译长期形成的经验，这样做的好处是：处理多个并列成分常常容易遗漏个别信息，也可能会遇到不会译的地方，往往会对后面的处理造成心理上的干扰。如果先一鼓作气将核心信息译出，就可以将多个并列成分带来的潜在风险降到最低。

对句法结构的深层次加工，常常来自译员对源语信息的深入分析，并对信息内部的逻辑关系做出自己的解读判断，在译语中实施"逻辑显化"处理，如下例：

| S40: @The increase in demand for aircraft due to growing number of travellers, Boeing and Airbus' need to manufacture in low cost countries and the emergence of COMAC into the Aerospace market, will ensure that the aerospace market will continue to grow in China. | I40: 中国航空市场的增长[是来自于三个原因]，[一是]因为∧旅游人数的增加，从而带动了对航空业的需求在不断增加，[二是]因为波音公司和空客公司要求在∧低成本国家进行飞机制造，[第三]∧就是因为中国商飞公司的出现，这些都（促进了）中国航空产业的持续增长。 |

S40 中含有多个复杂的因果关系命题（如"due to…""ensure"结构），对译语 I40 地分析显示，译员增译了"一；二；三"这样的序列词以方便听众理解。这样的增译

体现了译员对源语信息的深刻解读与分析，使得原本隐含的逻辑关系变得清晰明了。这一处理方法，既属于"概念重组"的结构性操作，也明显带有"认知补充"的语篇释意色彩，完全符合释意学派提倡的"脱离语言外壳"翻译理念。从此例也能看出，译员对源语句法结构的加工常常是一种策略性的、积极主动的行为。

2）受源语句法结构影响的情况

第3章的问卷题项4.5的统计结果显示，虽然英汉两种语言结构差异较大，但是译员比较不容易受到源语句法结构的影响。对译语的分析发现也印证了这一结论，明显的"欧化"句式现象所占比例极小，如下例，含有并列结构的长句中出现了一次句法结构的语码转换现象。

S90: Outsourcing eliminates the need for hiring personnel with expertise in the process, eliminates the need for environmental permitting and associated liabilities and eliminated the need to obtain approval from NADCAP and the prime manufacturers.	I90: 外包^可以消除雇佣专业人士的需要，以及消除对环境许可证的需要，以及消除获得 NADCAP 认证和生产商认证的需要。

该句位于一个篇幅较长的段落 S89～S92 处，据译员反应，当时记忆负担比较重，而且由于是并列结构，对于同一个结构，前面的翻译对后面的措辞选择往往会产生影响，因此几乎是不假思索地把三处"eliminates the need"译成"消除……的需要"。

2. 文本语义的加工

文本语义加工集中体现在对语词代码的翻译处理。接下来的语料分析中，将重点观察源语中字词或短语的加工途径和方法，主要着眼于相对"微观"的层面，包括实义词的加工、直译词（语码转换）、隐喻、文化负载词（包括谚语、俗语）等。

1）对实义词的加工：跨语言的范畴调整

源语中的实义词是指在源语信息构建中起到重要作用的语言内容成分，既包括句子的核心词汇，也涉及重要的数字、专有名词等。实义词对于源语理解起到至关重要的作用，对实义词的加工成功与否，直接关系到口译信息传递的完整程度和准确程度。如下例：

| S45: Surface treatment processes include anodizing, allodine, phosphating, chemical etching, plating, shot peening, HVOF, Plasma Spray, IVD heat treating and coatings. | I45：表面处理技术，主要包括阳极氧化、化学+（处理）、电镀、HVOF，以及^等离子（处理），IVD（技术）及+涂层处理。 |
| S46: All of these processes are used in the manufacture of aircraft. | I46：所有的这些技术都要应用于飞机的制造过程。 |

S45 中大量的专业术语给译员的理解和记忆造成了较大负担，因此该段落出现了较多的漏译部分。因此译员只能积极运用加工策略作为弥补。对于能听懂的部分，译员尽量采取推理或模糊处理的方法，如 "chemical etching" 中，根据 "chemical" 的语义与搭配习惯，将 "etching" 和 "spray" 模糊译为 "处理"。

模糊处理是译员在遇到没有把握的专业术语时采用的最通常的做法，根据瞿宗德（2009：70-71）等的研究，翻译中的模糊处理，其核心是跨语言之间对范畴的词项进行必要地调整。由于语言范畴边界固有的模糊性，以及不同语言间范畴的不对应性，使得译者在具体语境下实施范畴等级的调整成为可能（瞿宗德，2009：66-68）。范畴调整可以更进一步分为若干种具体的操作方式，主要包括：①下属范畴译为上位范畴（即 "宽泛化" generalizing）；②上位范畴译成下属范畴（即 "具体化" particularizing）；③范畴间的相互替代（substituting）。如下例：

S61: In addition to the state-of-the-art processing equipment, this facility will be a leader in processing with minimal impact on the environment.	I61：这项设施除了运用先进的处理设备之外，它在处理过程中对环境的影响^也是最小的。在这一方面，这项设施是居于行业领先地位。
S62: This facility will use the latest air cleaning technology to remove 98% of the particles and solvent used in the manufacturing process.	I62：这项设施由于运用了最新的空气净化技术，可以清除掉在生产过程中带来的颗粒及（其他的污染物），[清除率]达到98%。
S63: The facility will also have a computer-driven waste water treatment facility that will remove all metals and impurities produced during processing.	I63：此外还配备了一套有电脑控制的污水处理系统，它可以[有效地]清除掉由加工过程产生出来的杂质。

S62 中的 "solvent" 信息遗漏，在 I62 中译为其上位范畴 "其他的污染物"，对于为什么这样处理，译员在回顾是这样评述的：

　　" 'solvent' 是溶剂的意思，这个词我听明白了，但是这句话说的是 'air cleaning technology'，我当时就想，溶剂应该是液体，怎么会出现在 '气体' 净化设备中呢？一下子没明白。我感觉要是放在下一句还差不多，所以就只能保险起见，翻译成 '其他的污染物'，前面一句提到了对环境的破坏很小，因此模糊处理，肯定不会出入太大。"

将一个具体名词的范畴等级提升，模糊处理成其上一范畴的词汇，即 "宽泛化" 是大多数模糊处理的策略。除此之外，译员有时也会根据上下文的要求和现场的情况，在译语中降低某个词项的范畴等级，实施 "具体化" 的操作，例如，发言结束前 S148 中译员对句首 "the market" 一词的处理。

S148: The market is big and will continue to grow as the aerospace market grows in China.	I148：随着航空市场在中国不断发展，[我们相信][表面处理领域的]市场前景广阔，而且[肯定]会不断增长。

随着发言临近结束，译员已完全把握了发言人的内容、意图和情感，对于发言人话语中有所省略、不够清晰的地方，译员也能够准确地把握信息，并将其在译语中良好地再现。S148 中 "the market" 的意义模糊，如果简单直译为 "这个市场"，与 "the aerospace market" 的意义容易混淆，影响译语的表达效果。译员根据上文 S146～S147 的内容，以及对发言人意图的准确判断，将 "market" 的意义范畴等级降低，译为更加具体的 "表面处理领域的市场"，有效地传达了发言人的意图，确保翻译达到应有的沟通效果。

不难看出，译员采用范畴调整这样的加工策略，是在有效运用篇章主题信息的基础上，一方面对部分难词提高其范畴等级，进行 "宽泛化" 的模糊处理；同时，对于源语中部分过于模糊、不宜直译的词项，适当降低其范畴等级，译为更加具体、准确的义项，以优化译语的表达效果。

2）受源语词汇影响导致的语码转换现象

在释意翻译理论的框架体系中，语码转换是与 "脱离语言外壳" 所对立的操作模式，也是释意理论所反对的做法。语码转换的结果常常是出现表达不自然，甚至错误的译语的现象，但实际口译过程中很难完全避免语码转换现象，如下例：

S57: This facility will provide the following processes including pretreatment, chemical processing and coating.	I57：这个设施将会提供以下过程，包括^预处理、化学加工，以及涂层。
S58: The facility will use state-of-the-art computer controlled processing equipment.	I58：它将使用最新型的由电脑控制的加工设备。
S59: The computers control robotic processing equipment to ensure a high quality part with consistent processing.	I59：电脑将控制^加工设备，从而保证高质量的一致性的加工。
S60: This is essential in the processing of aerospace parts.	I60：这也是飞机零部件加工当中最重要的部分。

I57 和 I59 中下划波浪线处显示表达不自然的译语，与源语进行对照后，不难发现其来源正是语码转换的结果。对于语码转换出现的原因，译员在访谈中解释道：

"这段里面出现了比较多的专业术语像预处理、涂层等等，要知道术语翻译是否准确是用户比较注意的，而且我们也不太熟悉这些术语，像那个 'robotic'，当时一下子就没反应过来。所以注意力就肯定会放在这些专业词汇上面，对其他的部分就会放松警惕，一不小心就会掉进文字陷阱，就会直译。这种字词对应的翻译往往就不会考虑到习惯搭配，听起来肯定效果不好。"

这里译员提到,注意力一旦放在某个词的理解方面,其他的地方就会"放松警惕",实际上,这属于一种认知加工资源不足造成的被动的语码转换现象。

再如下例,S115～S116中的内容有一定难度,译员由于对话语含义理解不够深入,对若干单词只能按照语码转换的方法机械地处理。

S115: Many times compromises have to be made as it may be impossible to apply the coating due to geometry, type of metal or functional requirements.	I115:（有时候），因为⁺几何形状,金属的种类及功能要求[的不同],涂层不可能运用,因此必须折中妥协才能达成一致。
S116: Many times surface treatment companies can develop methods to eliminate the need for compromise or redesign of the parts.	I116: 很多时候,表面处理公司可以研制出一些方法来避免折中的需求或者重新设计零件。

据译员回忆,对于"geometry（零件的几何形状）、apply the coating（对其进行涂层处理）"等专业性比较强的表达,由于不熟悉其具体的意思,只能按照字面意思来译。对于"compromise"一词,虽然该词本身经常见到,但其具体含义常常随具体的语境而不同,后面的"eliminate the need for compromise"也是如此,译员并没有吃透这句话在语境中的内在意义（避免在零部件的性能参数上做出牺牲）,直接的语码转换只能生成含义晦涩、甚至不知所云的译语。

相对来说,对于一些常用词,如果不加深入理解,译语表达更易受到源语措辞的影响,出现语码转换的几率也更大。

S130: Environmental issues are also reduced as the surface treatment company knows how to handle the waste process and minimizes the chance for a release of chemicals into the environment.	I130: 环境问题也不必担心,因为表面处理公司知道如何处理废弃物并且会尽可能将化学物品排放至环境中的机会最小化。

S130中"minimize the chance"的实际意义是"尽可能减少……的情况",译员将"chance"直接转换成其词典的义项"机会",属于比较明显的语码转换式翻译,也可以看作翻译中典型的"假朋友"现象。根据译员的回忆,由于S130句子比较长,在理解阶段已经耗费了较多的认知资源,口译时主要的精力放在了把握句子整体信息上,难免对部分字词疏于考虑,因而很容易地按照词典上的义项来直译。

从以上的分析中可以看出两个问题,一是语码转换作为一种处理手段,往往是表面上最"省力"的做法,这种"省力"的做法会导致出现不自然的译语,这与释意学派的观点相一致（勒代雷,2011）;反过来看,要研究语码转换现象,那些表达不自然的译语往往给研究者提供了最佳的观察窗口;二是究其原因,这种省力的行为选择常常是由于加工资源不足，这种加工资源的不足，既可能来源于源语理解环节（如 S59 中对 robotic 一词的理解），也可能来自译语输出环节（如 S57 中对专业术语的翻译），同时也可能来自于工作记忆资源的有限性。因此语码转换可以看作认知资源相互竞争而出现的"副产品"（Gile，2005）。

3）隐喻等特殊语言形式的加工

隐喻是当代语言学研究的热点领域。隐喻不仅属于语言现象，而且属于认知范畴。概念隐喻的实质是体验经验的跨概念域映射，而概念域又是建构我们的推理、经验和日常语言的手段（Lakoff & Johnson，2003: 3）。体验经验的跨概念域映射是人类概念发展最重要的方式，概念隐喻是连接我们认知下意识和思想的核心机制。它不仅仅用来谈论主题，还用来推理，和其他概念结合会产生更广泛的映射推论（高文成和张丽芳，2014）。隐喻的表达和理解，是说话人和听话人对于多个认知域相互投射、完成意义协商和建构的动态过程。就口译而言，译员常常会遇到说话人使用内容具体、语言形象的隐喻修辞去表达相对抽象的概念。研究译员如何加工源语中的隐喻表达，是了解口译认知过程的有效途径之一。译员是否能对隐喻做出恰当的处理，是判断其加工水平的重要参考因素。如下例：

S21: The demand of aviation market in China will continue to be a welcome boon to the aircraft market worldwide.	I21：中国地区的航空市场的巨大需求，也将有利于全世界范围内航空市场的发展。
S22: Boeing estimates the worldwide deliveries of aircraft to be shown on this pie chart.	I22：波音公司对全世界的飞机交付情况做了一个估计，如下图所示。
S23: That's a really rosy picture. We see Asia represents the largest number of aircraft deliveries in the world.	I23：这张图可以说是绘出了美好的前景，我们可以看到，亚洲代表着世界上^最多的飞机交付地区。

口译过程中译员对隐喻表达做出了妥当的处理，抓住了 S21 和 S23 中隐喻表达的核心意义和语用功能，用地道的译语进行重新表达。译员在访谈时表示，"对于隐喻的修辞，一定不能从字面上去翻译，否则就无法真实表达源语的含义，译出来的话也听着不地道"。这一做法正体现了释意翻译理论所倡导的"脱离语言外壳"的理念。我们可以推断，越是高水平的译员，其对隐喻的整体处理能力也越强，译语表达也越地道。

3. 篇章信息的加工

口译的最终目的是要再现篇章的整体信息，而并非只是文本的代码转换。因此除了分析文本语义加工之外，还将关注对话语篇章层面信息的处理能力，这也是对口译员实现"脱离语言外壳"的释意翻译能力的检验，这一层次的加工水平主要体现在以下三个方面。

1）对认知空白的填补

口译语篇中，源语在语义、语用、语篇和社会语言学等多个方面都可能存在"空白"现象（瞿宗德，2009：29），作为译员有责任尽量对这些信息空白做必要的填补，以促进目标语听众的理解。下例 S11～S14 中，对于源语语篇在语用连贯和语用指示方面存在的"空白"，译员通过增译各种信息，将相关的信息焦点和衔接关系清晰化、具体化，有效地填补了语篇内部的认知空白。

S11: This demand will add $340 billion dollars of sales in the Chinese Aerospace Market.	I11: [如此巨大]的需求，将给中国的航空市场带来 3400 亿美元的销售额。
S12: The demand for aircraft on a worldwide basis is estimated to be 28，600 new aircraft over the next 20 years.	I12: [我们知道]，在未来的 20 年内^就全球范围内而言，对飞机的需求将会达到+28，600 架^ 新的飞机。
S13: This demand is estimated to bring an additional $2.8 trillion dollars in sales worldwide.	I13: 而这样[大]的一个需求，将[给全世界的航空市场]带来+2.8 万亿美元的销售额。
S14: This represents approximately one-eighth of the total world demand during the next 20 years.	I14: [所以我们可以看出，中国市场的需求量]就占据了未来 20 年当中全球航空市场总需求量的 1/8。

以上段落中，发言人意图强调的是中国乃至全世界的航空市场的巨大潜力，同时突出中国在全球航空市场所占的可观份额，但发言人的话语存在两个明显的问题，一是指代模糊，如 S11 中的"this demand"指的是中国的飞机需求，而 S12 的主语"the demand"则指的是全球飞机需求量，S14 的主语代词"this"则又回指 S11 的主语。整个篇章的指示语不够清楚，甚至有导致误解的可能。二是语篇连贯问题，S11 及之前的发言始终在谈论中国国内的航空市场需求，S12 的句子信息焦点则转移到全球的航空市场，而 S14 的信息焦点再次回到"中国的市场规模"上来，其内容是 S11 中的数字与 S13 中的数字进行比例运算的结果。可以发现，该段落句子间缺乏必要的衔接手段，也不利于听众对发言人话语逻辑的准确把握。对此，译员认为，在 I11～I14 相应位置处增译需要突出的信息，其功能就是"帮助听众对原话有更好的认知，填补一些知识上的空白点"，如表 4.5 显示了该段落的增译部分及相应的功能。

表 4.5　增译部分及功能示例

译语编号	增译部分	功能
I11	"如此巨大"	与 I10 的逻辑相衔接，并凸显话语主题
I12	"我们知道"	引出相关的背景知识，并提示话语焦点的转移

续表

译语编号	增译部分	功能
I13	"大"	现实化处理，强调发言人的言外之意
I14（1）	"所以我们可以看出"	凸显语篇的逻辑结构
I14（2）	"中国市场的需求量"	提示信息焦点的再次变换，同时与段首相照应

2）对重要主题信息的凸显

在口译源语发布中，每个段落一般都有其核心的主题信息，传递发言人最需要表达的意图和意义。由于口译的口语语体属性，发言人不一定会有意识地在源语中对重要的主题信息进行突出，源语的逻辑和顺序也可能存在问题，导致重要的主题信息被湮没。这时译员对重要的主题信息的凸显就显得尤为重要，如下例的长段落 S69～S77 中，译员对句子顺序进行了较大幅度地重组，使得发言人的主题信息得到了良好的凸显。

段落@ S69: Surface treatment is a very important part of the manufacturing process.	I69：表面处理技术是飞机制造工序中一项非常重要的部分。
S70: Typically it is the last step of the process before parts can be assembled and shipped to the primes.	I70：传统意义上说，它也是各零部件进行组装，然后发货之前的最后一道生产工序。
S71: Therefore, it is extremely important to process the parts properly and in accordance to the required specification.	I71：所以飞机部件表面处理必须符合所要求的规格，显然是极为重要的。
S72: Failure to do so can result in the parts being scrapped and further delaying the delivery date.	I72/I77：假如表面处理达不到要求，生产出不合适的部件，就得报废，这无疑会延长产品的交付时间。
@S73: By focusing only on surface treatment, the facility can ensure proper processing of all parts with a very short lead time.	I75：[其实] 在过去的 70 多年里，表面处理在美国和欧洲基本上都是以外包的形式来做的。
	I76：表面处理技术对专业性的要求非常高，需要在这个行业里多年的积累。
S74: With the experience of our team we can provide a needed service to the aerospace supply chain.	I74：我们的团队在这个领域具备^非常丰富的行业经验，能为航空业的供应链提供[客户]所需要的服务。
@S75: Surface treatment had been performed on an outsourcing basis in the US and Europe for over 70 years.	I73：我们这套设备，[因为]是专门做表面处理的，[所以]我们就能保证在很短的时间内，对所有零部件进行专业化的表面处理加工。
@S76: Surface Treatment requires a high level of expertise that is usually acquired after many years of experience in the field.	
S77: If the surface treatment is not done properly, then the part may be scrapped for one of many reasons.	

从上例中可见，译员对源语段落的句子顺序进行了重组，其中对 S72 和 S77 两句实施了意义整合，舍弃了其中的重叠部分和冗余信息。段落内部重组的结果是译语更加连贯，发言人的逻辑思路和主题信息也得到了凸显。从语篇连贯的角度分析，翻译是将一种语言的意义用另一种语言的特征来表达的过程，要求译员将源语的所有内容

都"移植"到目标语中来是不可能的，因此必然会产生对源语信息的取舍和重构问题。译员需要做的就是尽量保留那些对语篇的整体意义建设最相关的特征，在不得已的情况下可以舍弃一些不相关、关系不很密切的具体特征（张德禄和刘汝山，2002），从而确保译语的语篇连贯。

　　3）发言人的副语言信息（如情感、态度等）的加工

　　副语言信息指的是发言人说话时通过语气、声调、体态语的运用来传达的那部分信息，这部分信息不会体现在源语的文字形式中，但往往却传递着更为重要的情感和态度。译员对副语言信息的处理能力，在更为宏观的层面上体现出其加工水平，如下例：

S27: Airbus has also built a facility to assemble the A320 in Tianjin.	I27：空中客车公司已经在天津成立了一个部门，进行空客 A320 飞机的组装。
S28: ®Most of the aircraft is manufactured outside of China and <u>assembled in Tianjin</u>.	I28：大部分的飞机，[虽然]是在中国以外的地方制造，[但是]它的<u>组装</u>却是在天津完成的。
S29: Airbus would ®prefer to manufacture aircraft in China <u>rather than</u> assemble.	I29：空中客车公司希望，未来在中国<u>不再是</u>进行飞机的组装，而是更多地进行飞机的<u>制造</u>。

　　在 S28～S29 中发言人在"assembled in Tianjin"和"rather than"两处的加重语气非常明显，译员认为，S28 中强调的是"outside of China"和"in Tianjin"的对比，因此采用"虽然……但是……"结构才是最佳的选择；而在 S29 中，发言人对"rather than"的强调更为明显地体现了这种取舍关系，故而采用"不是……而是……"来进行处理，同样，译员在语气重音上也刻意做了选择，加重了"不再是"和"制造"，兼用语言信息和副语言信息，对发言人的意图做出了良好的诠释。这种对发言人副语言信息的把握和再现，良好地传达了源语的意义和意图，是践行释意翻译的良好范例，同时也体现了传统译论中注重感性体悟、强调概念整合的翻译思想。

4. 译语中"脱壳"与"转码"的频度统计

　　如前所述，译员对源语信息的加工，可以在句法、词汇和语篇三种不同的层面上进行分析。从加工策略上看，多数情况下译员实施的是较为"常规"的翻译，除此之外，可以看到译语中出现了很多形式上与源语显著不同的成分。根据对译员的访谈，可以确认这些部分的出现，是译员基于源语的文本内容，结合具体的语境特征，实现了对发言人话语信息的深刻理解和对听众需求的全面把握，在此基础上使用译语对信息进行重新表述的结果。换句话说，这些部分的出现，体现了译员从源语的表层结构中提取或构建深层意义的行为，是一种的积极主动的心理推理过程，属于释意学派主

张的"脱离语言外壳"的操作。

与此同时，在译语文本中也能看到一些生涩、不自然的表达，要么不符合汉语的表达习惯，要么在语篇中不知所云。在访谈中经过译员的验证，可以确认这些地方的出现，是因为过分局限于源语的词汇表达并竭力寻找其对应词，或者出于尊重源语的句法结构而刻意在译语中寻找对应的表达。因而可以确认属于"语码转换操作"。

1）"脱壳"与"转码"在不同语言层面上的使用频率

经过对译语的全面分析，在句法、词汇和语篇三个层面上的"脱壳"和"语码转换"两种操作的出现频率统计如表 4.6 所示。

表 4.6　不同层面上的操作方法频率统计　（单位：次）

操作方法	句法层面	词汇层面	语篇层面
"脱壳"处理	24	20	3
语码转换	3	15	—

从表 4.6 不难看出，"脱离语言外壳"的处理方式在句法、词汇和语篇三个层面都得到了运用，属于口译的常态操作模式。对于语码转换的处理方式，其在句法层面的表现极为有限（3 次），而在词汇层面却大量存在（15 次）。这一点与第 3 章的问卷调研结果趋于一致：相比句法结构而言，源语词汇更容易对译员造成形式上的影响，也就是说"脱离语言外壳"在词汇层面更难以实现。

2）"脱离语言外壳"的不同表现形式统计

"脱离语言外壳"描绘的不仅是一个笼统的概念或标准，而且可以进一步细分为各种操作形式，体现在译语文本的不同层面中。表 4.7 呈现了译语文本中"脱离语言外壳"的不同的表现形式。

表 4.7　"脱离语言外壳"在译语中的具体形式统计　（单位：次）

表现形式	句法层面（24）	词汇层面（20）	语篇层面（3）	合计（47）
语态变化	3	—	—	3
语序调整	8	—	2	10
逻辑/焦点显化	7	5	—	12
认知补充	4	3	1	8
范畴上升	—	6	—	6
范畴下降	—	4	—	4
其他	2	2	—	4

从表 4.7 可见，译员根据"脱离语言外壳"的理念可以采取各种具体的操作形式，在句法、词汇和语篇三个层面的出现频度也各不相同。在本书研究中，逻辑/焦点显化、语序调整、认知补充是三类使用最为频繁的操作方法。同时我们看到，语态变化、语序调整这两种方法多在句法层面出现，而词类范畴的上升或下降只在词汇层面出现，在语篇层面能够使用的操作种类相对较为有限，本书研究只发现了语序调整和认知补充两种方法。需要指出的是，"脱离语言外壳"理论本身内涵丰富，其外在的表现形式也随口译题材、语境特点和译员认知能力的不同而异。

4.5 对本章研究的综合讨论

本章以释意理论和认知负荷理论为框架，研究真实情境下的现场口译文本。一方面，研究者深入观察高水平译员在较大的认知负荷情况下出现的记忆困难现象，并分析研讨其应对策略；另一方面，以释意理论为出发点，分析译员如何在口译过程中的各个层面实现"脱离语言外壳"操作，并探讨了部分"语码转换"现象。

4.5.1 口译中的省漏现象

认知记忆能力对口译活动具备重要的意义，译语中的各种省漏现象是观察认知记忆在实际口译情景中表现的一个窗口。因此，需要探讨的问题就是，口译活动中这种省略现象的形成原因何在？是背景知识的欠缺、认知记忆能力的不足，还是为完成具体口译任务而采取的一种有意识的策略选择？

1. 认知负荷视角下的省漏现象分析

本章将省漏现象按其表现形式分为"语言形式省漏"和"语义信息省漏"，按来源分为"认知欠缺型""认知负荷型"和"口译策略型"。我们可以将前两者看作"被动"型省漏，将"口译策略型"看作"主动"型省漏。"被动型"省漏和"主动型"省漏显然出自完全不同的原因，另一个明显的差别在于表现形式不同："被动型"省漏以语义信息省漏为主，约占 72.5%，语言形式的省漏只占 27.5%（表 4.3）；而出于口译策略考虑的"主动型"省漏的对象往往是源语的语言形式（约占 64.3%）。

使用多任务处理下的认知负荷模型能够较为合理地解释省漏现象。根据心理学的基本原理，认知负荷是指在特定时间内，在执行特定任务时施加于个体工作记忆系统的负荷，是个体处理信息所需要的心智能量的水平（Cooper，1990；Paas & Van Merrienboer，1994）。认知负荷总是与完成某项特定的任务相联系，该任务在工作记忆中进行信息加工，加工必须有足够心智能量的支持才能顺利进行。

口译过程是一个多任务同时处理的认知操作过程，是涉及人的思维过程和心理过程的综合效应，在这个过程中，认知负荷可以定义为施加到工作记忆中的待处理的源语信息的总量，既包括源语理解所需要的心智能量，也包括加工后信息进行储存和表达所需要的心理努力。Gile（2011）以认知科学关于认知加工容量的理论为基础，根据口译的工作特点和认知规律，提出了"交替口译的口译模型"。该模式可概括为两个阶段：①听力理解阶段（CL）=听辨（L）+笔记（N）+记忆（M）+协调（C）；②重构阶段（CI）=回忆（Rem）+阅读笔记（Read）+言语生成（P）。根据交替传译的口译模型，译员在口译工作中所需的心智能量来自三种"注意力"：①L：听力与分析注意力；②M：记忆注意力，包括笔记记录和信息回忆过程；③P：语言转换注意力。在此基础上，Gile（1995）提出了"满负荷假说"（Tightrope Hypothesis，或译为"走钢丝假说"），该假说主张：心智能量的总量是有限的，如果任务总需求大于译员所能提供的心智总能量，译员会对口译活动感到吃力，容易导致错译和漏译的现象。

根据以上分析，认知能力和记忆能力是影响本研究所观察的口译过程和口译产品质量的主要因素，其表现是：现场口译过程中的各种省漏现象，约近（2/3）（65%）的原因是译员的理解能力欠缺或记忆资源不足而引起的"被动型"省漏（表4.3），其中由于认知负荷造成的信息遗忘又占到近一半左右（48%）。由此可见，由于译员认知记忆资源（主要是工作记忆）难以有效地应对各种原因形成的信息保持压力而造成的信息遗漏，是本次英汉口译过程中的主要省漏来源。而且在部分段落中，由于记忆负荷超载而形成的信息遗漏对源语信息的完整性产生了较大的影响。这些都说明了认知记忆能力在实际口译过程中的重要作用。

对于语义信息和语言形式在不同性质的省漏中所占比例的差异，可以做如下解读：由于是英译汉交传，译员首先面临的是源语理解问题，需要在理解源语发言的基础上对信息进行分析、记忆并译出，因此译员的认知努力主要集中在对语义内容的理解、分析与转换上。根据 Craik 和 Lockhart（1972）提出的加工水平说：记忆痕迹是信息加工的副产品，痕迹的持久性是加工深度的直接函数。那么，对信息的加工程度越深、理解越透彻，源语内容的记忆效果也越好。译员在访谈中也表示，英译汉的口译过程中理解与记忆的压力较大，因此自己更关注的是源语信息传递的完整性，而不太在意译语的具体表达形式。这也在一定程度上，从一个侧面进一步证实了释意理论的基本原则和思想，即口译认知加工过程中，口译员关注的对象应该是语言形式负载的意义而非具体的语言形式本身（Seleskovitch, 1976; Lederer, 2003）。而也正是由于对"意义"的关注，认知资源才能更多地应用到信息意义的判断与传达上，而不至于局限在语言形式的记忆和机械转换上，语义信息的调整（即表现为省略）自然也就更加突出。由此可以推断，在英译汉过程中，工作记忆资源的主要加工对象是语义内容这样的实体信息，而非语言形式这样的结构性信息，一旦工作记忆资源在某个时刻不能满足信息加工和储存的需求时，那么首当其冲受到影响的也必然是语义内容部分。

一般认为，认知记忆能力越强，信息保持能力就越好，原文信息也应该更多、更好地再现于译文当中，口译效果自然也越理想。但在口译实践中，原文信息内容在译文中不同程度的省漏却是更为突出的一种普遍特性。然而，在具体情况下，这些省略现象非但没有对实际口译交际效果造成重大影响，反而在一定程度上能够更好地满足了具体口译交际情景的要求，有利于口译任务的顺利完成（Gile, 2002; Hale, 1997）。当工作记忆资源足以应对信息加工的需求时，译员就能够分配一部分精力，通过节略式翻译实现口译效果的优化。这些省略多数对具体语篇意义没有重大影响，其最主要的原因不是记忆能力，而是口译策略意识和具体应用，是口译员为完成具体口译任务而进行有意识性选择的结果。这一观察结果也进一步证实了其他相关研究的结论，即在口译培训与实践中所观察到的口译效果的变化或改善，可能更多的是由于更有效地应用语用和知识资源，而不是由于能够更好地协调有限的认知加工资源。也就是说，对口译实际效果而言，语用知识和口译策略可能要比认知记忆的作用更大（Setton, 1999: 3-4）。由于语义内容承载的多为较重要的实体信息，因此译员的策略型省漏往往以语言形式这样的结构性信息作为省漏对象，就不难理解了。

2. 对于省漏应对策略的讨论

在口译语篇发展过程中，译员对各种性质的"被动型"省漏都会采取相应的应对策略和处理方法，其中，记忆负荷型省略得到的修正比例在各类省略中是最高的。这一结果一方面证实了译员对口译过程监督与控制的意识性和目的性的认识，特别是对信息保持与失落关系的认识与相应调整（鲍刚，2005: 141）。而另一方面，这一结果可能也说明，对于由于记忆压力而流失的、正常情况下完全有可能译出的信息，译员的意识程度更为强烈，而且采取补救措施的力度更大、更及时，效果也更加突出。这一点在事后对译员的访谈中也得到了一定的证实。

口译中的信息省漏呈现出多样性、多形式的特点，而译员对省漏的应对策略则集中在两种方式：即"忽略"和"模糊处理"。两种策略的使用情形和频度也有所不同："忽略"是译员采用最多的应对手段（83.5%），而"模糊处理"的使用则相对有限（16.5%），频度差异明显。译员在访谈中也表示，选择暂时跳过遗漏的信息是通用的应对举措，而是否采用模糊处理，则受到更多口译因素的制约，这一发现与第 3 章问卷调查中3.11.2 和 3.11.3 的回答可以互相印证。概括说来就是，译员倾向于宁"漏"而不"错"。这一现象充分说明了译员对口译过程采取监督与控制的主动性和目的性的策略，体现了口译作为高级语言认知活动的重要特征。

4.5.2　释意理论视角下的信息加工

本章对于口译信息的加工采用分类研究的思路，从不同层级的语言单位和不同的加工性质两个角度予以分类细化。从语言单位的角度，分为句法形式、文本语义和篇章信息三个层面；从加工性质的角度，分为"脱离语言外壳"和"语码转换"两类路径。根据释意学派提出的一些可以操作的加工理念和方法，考察信息加工的水平，本研究将"脱壳"策略进一步分为"语态变化""语序调整""逻辑梳理""焦点显化""认知补充""范畴上升/下降"等六种操作方法，在文本分析中予以示例呈现，并通过量化统计予以总结（表 4.5～表 4.6）。

1. "脱离语言外壳"与工作记忆系统的优化运行

信息加工的过程与译员工作记忆状况密切相关，从工作记忆角度来分析，专家译员的信息加工过程也是一个工作记忆效率优化的过程。口译任务的顺利执行，要求译员积极调动工作记忆相关资源处理源语信息，而译员能否同时进行几项活动的能力，受到能够分配到这些活动中的认知能量的限制。根据认知负荷的环境组织和联系原理（Sweller，2006），工作记忆容量的有限性仅体现在处理新信息时，而在处理长时记忆中已经组织的信息时则不存在容量限制。长时记忆中的大量信息可以进入工作记忆，用来确定译员在特定认知任务中的心智活动。根据这一特点，为了实现口译过程中工作记忆效能的最优化，译员应该尽量降低因加工材料的组织和呈现方式所导致的无关的认知负荷，尽量提高信息的图式获取程度和自动化加工的程度，从而提高信息储存和加工的效果。这一点能够很好地诠释译员使用的一些加工操作技巧，如"语序调整""逻辑梳理"和"焦点显化"。具体说来，译员对于源语语序、逻辑和焦点信息的相关处理，实质上就是将听到的源语信息与长时记忆系统中相对稳定的、体系化的知识储备进行对照和匹配，长时记忆中相关或类似的知识储备被激活，并被提取到工作记忆中，因而提高了工作记忆中信息自动化处理的比例，认知资源的配置得到优化。不仅降低了对于零散或模糊的源语信息的加工难度和记忆负担，也使得译语充分体现了"脱离语言外壳"的特点。

2. 语码转换现象的分析

译语分析发现，在"脱离语言外壳"的信息加工模式之外，依然存在一定数量的语码转换现象（表 4.5 显示约占比 27.7%），相比句法结构而言，源语词汇更容易对译员造成形式上的影响，"脱离语言外壳"在词汇层面更难以实现。对于这一现象，根据褚孝泉（2010）的观点，在译者的大脑中，两种语言之间不可避免地会产生密切的关联，其深度和强度是任何其他语言行为都无法比拟的，因而两种语言会同时在大脑中被激活，并相互进行密集的交换。即便是持最极端的意译立场的译者，也无法不让译文带上原文的痕迹。而语言的意义和形式之间的关系并不是像酒和瓶那样简单的内涵和外壳的关系，因此严格说来完全脱离语言外壳的意义是不存在的。因此，在本章的译语中观察到的那些不符合汉语习惯而带有明显源语形式痕迹的语码转换现象，是翻译行为本身无法避免的客观存在。

译语产出过程中，译员使用源语语言结构来进行表达的倾向，在一定程度上还可能是源语构式驱动的结果（construction-driven）。"构式"这一术语代表了源语和译语相对应的结构意义，是形式和意义的匹配（董燕萍和梁君英，2002）。根据本书所提出的理论观点（第 2 章 2.5.2），非对称的并行加工应该是口译过程的常态，那么在源语理解阶段，译语的并行加工在一定程度上可以激活部分译语对应的语言项目，包括词汇和结构。因此在译语产出阶段，译员所选择的词汇及结构往往是那些与源语对应较好的词汇和结构，相关证据来自于跨语言结构启动（cross language structural priming）方面的研究，而跨语言结构启动之所以存在，一般被认为是两种语言共享这些结构的结果（Hartsuiker et al.，2004）。另外，如果要表达的结构中需要用到的核心词也是听到的该结构中的核心词，此时便出现了词汇增强效应（lexical boost），那么使用源语构式的倾向会明显增大（Pickering & Ferreira，2008）。类似的研究也发现，汉英不平衡的双语者两种语言的句法表征不是完全共享的，而是部分共享。另外，不平衡双语者的二语句法表征在向与一语句法表征共享的发展过程中，存在一语占支配地位的中间阶段（雷蕾和王同顺，2009）。由此可以推论，如果在源语理解阶段，译语的相关句法特征或心理词库被激活，那么这种构式驱动的倾向就愈加明显。同时，储存在工作记忆"语音环"中的部分源语形式也可能参与内部言语的生成过程，从而导致在译语产出阶段，译员倾向于使用源语中听到的构式。这种构式驱动是无意识的，也是非常自然的心理倾向，可以较好地解释在本研究中所观察到的语码转换现象，特别是词汇加工过程出现语码转换的比例远高于句法加工过程这一现象。综合以上分析，"脱离语言外壳"并非意味完全脱离语言载体，而是对源语意义使用更浓缩、更抽象和跳跃性的语言来把握实质信息。

3. 关于信息加工的其他讨论

在译语分析中还发现（表4.6），有一部分译语与源语形式完全不同，呈现明显的"脱离语言外壳"特征，但难以归属到以上六种操作手法中去（约占总数的 9%）。这一方面体现了脱离语言外壳内涵的丰富性，另一方面也说明，认知加工资源往往会与知识储备、口译策略及其他未确定的因素同时作用，彼此相互影响，共同左右着口译认知加工过程和具体结果。高水平译员对口译加工资源及口译加工过程有明显的监控意识，而且译员对认知和记忆资源的意识及相应的控制与调整要强于其他影响口译过程的因素。

此外，译语分析显示信息加工的过程与结果很好地体现了传统译论思想。传统译论的代表"信、达、雅"首先是在句子层次上实现"信"和"达"，找出句子的"一致性"意义，抓住作者意欲表达的原意，然后在语篇层次上实现"雅"，实现表达的顺畅和优美（张德禄和刘汝山，2002）。此外，传统译论强调翻译过程中以感性体悟为主而非逻辑演绎的思维方式，在操作上注重概念综合，翻译实践中的属文过程往往呈现出意合趋向（张思洁，2007）。这一点在译员对不同结构的句子和段落的处理上得到了很好的体现。例如，译员对副语言信息中语气重音和语调的把握与处理，就体现了"求信"与"神似"的翻译理念；在具体操作中，译员综合各项在场与不在场因素，适当调整词类的范畴，进行"宽泛化"的概括或"具体化"的阐释，都体现了传统译论中积极的整体论思想和文本观。

4.6 本章主要发现

本章采用观察性研究，在不干扰译员正常工作的情况下，通过录音设备记录口译员在现场实际口译过程中的真实表现，采用语篇分析结合译后访谈，深入了解各种典型口译操作行为背后的认知动因。重点观察两个方面的内容：一是译语省漏现象及其应对策略，二是源语的加工方法。本章研究显示，实际口译活动中的省略现象可以成为一个理想的窗口或切入点，使我们能较为方便地对认知记忆在实际口译操作中的具体作用进行更客观的考察和描述，进而对其性质与特点做出更全面的分析与判断。对于译语中的各种省漏现象、应对策略和信息加工方法，都可以根据其来源与表现形式予以分类研究，这种分类的研究思路使研究者可以进一步地贴近观察对象，对口译记忆机制和信息加工不同层面的特点和表现做出更为深入的梳理和分析。

本章研究发现，认知负荷是造成译语省漏现象的主要因素，认知资源的有限性使得译员尽可能地将认知精力集中到信息意义的判断与传达上，而不是语言形式的记忆和转换上，"脱离语言外壳"的实现与译员的认知负荷有着密切的联系，同时，译语中依然存在的语码转换现象说明口译加工过程的复杂性与多元过程。本章的研究结果与之前第 3 章的发现可以起到互相印证的效果，实现了问卷调查的量化统计与文本分析的定性分析的良好结合，既对口译行为做了较为全面的、客观的解读，也为下一步的研究提供了基础。

需要指出的是，本章研究的对象是英译汉的口译过程，考虑到语言熟悉程度的因素，在不同方向的口译中（如汉译英），由于认知负荷造成的省漏与信息加工是否会呈现类似的特点，还需进行进一步的考察和分析，才有可能得出较为明确的认识或结论。此外，本章研究的发现仅仅是具体一次观察性研究所得出的（虽然口译员在访谈中证实，这种情况具有一定的规律性和普遍性），是否能够代表其他环境下的口译操作过程，以及造成这种变化趋势的原因，是有意识的人为控制，还是随机性的变化，仍需进行进一步观察和分析。

口译中的遗漏现象与记忆能力有关，但并非所有的遗漏都可以用记忆能力来解释。遗漏现象的出现既与源语理解、信息记忆等（狭义的）认知因素有关，也受到口译策略、交际目的等（广义的）认知因素的影响，而对口译加工策略与方法的选择与运用，则是特定口译语境下主客观多重因素共同作用的结果。因此，口译认知过程是一个涉及语言、交际、心理和文化的多元复合系统，不仅存在译员个体之间的差异，而且即使是同一译员，在训练水平的不同层次或口译进程中的不同阶段，其认知记忆能力也可能是不同的。这一观察性结果提示我们，开展观察性研究的价值就在于，利用更多样、更丰富、更真实的数据，结合大量的实验数据，从而更客观地展现口译认知记忆资源的运作机制和过程。另一方面，为了深入研究口译的记忆机制，必须设计更为精密的实验，尽可能排除无关的影响因素，以求得到更有说服力的结论。

第5章 交替传译的记忆机制研究

根据本书的理论观点，释意理论与认知负荷理论是统驭本书研究的核心思想。就本章而言，强大的认知负荷与有限的记忆资源之间的矛盾是导致口译信息提取失败的主要原因，本章要探究的问题是：不同层级译员的工作记忆能力是否存在差异？记忆能力在口译训练前后发展变化情况如何？记忆与译员实现"脱离语言外壳"存在何种关系？本章将针对以上问题开展实证研究。

本章第一部分首先从理论上探讨口译记忆机制的工作原理，简要总结有代表性的研究成果，并介绍源自认知心理学当中的"错误记忆"的研究思路和方法。在第二部分中，通过一项历时一个学年的前后对比实验（实验 1），定量分析错误记忆的类型、发展变化及在语篇中的分布，观察口译训练对交替传译记忆能力发展的作用，并通过对被试的深入访谈，结合定量研究的数据，提出替代错误的形成原因。第三部分介绍使用阅读广度材料对译员、口译教师和学生三个被试进行工作记忆广度测量的实验（实验 2）。在第四部分中，将被试根据工作记忆广度分成高低两组，在一次交替传译实践之后，紧接着实施句子内容判断和单词再认任务（实验 3），要求被试判断句子内容是否与源语相符，以及所呈现的单词是否在源语中出现过。分析不同工作记忆水平的被试在译后对源语内容和形式的保持能力差异，探讨"脱离语言外壳"在口译实践中的具体表现，并分析其与工作记忆能力的关系。

5.1 口译记忆机制的理论与实证研究

5.1.1 口译记忆机制的工作原理

交替传译中译员的信息保持能力是顺利完成口译任务的关键认知素质之一。承担交替传译任务的译员通常需要在 3～15 分钟的源语输出时间段之后进行口译，产出大约 500～2500 单词。尽管面临如此高强度的记忆压力，译员的翻译质量必须合乎其职业规范的要求。译语不能仅仅是大意概述、要点提炼或转译，更不应该出现不准确或失真的信息，因此，拥有良好的记忆能力对于译员而言至关重要。根据 Gile（1995b: 159-190）的口译模式，口译的信息处理阶段可以大致分为听入解码（decoding）、短期记忆（memorizing）和编码输出（encoding）三个阶段，这说明记忆能力在口译信息处理过程中具有阶段性思维连接意义。在 Gile 的模式中，记忆作为认知负荷的一部分，与语言信息的线性处理、笔记、译语产出等模块共同构成了认知负荷分配模型。

记忆活动是信息处理系统活动的表现，而信息的处理需要不同的记忆机制参与，包括瞬时记忆（ITM）、短时记忆（STM）和长时记忆（LTM）。如前所述（2.2.2），在交替传译的信息加工过程中，三种记忆机制均需发挥各自的重要作用。一般说来，瞬时记忆与源语信息的听辨有关，短时记忆和长时记忆分别与源语信息的贮存和译前准备工作有关。由于口译信息的发布具有瞬时性和一次性的特点，在信息的储存和加工过程中，短时记忆的作用显得尤为关键。短时记忆是某种中介性质的记忆，储存的信息在人脑的海马区，具有暂时性、动态性和操作性的特点。但是在描述口译认知过程中，研究者往往更倾向于使用"工作记忆"这一概念。从心理学的主流观点来看，工作记忆是指个体在执行任务过程中，暂时储存与加工信息的能量有限的系统，是学习、推理、问题解决和智力活动的重要成分（Baddeley，2001），被认为是人类认知活动的核心。大量研究表明（如 Caggiano, Jiang & Parasuraman, 2006；Camos, 2008；赵鑫和周仁来，2010），工作记忆在个体的认知行为中起了不可替代的作用，已经被看作个体在复杂认知行为中表现差异的重要的，甚至是核心的因素，也是当前认知心理学、认知神经科学和发展心理学中最活跃的研究领域之一。

当前，口译研究人员（如 Cowan，2000；Gile et al.，2001；刘绍龙和仲伟合，2008）趋于一致的观点是：译员主要是靠短时记忆储存源语信息，同时将储存在长期记忆内的知识激活（activate）成积极状态并进行提取（retrieve）。如图 5.1 所示，短时记忆和长时记忆的相互刺激与投射，共同参与到口译信息加工的过程中，形成了口译过程的工作记忆模型。

从图 5.1 可以看出，工作记忆是译员工作过程中的操作载体，它是短时记忆和长时记忆共同作用的产物，负责信息的保持、提取与加工的多重任务，可以类比为一个"来料加工厂"。工作记忆能力的高低，也直接决定了口译信息处理的数量和质量（Gile，2000）。

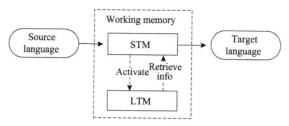

图 5.1 口译记忆机制的工作模型

本章认为，由于人脑具有通过反复记忆结合遗忘筛选以获取有用知识的功能，译员的工作记忆能力并不是一种固定不变的认知资源，而更应该被看作完成具体口译时的一种动态的心智能力。口译过程中同时进行的多项任务都需要占用一定的认知资源，有限的工作记忆容量在各个任务中分配越合理、效率越高，任务完成的效果也就越好。通过口译训练和口译实践可以提高分配效率，从而克服工作记忆的容量限制，提高口译任务的执行效果。

到目前为止，对口译记忆过程的实证研究多集中在同声传译方面，相比之下，在口译教学和实践中占很大比重的交替传译过程记忆研究显得相对不足。译员笔记常常成为交传研究和教学研究的重要对象，口译效果与笔记的互动关系也成为研究的重点（如 Seleskovitch，2002；Gonzalez，2012），而"纯粹的"记忆能力对交传效果影响的研究大多仍处于经验探讨或内省的层次，缺乏系统而深入的实证性研究，尤其缺乏在一定时期内对工作记忆情况的跟踪研究。

从另一方面看，同声传译的记忆研究与交替传译的记忆研究有着相辅相成的作用，主要表现在：同声传译记忆机制的研究思路与交替传译基本一致。例如，都可以通过语料分析了解记忆和遗忘的变化情况，都可以通过译后再认等任务考察被试对源语信息的保持能力，进而验证是否出现了"脱离语言外壳"现象。当然，由于同声传译和交替传译的工作模式存在明显差异，因此交替传译的记忆研究必须体现交传过程的特点，例如，交传以段落为源语发布单位，那么源语段落篇幅的差异对信息保持能力势必会产生影响，段落内部前后不同位置的信息的记忆效果也可能有所不同。在探索交替传译记忆机制的研究中，既需要借鉴参考同声传译的相关研究思路、方法与成果，更需要结合交替传译的实际操作过程，形成合理、可行的研究方案。

5.1.2 错误记忆的类型及研究路径

目前，口译记忆的主流研究手段是在理论分析的基础上，利用实地观察、调查、实测等手段对译员工作记忆能力进行度量、评估与检验。学科的发展在很大程度上要求对研究对象观察和分析手段要不断改进和提高，就口译研究而言，深入了解其心理过程机制也需要研究者开发新的观察手段和测量工具（Gile，2000）。近年来，一种新的研究短时记忆（STM）的方法被逐渐运用到心理学实验中，这种研究路径是分析被试在完成系列回忆任务时（serial recall task）所犯的错误类型来讨论 STM 的内部心理机制（Hensen，1998），目前的研究重点是以下四种类型的错误记忆：遗漏错误（omission）、侵入错误（intrusion）、移动错误（movement）和重复错误（repetition）（McCormack et al.，2000）。各种错误类型在口译实践中的表现举例如下：

例句：Based on the sovereign equality of all its members, the United Nations requires that all members fulfill in good faith their Charter obligation.

参考译文：联合国以各成员国主权平等为基础，要求所有成员国必须忠实地履行联合国宪章所赋予的职责。

下面是口译中各种类型的错误记忆示例：

类型 1（遗漏错误）：联合国以各成员国主权平等为基础，要求所有成员国必须忠实地履行职责。

该译语中 Charter 所含的信息点遗漏。根据经验，这是口译中最常见的记忆错误，也就是一般所说的"遗忘"或"漏译"。

类型 2（侵入错误）：联合国以各成员国主权平等和友谊为基础，要求所有成员国必须忠实地履行联合国宪章所赋予的职责。此处"友谊"为源语中不存在的、"无中生有"的信息点，属于单纯性的侵入错误。

类型 3（移动错误）：联合国以联合国宪章为基础，要求所有成员国尊重主权平等，忠实地履行职责。该译语存在"张冠李戴"型的错误，即源语中的信息点在译语句子中被"移动"到了另一个位置。

类型 4（重复错误）：在对源语信息的提取过程中，重复错误出现的情况并不多见。译员的重复行为一般可以解释为两种情况，一是心理紧张状态下一种不由自主的重复，另一种则是有经验的译员所采取的一种"重复策略"。很明显，这两种情况都不属于错误记忆的范畴。

值得注意的是，口译实际过程中还常常出现另一种错误，即替代错误（replacement）。例如，如果将上句译为：

联合国以各成员国平等互利为基础，要求所有成员国必须忠实地履行联合国宪章所赋予的职责。

此处"主权平等"被替代为"平等互利"。替代错误在口译实践中常常被称为"误译",它可以被看成是遗漏错误和侵入错误作用于同一位置上产生的"叠加"效应。本章将替代错误专门作为一种错误类型来处理,这样就能客观地区分单纯性的信息"遗忘—侵入"和信息替代两种不同类型的错误记忆。

综上所述,一方面,"重复"虽然是认知心理学中观察记忆能力的一项参数,但在口译活动中不应该作为一种"错误"来看待。另一方面,"张冠李戴"的错误在口译实践中屡见不鲜,因此,结合这两方面的原因,本章观察讨论以下四种错误类型:(单纯性)遗漏错误(O)、(单纯性)侵入错误(I)、移动错误(M)和替代错误(R)。

5.1.3 口译信息单位的划分

对口译记忆水平和各种错误记忆进行定量研究,需要客观科学的评估标准,从而必须借助相对固定的计量参数。在本项研究中,口译质量评估的信息单位(或意义单位)的划分是一项关键内容,划分信息单位也是测量口译忠实程度的最重要的依据。科学合理地界定信息单位,对口译质量评估的重要性来说不言而喻。但信息单位究竟该如何划分,长期以来存在各种标准和操作手段。

1. 不同学派对信息单位的界定

例如,由于探讨翻译的层面不同,有学者从纯语义学的角度,直接从词汇对应来研究信息的对应。对此,释意学派理论视之为基于词汇层面翻译的研究路径。有学者从句法结构出发,寻找译语和源语的信息对应,则属于句法层面翻译的研究路径。这两种操作路径仍属于语码转换的范畴,适用于语言教学或者教学翻译研究,并非真正意义上的基于意义翻译的研究。有的学者从国际交流语用着眼,探讨交际中言者的意图,即发言者所"欲言"的信息,从中分析意义是如何通过信息单位得到再现的(如赵彦春,1999)。这样的分析方法区别了源语的"意义单位"与译语中构成意义表征的"语义单位",可以看作基于意义翻译的评估模式。有的学者则是从不同的理论视角提出对意义单位的理解,如冯之林和黄跃文(2002)认为话语意义可以表达为命题式,因此主张将命题作为基本的意义分析单位;Tommola(2000)从心理语言学的心理模式理论出发,结合口译的实际过程,提出了以话语命题为基础的分析单位;还有的学者(Ehrlich, 1982)从语义表征理论出发,主张从信息表征的结构分析意义单位。

虽然对意义单位的界定手段呈现"百花齐放"的格局，而且各有其优缺点，但是划分意义单位的根本目的，归根到底是评估者能够客观地评估口译过程是否起到了应有的交际效果。本章认为：在划分意义单位时，需要区分翻译过程中的信息单位和对翻译结果的评估单位。前者的操作主体是译员，呈现明显的个性化特点，因人而异，不宜规范；而后者的操作主体则是评估者或研究人员，因此需要统一规范，便于评估结果的客观性和普适性。

2. 释意学派对意义单位的界定

释意学派理论将意义单位作为翻译过程中帮助建立意义等值的最小成分，让·拉甘（引自勒代雷，2011：11）对意义单位做了如下的描述：译员在源语理解的过程中，其意识层面不时出现某种瞬间的"知识动员"，可将之比喻为"隆起点"，这些知识的隆起点构成一个明显的心理单位，听话人将这样的心理单位与认知补充相结合，使得听到的话语能够归结成完整的意义或命题。释意理论认为意义单位具有以下几个特征。

（1）意义单位只存在于话语篇章的层次，与字词等特定的语言长度并不吻合。勒代雷（2011：10）专门指出：意义的领会是一个即刻完成的过程。译员并不是先理解语言、再理解话语篇章，而是从一开始就在篇章层次完成理解。

（2）意义单位以概念状态出现，属于心理范畴的、短暂的意识状态。

（3）意义单位的形成需要字词语义与认知补充的结合，是语言知识与非语言知识相融合的结果。

根据释意理论，意义单位并非一个僵化的、固定的计量单位，而是取决于译员智力机制中对源语内容的了解程度和认知水平。译员对翻译的题材越熟悉，就越容易从宏观上理解源语信息，能够组织的意义单位也越大，口译过程也就越顺利。因此，意义单位的形成，与其说取决于源语因素，不如说更多地受制于认知环境和认知主体的知识补充。此外，意义单位的构建也会受到转换表达的制约。意义单位越大，语言代码的影响越小，给予译员重组译语、调整语篇结构的自由度越大。因此，从这个意义上看，只有建立在篇章理解基础上构建意义单位，才能赋予译员在译语表达上更大的自由度，从而实现"脱离语言外壳"的目的。

3. 本研究采用的意义单位

信息测量的单位是质量评估的基本问题。无论是定性分析还是定量分析，都涉及分析所依据的信息单位。参照释意派理论中对意义单位的定义和心理语言学对命题的定义,本章的口译信息单位采取语义单位。力求操作指标既符合口译思维的客观特点,又便于研究者进行量化分析。语义单位以含信息的实词为目标,可以以单词、词组、意段或者是意群的形式出现(蔡小红,2003)。具体的语义单位标准方法见 5.2.1。

5.2 无笔记交替传译实验(实验 1)

5.2.1 实验介绍

1. 实验目的

本项实验考察无笔记情况下的交替传译过程中的记忆情况,内容包括:①对比错误记忆各指标在口译训练前后的变化情况;②描述错误类型在语篇中的分布状况。

2. 实验假设

交替传译训练有利于工作记忆的改善,因此,对同一被试而言,记忆水平的后测成绩应显著高于前测成绩;同时,错误记忆的各项后测指标应低于前测指标。

3. 研究对象

参与本研究的对象为西安某高校的 32 名英语专业四年级学生,男生 7 人,女生 25 人。所有学生均经历了一个学年的交替传译学习(大三),并接受了前后两次测试。同时,为进一步检验研究结果的适用性,邀请了 15 名拥有 5 年以上系统训练与实践的专业口译人员作为参照组,参与后测实验。

4. 实验过程与材料

本实验属于描写性历时研究,在一个学年的口译学习前后各进行一次。为了将研究对象(即译员的工作记忆能力)与其他相关因素分离出来,我们采用无笔记交传的任务形式测量信息提取情况,实验在学生平时进行模拟交传的小型会议室进行。

所有被试前后测的材料类型相同,均为两个短篇的英文讲话,前测材料第 1 篇题材为气候变化(7 句/89 词);第 2 篇题材为自然资源(7 句/98 词)。后测材料第 1 篇题材为气候变化(7 句/95 词);第 2 篇题材为美国的高铁建设(7 句/98 词)。实验材料的难度控制在 3000～4000 词汇水平,由英语国家外教以中等偏慢的自然口语速度朗读。为保证前后测的材料在语言难度上的一致性,请 6 位母语为英语的外教对测试材料进行语言难度理解评价,采用 Likert 五分量表进行评分。结果显示前测材料平均难度为 2.67,后测材料为 2.83,无显著差异,$t(5)=-0.533$,$p=0.701$(>0.05)。

5. 数据分析方法

在实验 1 中,数据分析包括两个方面。

(1)通过测量被试在每个篇章中正确传译的语义单位比率,可以比较精确地衡量工作记忆质量的高低。

(2)分析错误记忆在语篇中的位置分布,可以更进一步了解篇章的不同位置是否存在记忆难度上的差异,从而帮助研究者分析口译过程中错误记忆的产生机理。

研究者对被试的口译录音进行文字转写,并统计各类错误指标的数量。按照口译质量评估的常规做法(蔡小红,2007:42-43),实验的口译信息单位采取语义单位。力求操作指标既符合口译思维的客观特点,又便于研究者进行量化分析。语义单位以含信息的实词为目标,以单词、词组、意段或者是意群的形式出现。表 5.1 以前测实验中一名被试的译语为例,说明语义单位的划分方法及对译语信息传达情况的评价标准。"译语转写"中的楷体部分表示误译,星号*表示遗漏错误。

表 5.1　语义单位划分与信息传达的评价标准

编号	源语的语义单位	译语的语义单位	译语转写	信息传达情况
1	We must work together	我们必须合作	我们必须合作开展研究	侵入错误
2	to find new approaches	寻找新的途径	*****	遗漏错误
3	to address climate change.	以应对气候变化	应对气候变化	正确
4	Scientists believe that	科学家认为	我们认为	替代错误
5	in 50 years,	在未来五十年中	未来的五十年里	正确
6	the global climate	全球天气	地球上的环境和气候	侵入错误
7	will change dramatically.	将会发生很大变化	将发生巨大改变	正确
8	There will be 60% reduction	北半球的（10）	*****	遗漏错误
9	in glaciers	冰山	有很多的冰山将很快融化	正确
10	in the northern hemisphere.	有 60%将消失（8）		遗漏错误

续表

编号	源语的语义单位	译语的语义单位	译语转写	信息传达情况
11	This will affect the water supply	1/6 的（12）	*******	遗漏错误
12	of one sixth	世界人口的（13）	全世界人口的	正确
13	of the world's population.	水资源供应将受到影响（11）	水资源供应将受影响	正确
14	Food production	许多地区（16）	很多地方	正确
15	will decline	的粮食产量（14）	的粮食生产	正确
16	in many regions.	将会下降（15）	将下降 1/6	移动错误
17	At the same time	与此同时	******	遗漏错误
18	the global population	全球人口	全球人口	正确
19	will increase	将增加	将增加	正确
20	to around 9 billion.	到 90 亿	到 90 亿	正确
21	Heat waves	热浪	炎热天气	正确
22	and extreme weather events	以及极端天气	还有各种自然灾害	替代错误
23	will become more frequent	将会更频繁，	将会更频繁、	正确
24	and more intense,	程度也更加剧烈	*****	遗漏错误
25	affecting vulnerable populations	一些弱势的经济体	影响到很多国家	正确
26	and economies	和那里的民众	*******	遗漏错误
27	in many ways.	将受到各种形式的影响	使它们变得脆弱	移动错误

在上例中，源语信息单位共 27 个，译语传递信息单位情况如表 5.2 所示。

表 5.2 译语信息传递情况统计分析示例

信息传递情况	信息单位个数/个	占比/%
正确信息（X）	14	51.9
遗漏错误（O）	7	25.9
替代错误（R）	2	7.4
移动错误（M）	2	7.4
侵入错误（I）	2	7.4

5.2.2 实验结果

1. 错误记忆比率的对比

对前后测试结果用 SPSS 软件进行配对样本 t 检验，结果如表 5.3～表 5.7（前测成绩和后测成绩分别用下标 1 和下标 2 表示）。

表 5.3 译文正确传译的信息比率（X）前后比较

测试项目	X/%	SD	df	t	p（2-tailed）
前测 X_1	54.7	11.05	31	12.834	< 0.001
后测 X_2	72.6	12.53	31		

表 5.4 译文遗漏错误比率（O）前后比较

测试项目	O/%	SD	df	t	p（2-tailed）
前测 O_1	30.9	11.60	31	9.712	< 0.001
后测 O_2	17.3	9.10	31		

表 5.5 译文替代错误比率（R）前后比较

测试项目	R/%	SD	df	t	p（2-tailed）
前测 R_1	5.82	3.39	31	1.777	0.085
后测 R_2	5.50	2.82	31		

表 5.6 译文侵入错误比率（I）前后比较

测试项目	I/%	SD	df	t	p（2-tailed）
前测 I_1	5.28	1.91	31	7.666	< 0.001
后测 I_2	3.17	1.34	31		

表 5.7 译文移动错误比率（M）前后比较

测试项目	M/%	SD	df	t	p（2-tailed）
前测 M_1	3.34	1.85	31	5.250	< 0.001
后测 M_2	1.39	1.75	31		

图 5.2 显示，前后测中正确传递的信息比率有显著提高（$t=12.834$；$p < 0.001$）。就各类错误记忆而言，图 5.2 显示四项错误指标中错误比例最高的始终是遗漏错误，前后测差异显著（$t=9.712$；$p < 0.001$）。而错误比例最小的是移动错误，前后测差异显著（$t=5.250$；$p < 0.001$），前测 M_1 中有 4 名被试没有出现移动错误，而后测 M_2 中有 14 名被试没有出现移动错误。替代错误和侵入错误比例的平均值在前测中差别不大（$I_1=5.28\%$；$R_1=5.82\%$），但后测显示侵入错误显著改善（$I_2=3.17\%$，$t=7.666$，$p < 0.001$），而替代错误却无显著差异（$R_2=5.50\%$，$t=1.777$，$p =0.085 > 0.05$）。

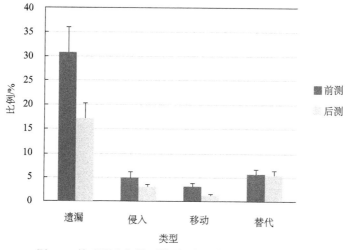

图 5.2 前后测中各类型错误记忆比较（短线为标准差）

2. 错误记忆在语篇中的分布状况分析

观察错误类型在语篇各个位置的分布，无论是对于口译研究还是口译教学都很有意义。我们以前后两篇同属于环境保护题材的段落为例进行错误分布分析。前测段落包含 7 个句子，89 个单词，难度系数 2.67；后测段落包含 7 个句子，95 个单词，难度系数 2.83。两组材料难度无显著差异，$t(5)=0.533$，$p=0.701$（> 0.05），统计出前后测中每个句子正确传译的信息比率如表 5.8 所示。

表 5.8 正确传译比率（X）前后测逐句比较　　　　（单位：%）

测试项目	句 1	句 2	句 3	句 4	句 5	句 6	句 7
X_1	68.2	25.5	53.8	35.2	57.1	61.9	76.8
X_2	72.1	65.7	69.5	73.6	75.8	77.3	81.6

为使读者获得直观的"句子-篇章"图形效果，研究者采用多维数据动态雷达图（MDRC）对结果予以显示（图5.3）。

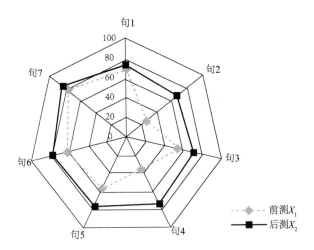

图 5.3　正确传译比率（X）逐句比较动态雷达图

图 5.3 中，从句 1 到句 7 形成的闭合回路，使我们能更直观地将篇章作为一个意义自足的整体予以分析。首先，后测实线完全包络了前测虚线，显示出篇章每个位置上的正确传译比例在训练后均有所提高。此外，句 1～句 3 和句 3～句 5 这两个扇区中，前测虚线与后测实线构成较大的空白区域，显然，该区域的形成是由于句 2 和句 4 在前后测上的显著差异，而自句 5 开始至句 7，虚实线间距缩小，说明越靠近段落结尾，前后测指标越趋于接近。图 5.3 说明，语篇开始位置和中间位置的错误记忆情况得到了更为明显的改善。

对于错误指标的分布情况，重点分析最有代表性的遗漏错误和替代错误，表 5.9 显示的是遗漏错误的前后测比较。

表 5.9　遗漏错误比率（O）前后测逐句比较　　　　　　　（单位：%）

测试项目	句 1	句 2	句 3	句 4	句 5	句 6	句 7
O_1	15.1	48.6	25.2	42.5	29.5	25.9	15.1
O_2	13.3	22.6	12.8	18.5	7.3	14.6	13.3

遗漏错误的分布图（图 5.4）中，内围实线完全被外围虚线包含，说明后测的 O_2

比例在篇章的各个位置处均低于前测 O_1。同时，在句 2～句 6 之间形成的空白区域说明了前测的 O_1 主要分布在篇章的中间位置，而后测则呈现较为平均的分布形态。此外，越靠近篇章结尾，虚实线越贴近，这一点与图 5.3 十分类似，说明遗漏错误易出现在语篇的中间位置。如果我们考虑到遗漏错误是比重最大的错误类型，这种末端分布状况的相似性也就不难理解了。

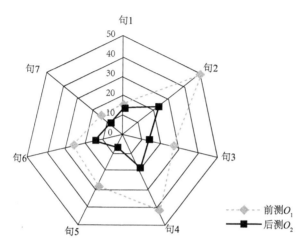

图 5.4　遗漏错误比率（O）逐句比较动态雷达图

对替代错误前后测的分布值进行统计，结果如表 5.10 所示。

表 **5.10**　替代错误比率（R）前后测逐句比较　　　　（单位：%）

测试项目	句 1	句 2	句 3	句 4	句 5	句 6	句 7
R_1	5.5	13.7	6.2	4.3	4.9	3.8	2.4
R_2	3.4	4.1	2.5	6.9	8.8	9.2	5.8

替代错误的雷达图与遗漏错误的雷达图呈现出显著差异（图 5.5），前测虚线不再完全包络后测实线，我们看到的是两者在语篇位置上呈现完全不同的散射分布（这一引人注目的图形也体现了雷达图在显示分布函数上特有的优势）。进一步观察可以看出，前测 R_1 集中在句 2～句 3 扇区，而后测 R_2 则主要分布在句 4～句 7 较为广泛的区域，且包络线相对平滑，无 R_1 在句 2 处的"尖角"性状。

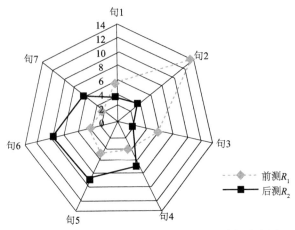

图 5.5 替代错误比率（R）逐句比较动态雷达图

3. 参照组的实验结果

我们将参照组在后测实验中的正确传译比率、遗漏错误比率和替代错误比率分列如表 5.11（参照组的各项成绩均用下标 c 表示）。

表 5.11 参照组后测实验中的信息传递指标 （单位：%）

测试项目	句 1	句 2	句 3	句 4	句 5	句 6	句 7
X_c	92.1	95.7	94.5	89.6	95.8	88.3	94.6
O_c	3.3	2.6	2.8	4.5	2.3	5.6	3.3
R_c	1.4	0.8	0.5	1.9	1.8	3.2	2.0

从表中的数据统计不难看出，参照组只在若干位置处出现了零星的遗漏错误和替代错误，显示出专业译员的信息保持能力和口译能力均远高于口译学生。从统计学的角度看，鉴于遗漏错误 O_c 和替代错误 R_c 的数据样本过于稀疏，不宜再采用对比定量分析的路径。因此，接下来采用"回溯访谈"（Immediate Retrospection）这一深度定性分析方法，能够得到更直接、更有认知意义的结果。

4. 对参照组的访谈结果

为深入了解这一点，我们在测试后随机抽取了 14 名被试进行回溯访谈，试图通过内省的方法深入了解下面的问题：信息提取出现中断时，被试的心理过程机制是如何运作的？决策依据是什么？

　　根据对访谈结果的分析，受访谈的 14 名被试基本陈述了相似或接近的心理体验过程，总结如下几个方面。

　　（1）有 12 名被试承认口译过程中存在"边说边忘词"的体验；

　　（2）9 名被试表示：在话语输出过程中，源语篇章结构和逻辑关系在大脑中有着清晰的表征，被遗忘的往往是细节信息，另 5 名被试表示细节和部分线索均有遗忘；

　　（3）在问及"出现遗忘的瞬间你如何应对？"时，有 12 名被试回答：大脑会立即主动地回忆曾经接触过的类似语境或话语，希望找到线索，获得提示。如果能找到线索则继续翻译；在找不到线索时，就"潜意识地""自然而然地"运用"猜测""模糊处理"等思维技能，努力搜索在当前上下文中可以"插入"的话语，从而使得译语不至于中断。当进一步追问这样做的动机时，被试的回答可概括为：当时能够意识到在遗忘的位置处存在某个信息点，但自己的记忆已无法提取。于是，大脑的本能反应就是在相应的位置处寻找一个新的词汇或短语填入，这样做首先可以保证译语说的完整。只有在无法回忆起类似语境，且未能找到可替代信息时，才会出现较长时间的停顿或者遗漏。

　　对于参照组的回溯访谈，我们重点关注的是专业译员在出现遗忘时，其口译综合能力和认知因素是如何影响其瞬间的决策的？对 15 名译员进行的个体深度追问结果显示，译员对于遗忘的应对策略可分为四类，如图 5.6 所示。

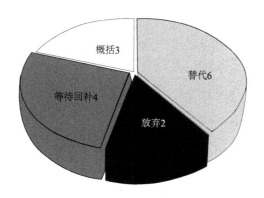

图 5.6　参照组的应对策略分布

　　从图中看出，专业译员对遗忘的应对策略显得更加多样，6 名译员会考虑"在遗漏处填入替代成分"的做法；另有 4 名译员认为"更好的策略是在遗漏处暂时略过，等待后面回忆起来后再及时补充"。同时，3 名译员表示他们首选"根据上下文背景和个人经验，概要翻译包含遗漏位置在内的整个意群的整体信息"这一策略。还有 2 名译员主张"由于核心信息一般不会遗忘，因此放弃回忆那些被遗忘的次要信息，集中精力译好后面的部分，才是更可行的策略"。值得注意的是，选择"替代"策略的 6 名译员均不同程度地提到了其潜在风险，即会导致"误译"现象的发生，同时也承认，在没有把握的情况下，更稳健的策略仍是"概要翻译"或"等待并回补"，甚至"完全放弃"也是可以接受的。用其中一位拥有 15 年从业经验的译员的话来说："相比'误译'对客户造成的负面影响，'遗漏'是更能被容忍的失误"。

5.2.3 对实验 1 的综合讨论

1. 对错误记忆变化情况的讨论

从整体上看，本章的实验结果基本证实了原假设，即交替传译的训练有利于工作记忆能力的提高。说明口译学习对于学生的整体信息传译能力起到了促进作用，这一促进作用既来自于学生通过系统学习所掌握的口译技能，也来自于口译学习对工作记忆的改善效果。可参考相关的研究来自心理学关于儿童工作记忆的实验，根据 Loomes 等学者的报道（转引自赵鑫和周仁来，2010：712），通过对工作记忆策略的训练可以有效提高儿童的言语工作记忆能力。实验组的儿童接受了工作记忆复述策略的训练（rehearsal training）。结果发现，通过工作记忆复述策略的训练，行为证据和自我报告均显示，实验组儿童的言语工作记忆广度显著提高。由于口译教学中同样包含了大量的双语复述练习，因此被试在练习前后的工作记忆能力得到了改善，相应地也减少了错误记忆的发生。

遗漏错误是口译中出现频度最高的错误类型，由于本实验中尽可能地排除语言因素和背景知识因素的影响，因此遗漏错误可以看作纯粹的认知负荷型省漏（第 4 章 4.3.6）。即使是专业译员，因为认知负荷而造成的遗漏错误也是所有错误类型中比例最高的，本实验以学生为被试也再次验证了这一点。遗漏错误在训练前后有显著改善，这既与口译教学经验相吻合，也与以往的相关研究结果相一致（如 Gile，1995b；De Groot，2005）。这种改善既可能来自于被试的语言能力和口译技巧的提高，也可能来自于工作记忆能力的改善。

移动错误很大程度上是源自被试对信息结构和逻辑顺序的记忆错误，移动错误的改善，说明口译记忆训练对信息整体记忆效果有提高作用。被试通过平时的信息分析和记忆训练，提高了源语信息结构和内容的加工效果，源语加工程度越深，记忆效果越好。因此移动错误的下降，不仅体现了工作记忆能力的改善，也折射出被试对于源语信息结构和逻辑顺序有了更深的把握，对于源语的整体加工能力有了提升。

侵入错误和替代错误在前后测中体现的差异，可以从错误来源的角度予以探讨：侵入的错误信息属于原文不存在的信息点，它可以小到一个短语，大到某个独立的命题，它也可能在被试回忆任务中的任何位置上出现，从而折射出对原文整体篇章信息记忆结构上的不足（McCormack et al.，2000）。从本实验所关注的口译教学的角度看，侵入错误的减少，是由于学生经过多种类型话语篇章口译的训练后，对发言的逻辑关系和语篇连贯性方面的把握有明显提高，学生更多地"为译而听"，更多地关注语篇的逻辑性、连贯性和整体性，能够在记忆中将语篇作为一个完整的图式进行储存，而不是支离破碎的语言片段，本能地排除了和源语整体结构不相关的外在干扰信息。至于替代错误未见明显改善，其成因较为复杂，将在下节专门讨论。

2. 对替代错误成因的讨论

根据实验1的发现，被试的替代错误在学习前后并无显著改善，且在分布位置图形上呈现出较大差异（图5.5），接下来需要进一步深入探讨这一错误类型的来源。首先分析以往的相关研究。De Groot（2005：25-56）通过实验发现，口译信息提取失败的原因归结为三个方面：第一，受倒摄干扰和前摄干扰的影响。前后输入的信息互相重叠、交错，随着输入信息量的增加，前后干扰程度加大，从而导致线索提取失败。第二，受紧张情绪影响，一旦心理压力逐步缓解，模糊记忆就会渐显清晰，暂时遗忘的信息就有可能得到提取。第三，也是最重要的因素，是受"发音抑制"（articulatory suppression，AS）效应的影响。发音抑制效应由工作记忆理论的创始人Baddeley和他的同事于1984年在其"修正后的工作记忆模型"中提出（Baddeley et al.，1984），并为其后的多次实验所证实（如Baddeley，2000；Gathercole et al.，2001）。在多任务并行处理过程中，如听与说同时进行，或视译过程中阅读与说同时进行时，语言输出活动会逐渐干扰工作记忆中语音环（phonological loop）的"默读-复述"（sub-vocal rehearsal）功能。Christoffels（2006）的实验证实了发音抑制效应对口译记忆保持的负面作用。随着口译过程的进行，译语输出活动本身妨碍对输入的源语信息表征的重复激活与保持，影响信息提取任务的执行效果，从而表现为译语中部分甚至全部信息的遗漏。参照De Groot（2005：25-26）的观点，本实验中的替代错误与以上三者因素均有关系，但明显的来源是发音抑制效应，这也从侧面说明了工作记忆能力的改善对提高口译效果的重要意义。

值得注意的是，替代错误的语义虽与原文有出入，但其出现位置与源语中的信息位置存在结构上的空间匹配关系（structurally spatial match）。关于这一点，在实验心理学界对儿童系列复述任务的研究中已有类似发现（McCormack et al.，2000）。无独有偶，Smith 等学者在其提出的"双向过程模型"（dual-process model）中认为，被试在信息提取过程中断的情况下，均会本能地经历一个"遗忘→判断→搜觅→填补"的心理机制（pattern-completion mechanism），以实现整个回忆过程的完整性（Smith & DeCoster，2000）。不难发现，这种"心理填补"过程与我们在此次实验中发现的替代错误具有高度的相似性，这促使我们进一步思考：该心理过程是否能够（至少部分地）解释替代错误存在的原因？实验后对参照组的回溯访谈较好地帮助研究者深入了解了被试在口译过程中相关的心理活动情况。根据访谈结果不难看出，参照组的访谈一方面印证了"心理填补"机制的客观存在，另一方面也体现出经验与认知策略能够帮助专业译员在面对遗忘时找到更加灵活有效的应对措施。有相关研究显示，对遗忘部分的"放弃"行为往往也是译员出于追求"忠实"考虑后的权衡决策（Vik-Tuovinen，2011；Tiselius & Jenset，2011）。而本书第 3 章的问卷调查也得出了类似的发现，即"跳过去"和"概括处理"是专业译员出现遗忘时的普遍应对策略。

3. 对错误记忆成因的推理

根据实验和对被试的访谈结果，结合记忆心理学相关研究提出的信息提取心理过程机制（Smith et al.，2000），本章认为，译语中替代错误的成因相比其他的错误类型而言更为复杂，而其基本认知过程可用图 5.7 表示。

图 5.7 是使用计算机程序执行图模拟错误记忆的认知过程机制。菱形框代表思维过程中的"判断"单元，方形框代表"执行"单元。替代错误的成因可能涉及两个判断过程。只要是曾经接触过的语段，或者是可以进行合理猜测的语段，在判断为"是"的情况下，被试的工作记忆就会转入长时记忆，对类似语段予以提取，并在句法的对应位置上进行匹配，从而导致替代错误的发生。由此不难推测，替代错误之所以难以有明显的下降，很可能正是由于其来源的这种"双重性"。同时，我们也不难理解遗漏错误前后测能大幅度的减少，除了口译训练本身对工作记忆的改善，遗漏错误的其中一部分被"分流"到了替代错误中，也是一个重要因素。

从本章的结果看，侵入错误和移动错误更多地与篇章、线索等"宏观"信息的记忆效果相关，而替代错误则更多源自词汇、短语等"微观"信息点的记忆效果。同时，替代错误的成因和表现比遗漏错误要复杂得多，因为它涉及一系列极其短暂而有逻辑性的"遗忘→判断→搜觅→填补"的心理努力。与单纯性遗忘导致的遗漏错误相比，替代错误显然属于不同的类型。

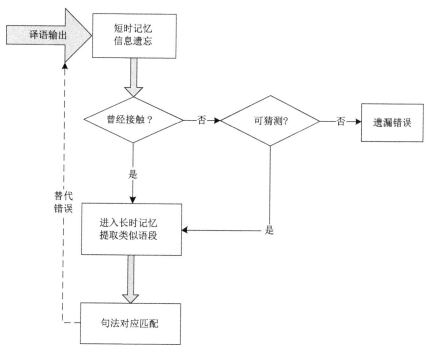

图 5.7 替代错误心理成因模型

在译语分析中还发现，替代错误的分布在前测中主要集中在篇章前部，而在后测中，整个篇章的中后部分呈现比较平均的分布。这一差异涉及的因素更加复杂。既与被试的认知策略有密切关系（Horvath，2010），也涉及被试的口译实践经验等非认知因素（参见 Christoffels, 2006 的实验 2），也可能与选择的篇章类型，或被试对篇章题材的熟悉程度有关。因其不属于本书对错误记忆机制研究范畴，故而不做深入讨论。

5.3 工作记忆广度测量（实验 2）

无论是在同声传译还是交替传译过程中，工作记忆都起着极其重要的作用。测量被试的工作记忆水平在心理学界已经有了比较成熟的操作规范，当前的主流测量模式是按照 Daneman 和 Carpenter（1980）设计的阅读广度测验为模板，设计不同长度的小句、短语作为测试材料。张威（2011a）利用北京外国语大学中国外语教育研究中心开发的"通用汉英对应语料库"编制而成的（汉语）阅读广度测验材料，用于口译研究中测量被试的工作记忆水平，在国内属于比较成熟的测量译员工作记忆的研究。该材料已公开出版，本章以此作为实验 2 的测试材料。

5.3.1　实验介绍

1. 实验内容

本实验将通过阅读广度测验，考察口译实践对工作记忆能力的影响作用，观察不同类型的研究对象是否在工作记忆广度上存在差异。并根据结果对被试进行分组，为后续的译后再认实验和在线加工实验服务。

2. 测量工具

本章采用心理学研究领域通用的阅读广度测试，研究被试的工作记忆能力的具体水平，比较相互间的差异。

测试工作记忆广度的方式如下：按照难度循序渐进的进度，从第一级每组两个句子开始，向被试呈现两个句子，要求被试出声朗读句子，同时识记每句话的最后一个单词，最后将每句话的尾词默写下来。被试能准确朗读所有句子并且默写句子尾词后，增加为第二级（三句一组），随后依次增加，直到被试不能完全准确朗读所有句子并默写句子尾词为止。工作记忆测试材料示例（三句一组）。

（1）白蚁不仅破坏房屋，也破坏铁路枕木和**桥梁**。

（2）我有幸获得这个奖，完全是一种意外的**收获**。

（3）素质教育是发展科学技术和培养人才的**基础**。

工作记忆广度的计算方法：假如被试能完全准确朗读第二级的三个句子并识记尾词，但在第三级（四个句子）不能完全完成朗读和识记任务，则其记忆广度已经达到 3，但尚未达到 4，则以 4 分为基础进行递减计算。

例如：被试在四句一组中，遗漏了一个尾词，由于四个句子中每一句的比例是 25%，那么被试的记忆广度为 $4-1 \times 0.25=3.75$。再如，被试通过了四句一组，但在五句一组中，遗漏了 2 个尾词，由于五个句子中，每一句的比例是 20%，那么被试的记忆广度为 5-2×0.2=4.6。其他依次类推。

使用 PowerPoint 制作呈现材料，每句呈现时间为 2~3 秒，随后消失，呈现下一句，每句之间的间隔为 0.5~1 秒。

3. 实验对象

实验对象 61 名。其中包括口译教师、口译学生和职业译员。各组情况如下。

（1）口译教师组：9 名，均为高校口译课程专任教师，平均有 20 场以上正式会议口译经验。

（2）口译学生组：45 名，来自西安交通大学大学和西安外国语大学。女生 39 名，男生 6 名。均为翻译硕士专业学位（MTI）二年级学生。

（3）专业译员组：7 名，包括政府外事部门翻译 2 名、大型企业的专职翻译人员 3 名，以及职业译员 2 名。

4. 实验程序

（1）为保证被试能准确理解并顺利完成实验过程，在正式测试前，介绍工作记忆广度测试材料的性质、来源、组成等内容，同时详细说明测试的相关注意事项：第一，测试句子均从阅读广度测验材料中随机抽取，并通过电脑展现在正对被试的屏幕上；第二，被试要确保个人录音设备运行良好，保证句子录音能清楚地录制保存；第三，测试中，要等到所有的句子都消失后，才可以开始进行尾词默写工作，不能边看边写。测试人员将进行监督，对错误行为及时纠正；第四，句子尾词的默写顺序没有具体要求。

（2）在正式测试之前，从工作记忆广度备用材料中选择若干句，进行模拟测试，就出现的问题进行必要的解释和说明，对被试的错误行为及时纠正。

（3）在全体被试均已确认了解测试程序之后，开始正式测试。在测试中按照以往的做法，对被试默写句子尾词的时间不做严格限制，完成后举手示意，待所有被试完成后，进入到下一级别，直到所有被试均不能完成测试为止。

（4）对学生的测试在班级上课时间集体进行，对教师和职业口译人员的测试在办公室内单独进行。测试完成后，所有被试上交其录音和词汇记录纸。随后，研究人员根据录制的句子朗读及词汇记录情况，确定被试的工作记忆广度数值，并录入计算机，利用 SPSS 相关统计程序进行分析。

5.3.2 实验结果

1. 组间差异性比较

首先，根据阅读广度测试结果，不同被试组的工作记忆广度水平如表 5.12 所示。

表5.12　工作记忆广度的组间差异比较

组别	人数/人	均值(M)	SD
口译教师	9	3.772	0.2655
口译学生	45	3.371	0.3226
职业译员	7	3.814	0.2192
合计	61	3.481	0.2964

具体来说，职业译员组的工作记忆广度数值最高（M=3.814），略高于口译教师组（M=3.772），明显高于学生组（M=3.371）。对职业译员组的工作记忆广度对口译教师组和学生组的独立样本 t 检验结果分别为：t（14）=1.355，p=0.166（>0.05），译员组与教师组无显著性差异；比较译员组与学生组发现：t（50）=4.492，p=0.000（<0.001），译员组与学生组呈现显著性差异。

从标准差来判断，职业译员组的标准差最低（SD=0.2192），而学生组最高（SD=0.3226），显示出学生组内程度差异较大。对学生组内差异需做进一步分析。

2. 工作记忆广度的分组

对于学生组的标准差 SD 较大这一情况，需要考察其个体数值在各分值段内的分布，结果如表 5.13 所示。

表5.13　学生组工作记忆各分值段人数分布情况

分值/分	人数/人
3.0	8
3.25	18
3.50	12
3.75	4
4.0	2
4.2	1
合计	45

可以看出，学生组中的部分被试在工作记忆广度上达到了较高的程度，在分组时应该归入高工作记忆组参与后面的测试。参考教师组的平均分值 3.772，最低分值 3.5，将学生组中的 3.5 及其以上分值段均划为高工作记忆组，该组包括 19 名学生，7 名译员及 9 名口译教师。低工作记忆组为 3.5 分及以下，该组包括 26 名学生。高低工作记忆组的组成情况如表 5.14 所示。

表 5.14　高低工作记忆组的划分

分值段	人数/人	均值（M）/分
高工作记忆组	35	3.710
低工作记忆组	26	3.173

5.3.3　实验结论

从工作记忆测量实验可以得出以下几点发现。

（1）工作记忆能力在不同职业群体中存在较大的差异。职业译员组由于从事口译工作较多，工作记忆能力得到了较为充分的发展，这与以往的研究发现相符（如张威，2011a）。而口译教师组中不少人也兼职大量的口译工作，可以视为准职业译员，并且平时的口译教学中也需要接触大量的口译练习，其工作记忆能力也达到了较高的水平。而学生组的整体得分显著低于译员组和教师组。

（2）口译实践对工作记忆能力的促进效应。本实验使用中文测试材料，排除了外语能力因素对实验结果的影响，能够较为客观地测量工作记忆结果。职业译员与口译教师从事的大量口译实践，使之工作记忆能力得到了相应的提高。学生组由于群体样本数量较大，因此呈现出一定的分化。大部分被试的工作记忆未能得到充分的发展，但也有少数被试达到较高水平，与职业译员组相当。测试之后的个别访谈显示，工作记忆得分较高的学生，其平时从事的口译活动和口译训练量也较大，显示出了口译实践对工作记忆能力的促进效应，与实验 1 的结论趋于一致。这种促进效应可以从相关的心理学研究结果中得到印证。例如，Turley-Ames 和 Whitfield（2003）的一项关于工作记忆训练的研究探讨了不同策略对不同工作记忆能力个体的影响，以及训练前后工作记忆广度与阅读能力之间的关系。研究发现，使用复述策略对工作记忆进行训练，可以使得被的工作记忆广度显著提高。与其他的策略相比较，复述策略训练对于低工作记忆广度的个体更为有效。而且在复述策略训练后，工作记忆广度与阅读能力之间的相关也得到提升。

5.4 译后再认实验（实验 3）

根据 5.2 中对专业译员组访谈结果的分析，受访谈的 14 名被试基本陈述了相似或接近的心理体验过程：由于"发音抑制"效应的客观存在，口译过程中会出现"边说边忘词"的体验；同时，在话语输出过程中，能够记住的基本上是源语的篇章结构和逻辑关系，而细节信息、具体用词或句法结构往往印象不深。根据释意学派的"脱离语言外壳"理论，译员在口译过程中记忆的应该是源语的意义而非形式。那么，在研究交替传译过程中的记忆机制时，需要进一步了解的问题就是：这种"脱离语言外壳"的程度在不同水平译员身上是否存在差异？是否有量化的评估手段？其与个体的工作记忆广度是否有相关性？为此，本研究设计译后再认实验（实验 3）来解答以上问题。

5.4.1 实验介绍

1. 实验内容

实验 3 包括一个英译汉的交替传译任务。与实验 1 有所区别的是，实验 3 为有笔记交传，这样做的原因出于两个方面的考虑：①无笔记交传实验是为了观察单纯的工作记忆能力在口译训练前后的变化情况，而此次实验前已经对被试按工作记忆高低进行了分组，因此采用无笔记交传已无必要；②实验 3 的重点在于观察口译效果和译后再认现象，是为了观察工作记忆能力对于保持源语信息的内容和形式两个方面的影响。采用有笔记交传能确保被试更好地完成口译任务，而无笔记交传对记忆的压力较大，在被试无法保持信息时易产生无效数据，影响实验样本的完整性。

在口译任务完成后，要求被试根据源语内容完成信息判断任务，以此衡量对原文语篇理解与意义的保持效果。接下来，要求被试完成单词再认任务，以此衡量对源语形式的保持效果，即借助"译后再认"的窗口，观察是否存在"脱离语言外壳"现象。此外，所有被试的译语由资深译员予以评分，作为判断口译质量的依据，并与信息判断和单词再认实验的数据进行分组对照。

2. 实验假设

（1）口译质量不仅取决于双语水平、口译经验等常规因素，也与工作记忆广度的高低有关。因此口译质量评分中，不仅译员组与教师组应该显著高于学生组，而且在学生组内部，高工作记忆组也应该显著高于低工作记忆组。

（2）工作记忆能力的高低，直接影响到被试理解并保持源语的信息内容。因此，在句子判断任务中，工作记忆高容量组的得分应该显著高于工作记忆低容量组的得分。

（3）通过单词再认任务可以测量被试对语言形式的保持能力。既然"脱离语言外壳"理论主张理想的口译应该"得其意而忘其形"，那么，尽管口译能力有差异，但在单词再认任务中，译员组、教师组应该与学生组不呈现显著差异。

3. 实验材料

（1）所有被试测试材料内容相同，均为一篇英译汉口译材料，题材为一篇礼仪致辞演讲的节选，涉及中美在企业创新方面的合作。语篇全长 561 个字，分为 6 个自然段，每个段落 70～130 字不等。源语发布速度：约 120 词/分钟。

（2）在口译任务完成后，被试将被呈现 10 个陈述语句，要求根据源语内容判断陈述语句的正误，以此衡量对原文语篇理解与意义保持效果。同时，根据源语内容，提供 20 个英文单词，要求被试识别判断这些单词是否在原句中出现，以此衡量对源语形式的保持效果。

（3）为排除语篇难度对实验的影响，控制语篇的语言难度。与实验 1 相同，实验 3 所用材料的难度控制在 3000～4000 词汇水平。并且提供一篇相关的英文材料供被试提前一天阅读，从而可以排除背景知识等非认知记忆因素对口译效果的影响。

4. 实验对象

本章研究对象来源于实验 2，总共 56 人，包括口译教师组（6 名被试）、口译学生组（45 名被试）和职业译员组（5 名被试）。参加实验 3 的被试的工作记忆能力组别划分如表 5.15 所示。

表 5.15　实验 3 的被试工作记忆组别划分

组别	译员组/人	教师组/人	学生组/人	合计/人
高工作记忆组（H）	5	6	19	30
低工作记忆组（L）	0	0	26	26
合计	5	6	45	56

5. 实验变量

自变量：被试类别

（1）按口译水平分为：译员组；教师组；学生组。

（2）按工作记忆广度测试结果分为：高工作记忆组（H）；低工作记忆组（L）。

因变量：各组成绩

（1）口译成绩（满分 10 分）。

（2）语句判断成绩（满分 10 分）。

（3）单词再认成绩（满分 20 分）。

6. 实验程序

（1）依照口译实践的一般要求，对被试介绍实验文本的主题类型，熟悉相关的背景知识。

（2）介绍本实验需要完成的任务及具体要求：听录音，可记笔记并完成口译任务。任务完成后即进行源语内容判断测试（10 个句子），然后再进行源语单词再认测试（20 个单词）。

（3）在正式实验开始前进行模拟测试，使被试熟悉实验的过程，并就出现的问题进行说明和解释。

（4）播放源语录音，开始口译。

（5）口译完成后，即刻进行译后的两个任务，包括语句判断任务和单词再认任务。完成任务的时间不限。

（6）测试完成后，对所有口译录音编号（不记名），由一名口译人员和一名口译教师进行评分。并与被试的语句判断成绩和单词再认成绩一并输入计算机，利用 SPSS 软件进行统计分析。

5.4.2 实验结果

1. 口译效果分析

在 45 名学生组被试中，有 2 人的口译成绩分别为 4.55 分和 4.05 分（满分 10分），该 2 名学生均属低工作记忆组（L 组），明显低于同组其他被试（平均 7.06分），L 组内独立样本 t 检验结果：t（24）=2.153，p=0.000（<0.01），差异显著。

为排除口译因素对后续研究的影响，避免得出无效数据，该 2 名被试的成绩将不再计算在最终统计结果之内。纳入最后统计的各组被试数量如表 5.16 所示。

表 5.16　实验 3 最后纳入统计的被试工作记忆组别划分

组别	译员组/人	教师组/人	学生组/人	合计/人
高工作记忆组（H）	5	6	19	30
低工作记忆组（L）	0	0	24	24
合计	5	6	43	54

不同任务组口译效果成绩如表 5.17 所示。

表 5.17　实验 3 的口译效果组间分析（$M \pm SD$）

组别	译员组（5）	教师组（6）	学生组（H_{19}/L_{24}）
高工作记忆组（H）	9.266±0.339	9.075±0.481	8.396±0.669
低工作记忆组（L）	—	—	7.065±0.827
均值（M）	9.266±0.339	9.075±0.481	7.398±0.783

表 5.17 显示，口译成绩平均分排序为：译员组>教师组>学生组（H）>学生组（L）。说明口译成绩不仅与口译综合能力有关，而且也很可能与工作记忆能力有一定关系。为排除口译实践经验和其他综合能力的因素，只关注工作记忆能力的影响，对学生组内部的高低工作记忆两组再次进行数据对比。

H$_学$对 L$_学$的口译成绩差异显著，独立样本 t 检验结果为：t（41）=2.045，p=0.000（<0.01），达到 99%置信区间的显著性水平。实验结果证实了假设 1：在排除口译任务难度因素的前提下，高工作记忆组的口译表现与低工作记忆组存在显著差异。接下来，考察口译成绩与工作记忆广度之间是否存在相关性，使用 SPSS 中的 Pearson 相关系数分析（Pearson Correlation/Sig. 2-tailed），得出两组口译成绩与工作记忆广度的相关系数如表 5.18 所示。

表 5.18　实验 3 的学生组口译成绩与工作记忆相关性分析

测试项目	H（$_{学/19}$）	L（$_{学/24}$）
	3.642	3.173
口译成绩	0.648/0.029	0.537/0.083

尽管高低两组间的口译成绩存在显著差异，但在两个组内部，工作记忆能力与口译成绩的相关系数却并不高。H$_学$的相关系数 R_H 略高于 0.6（0.648），达到 95%的显著

性水平，但未达到 99%（$p=0.029<0.05$），说明存在一定的正相关性，但并不明显。而 L $_学$ 的相关系数 R_L 则只有 0.537，可以判断为不呈现相关性。这一点说明，单纯依靠工作记忆广度数据无法对低工作记忆学生组的口译能力做出相关性判断。

2. 语句判断成绩分析

由于语句判断任务是衡量被试对信息的保持能力，不涉及口译能力等因素，因此成绩分析时，可将译员、教师、学生三个群体根据工作记忆组别进行对比分析。对各组内部的语句判断成绩进行独立样本 t 检验发现，组内成绩均无显著性差异（p 值均大于 0.05）。

1）高低组的语句判断成绩分析

高低工作记忆组的成绩如表 5.19 所示。

表 5.19　实验 3 的语句判断成绩分析（$M \pm SD$）

测试项目	高工作记忆组（H$_{30}$）	低工作记忆组（L$_{24}$）	t（df）/Sig. 2-tailed
成绩（$M \pm SD$）	9.655±0.112	8.135±0.381	2.347（52）/0.006
t（df）/Sig. 2-tailed	2.524（28）/0.283	3.741（22）/0.192	

高低两个工作记忆组的语句判断成绩呈现显著差异，H 组的平均分（9.655）比 L 组的平均分（8.135）高出 1.52 分（18.69%），独立样本 t 检验呈现显著性差异（$p=0.006<0.01$）。实验结果与假设 2 一致高工作记忆被试对于信息的保持能力整体要优于低工作记忆被试。

2）工作记忆与信息保持能力的相关性分析

既然高低工作记忆组在信息保持能力上存在显著性差异，那么接下来的问题是：工作记忆能力与信息保持能力是否存在相关性？使用 SPSS 中的 Pearson 相关系数分析（Pearson Correlation/Sig. 2-tailed）得出两组信息保持能力与工作记忆广度的相关系数如表 5.20 所示。

表 5.20　实验 3 的语句判断成绩与工作记忆相关性分析

测试项目	高工作记忆组		低工作记忆组
	（H$_{30}$）	H（学/19）	（L$_{24}$）
	3.712	3.642	3.173
语句判断成绩	0.704/0.000	0.697/0.001	0.655/0.009

从表中可以看出，在高低两个组内部，工作记忆能力与信息保持能力的相关系数都高于 0.65（R_H=0.704；R_L=0.655），且均达到显著性水平（$p_{(H)}$=0.000；$p_{(H)}$=0.009 <0.01），存在较强的正相关性。其中，高工作记忆组中学生被试的 $R_{(H/学)}$ 为 0.697，也达到 99% 的显著性水平（p=0.001<0.01）。数据显示，工作记忆广度与信息保持效果的变化趋势基本相同。其中，工作记忆能力越高，与信息保持能力的相关性也越大。

3. 单词再认成绩分析

单词再认任务是测量被试对语言形式的保持能力，与口译能力无关。因此与语句判断任务相同，只需根据被试的工作记忆组别进行对比分析。对各组内部的语句判断成绩进行独立样本 t 检验发现，组内成绩均无显著性差异（p 值均大于 0.05）。

1）高低组的单词再认成绩统计

高低两个工作记忆组的单词再认任务成绩如表 5.21 所示。

表 5.21 实验 3 的单词再认成绩分析（$M \pm SD$）

测试项目	高工作记忆组（H_{30}）	低工作记忆组（L_{24}）	t（df）/Sig. 2-tailed
成绩（$M \pm SD$）	15.230±0.242	11.617±0.582	5.485（52）/0.000
t（df）/Sig. 2-tailed	3.216（28）/0.119	2.639（22）/0.283	

高低两个工作记忆组的单词再认成绩呈现显著差异，H 组的平均分（15.230）比 L 组的平均分（11.617）高出 3.613 分（31.1%），独立样本 t 检验呈现显著性差异（p=0.000 <0.01）。该结果与假设 3（高低工作记忆组在源语形式保持能力上无明显差异）相违背。

2）工作记忆与语言形式保持能力的相关性分析

使用 SPSS 中的 Pearson 相关系数分析（Pearson Correlation/Sig. 2-tailed）得出两组信息保持能力与工作记忆能力的相关系数 R 如表 5.22 所示。

表 5.22 实验 3 的单词再认成绩与工作记忆相关性分析

测试项目	高工作记忆组		低工作记忆组
	（H_{30}）	H（学/19）	（L_{24}）
	3.712	3.642	3.173
单词再认成绩	0.611/0.025	0.657/0.021	0.419/0.055

尽管高低两组间的单词再认成绩存在显著差异，但在两个组内部，工作记忆能力

与语言形式保持能力的相关系数却并不高。高工作记忆组的相关系数 $R_{(H)}$ 略高于 0.6（0.611），达到 95% 置信区间的显著性水平，但并未达到 99%（$p=0.025>0.01$），说明存在一定的正相关性，但并不明显。其中高工作记忆学生组 $R_{(H/学)}$ 达到了 0.657，也未能达到 99% 的显著性水平（$p=0.021>0.01$）。相比而言，低工作记忆组的相关系数 $R_{(L)}$ 则只有 0.419，不呈现相关性。这一点说明，依靠工作记忆广度数据无法对语言形式的保持效果做出相关性判断。

5.4.3 实验讨论

本实验通过对语篇的"口译—判断—再认"三个任务，探讨工作记忆因素在口译过程中的作用，实验关注的重点是工作记忆能力与源语内容和形式的保持能力之间的关系。

1. 工作记忆与口译能力的关系

从整体上看，高工作记忆能力被试的口译成绩优于低工作记忆能力的被试。进而发现，在学生组内部，$H_{(学)}$ 的口译成绩（8.396）也明显优于 $L_{(学)}$ 的成绩（7.065）。这一点说明，排除语言能力、口译经验、背景知识等其他变量后，工作记忆能力的高低是影响口译能力的一项重要因素。此前实验 1 的无笔记交传实验中，被试在经过为期一学年的口译训练后的信息保持能力和口译能力均有显著改善，实验 2 再次证明了这一点，同时也与以往的研究结果相符（Bajo et al.，2000；Christoffels et al.，2003；Rothe-Neves，2003）。

从工作记忆本身的结构和功能来看，其中与口译效果有着较为直接的关系的是"中央执行系统"的注意控制功能。在 Baddeley（2006）的工作记忆模型中，工作记忆分为一个负责加工、协调、计划及任务监控的中央执行系统，一个分别储存不同信息的存储系统，包括视觉空间模板和语言环，以及连接工作记忆子系统与长时记忆的情景缓冲器。首先，中央执行器是一个纯粹的注意系统，注意主要与执行性控制有关，而与存储无关（事实上在 Baddeley 的模型中，存储被认为是一个自动起作用的过程）。在工作记忆模型中，"注意"的概念宽泛地指一种努力性的加工，包括从简单的复述功能到复杂的执行功能，如计划、组织及控制等认知活动，因此执行性控制也常被看作注意控制的同义语。从这一点来看，Baddeley 工作记忆模型的一个明显特征就是突出了中央执行系统的"注意控制"的地位和作用，这一点非常重要，因为它实际上构成了工作记忆容量有限的理论基础。工作记忆潜变量分析的有关研究表明（Engle，2002），工作记忆容量反映的是个体注意控制的能力，具体来说，体现的是在任务控制过程和自动化加工过程上的差异，而不是在存储容量方面的差异，这也是导致工作记忆容量与高级认知能力（如语言理解、推理、一般流体智力）密切相关的根本原因。这一观点来自针对学习困难儿童的研究。例如，有研究发现（Swanson et al.，1996），学习困难儿童与正常儿童在工作记忆上的差异不在于存储能力，而在于中央执行能力及其对流体智力（fluid intelligence）的影响。在其他工作记忆训练研究中，儿童工作记忆能力和智力水平的提高（Jaeggi et al.，2008），以及工作记忆训练增加前额叶激活（Westerberg & Klingberg，2007）等证据均显示：通过工作记忆训练可以使工作记忆能力得到提高，而这些提高都与提高中央执行系统的工作效能有关，因而有研究者甚至认为，所谓的工作记忆能力实际上就是指中央执行能力（Engle，2002）。

据此分析，本章中被试工作记忆能力上的差异，虽然其外在形式显示为可量化的工作记忆容量，但其内因则很大程度源自中央执行器在"注意控制"这一能力上的差别。较强的注意控制能力有助于译员集中精力理解发言内容、把握源语要旨，进而实现对长时记忆资源的高效检索，最终完成信息的整合、转换与译语输出。因此，工作记忆能力越强，译员同步执行听解、记忆、语言转换等各项任务的效能也越好，口译成绩也相对更高。

本章同时发现，工作记忆能力与口译效果存在一定程度的相关性，高工作记忆组中这种相关性更为明显，低工作记忆组未发现明显的相关性。对于这一点可以从以下两个方面来分析：①根据统计学的原理，相关系数是衡量两个随机变量之间线性相关程度的指标，其先决条件是假定两个随机变量呈简单线性相关，不适用于非线性相关的变量。在本实验中假定影响到因变量（口译成绩）的因素只有工作记忆这一个自变量，在实验设计上尽可能排除源语难度、口译经验等其他因素。但我们知道，口译过程本身的复杂性使得实验条件很难做到绝对"理想化"的处理，不可避免地会或多或少受到外在因素的影响。就本实验而言，为了确保被试群体完成口译任务，必须采用有笔记交传的形式，尽管笔记能力与工作记忆能力密切相关，但它本身仍可能成为影响口译成绩的一个因素，因而成为实验设计上难以绕开的一个矛盾。②在判断相关系数的置信度时，样本量的大小也是个很重要的因素。相关系数接近于1的程度时与数据样本量 n 相关，当 n 较小时，相关系数的波动较大；当 n 较大时，相关系数的绝对值容易偏小。因此在样本容量 n 较小时，不宜仅凭相关系数就判定两个随机变量之间是否存在线性相关关系。就本实验而言，样本数量本身有限，而 H（学/19）组的样本数量相对于 L（学/24）组的数量更少，其呈示出较高的相关系数就不一定能够真实地体现相关性程度。同时必须指出的是，相关性本身并不意味着因果关系，因而在本实验中只将相关性作为一个参考数据，分析的重点在于高低两个工作记忆组之间呈现的宏观的、系统性的差别。

2. 工作记忆与源语保持能力的关系

本实验关注的重点是工作记忆能力与源语保持能力之间的关系，从信息内容和语言形式两个方面分别设计实验予以观察。结果发现，高工作记忆的被试在信息内容和语言形式的保持能力上均优于低工作记忆被试，具体分析如下几个方面。

（1）工作记忆与源语内容保持的关系：实验得出的结果与假设一致：高工作记忆的被试对于源语内容保持能力在整体上要优于低工作记忆被试，且存在较强的正相关性。这一点较好地诠释了工作记忆在口译过程中的功能，即工作记忆能力既包括信息的激活与保持的具体容量，也包括认知资源在存储与加工之间进行有效的转换、分配与协调的能力（Baddeley，2000）。换句话说，在排除语言水平和口译技巧等其他因素之外，工作记忆能力是决定译员对源语信息加工能力的关键认知要素。我们可以从加工水平和工作记忆的构成这两个方面予以进一步分析。

第一，认知心理学的"加工水平说"认为，记忆痕迹是信息加工的副产品，痕迹的持久性是加工深度的直接函数（王甦和汪安圣，2012：129），加工深度越大、信息保持得也越牢固。那些加工水平较高的模式识别、意义汲取等留下的痕迹，相对来说就要比那些加工水平较浅的物理感觉或语音辨识等留下的痕迹更容易保持得长久。同时，根据 Craik 和 Tulving 关于加工水平的经典实验（转引自鲍刚，2005:166-167），加工水平还与译员的逻辑分析、意象联想、加工时间等因素成正比关系，基于语义水平的信息加工深度显著高于基于语音识别的信息加工深度。本实验中，语句判断任务所测量的是译员对于源语篇章信息的理解，即基于语义的加工与信息保持能力。就高工作记忆组内部进行比较发现，高工作记忆学生被试组的相关性（R（学/19）=0.697）略低于整组的相关性（R（高）=0.704），由于该组还包括 5 名译员和 6 名口译教师，可能正是由于译员和教师在逻辑分析、思维联想等认知素质上更为突出，因而信息加工深度更高，信息内容的保持效果也越好，其工作记忆能力与信息保持能力之间也体现出更高的相关性。

第二，从工作记忆本身的结构和功能来看，其中与信息内容保持密切相关的是"情景缓冲器"的储存与协调功能。在 Baddeley（2006）的工作记忆四成分模型中，情景缓冲器主要承担储存和协调功能。情景缓冲器由中央执行器控制，它的作用是将工作记忆各子系统的信息与长时记忆中的视觉语义信息、语言信息和情景信息关联起来，整合并创造出新的表征。情景缓冲器的运作基于对情景信息的多维度编码，综合来自工作记忆和长时记忆的相关信息，为工作记忆子系统和长时记忆系统中的信息提供了一个暂时的缓存区和交汇点，情景缓冲器的有效运作，增强了工作记忆和长时记忆系统的互动和联系，使各种信息得到更深层次的加工。

就口译记忆而言，与情景记忆直接相关的就是情景缓冲器的功能。情景缓冲器使得口译过程中各种语言信息和语境信息同时得到加工，为口译中复杂的信息加工创造了一个良好的认知环境。Seleskovitch（1976）对口译过程中两类不同性质的短时记忆做了进一步区分，即"实质记忆"（substantive memory）与"逐字记忆"（verbatim memory）。她以对电影情节与文字材料的记忆对比为例，正常人可以很轻松地回忆整部电影的故事情节，但是要记住一篇 500 字的文稿却需要花相当长的时间，因为电影情节中可以产生大量的实质性的情景意义感知，而对文稿的记忆以文字记忆为主，缺少情景意义的参与，需要加工的时间就更长，记忆难度也更大（Seleskovitch，1976）。已有相关研究证实，在其他相关因素均等的情况下，情景缓冲器的容量和效率差异很可能是资深译员的口译效果优于经验不足译员的内在原因（Padilla et al.，2005）。具体说来，情景缓冲器能够帮助译员将专业知识、专业技能、语言积累等各种有用的长时记忆资源迅速与口译主题关联起来，使各种信息组成一个四通八达的、高度结构化的信息网络，从而更快地形成新的表征。刘敏华等学者（Liu et al.，2004）的研究表明，资深译员的表现优于经验不足的译员，主要源于前者的工作记忆系统能够更高效地处理复杂信息，这里的"高效"一方面在于译员工作记忆中的中央执行系统的注意控制能力更强（如前所述），另一方面源自译员情景缓冲器在储存与协调上的能力发挥地更加出色，从而使得译员不仅能够更好地完成口译任务，而且能够实现更好的源语信息保持效果。

（2）工作记忆与源语语言形式保持的关系：单词再认任务结果显示，H 组的平均成绩比 L 组高出 31.1%，呈现显著差异。该结果与实验假设 3（高低工作记忆组在源语形式保持能力上无明显差异）相违背。假设 3 是基于释意理论的观点提出的，根据释意理论，译员在听取源语意义后，能够"立即审慎地丢开原来的措辞"（塞莱斯科维奇和勒代雷，1992：183），摄取源语的意义和发言人的话语意图，并以合乎译语表达习惯的方式再现源语的意义。如果说摆脱源语语言形式结构的约束是口译过程应有的模式，那么不同的被试组对于源语形式的记忆应该没有差别。本实验结果显示，在控制其他变量的前提下，H 组的语言形式保持能力仍然显著优于 L 组，也就是说，H 组与 L 组体现出不同的"脱离语言外壳"的程度。对此，我们从实验设计、释意理论的核心理念，以及工作记忆的子系统运作三个方面做进一步的探讨。

第一，就实验设计本身而言，是为了比较不同工作记忆组之间在保留源语形式的能力上是否呈现差异。假设译员能够做到"得意忘形"，那么不同的被试组应该不呈现差异。但这里首先需要注意的是，单词再认任务显示的结果是 H 组与 L 组之间的相对差别，而不应该理解为被试组是否达到"脱离语言外壳"的某种固定的衡量标准。换句话说，实验结果显示的是一个组别之间相对地比较，而非被试个体的绝对状态。其次，本实验采用的是单词再认任务来检测被试组对源语形式的保持能力。根据心理学的原理，信息的提取有两种表现，即"回忆"和"再认"，口译过程中，译员基于对源语内容的概念整合，循着源语的思维线路发展，使用恰当的译语再现发言的内容、情感和意象，这一过程主要表现为"回忆"过程，具有鲜明的意识加工特征，并往往存在中介性的联想和线索推断。与此同时，口译言语交际场合中往往具备多种提示性的事物，如语境提示、主题提示、笔记提示、交际环境中的实物提示和副语言信息提示等，在这种多重提示的刺激下，口译的信息提取过程又具备典型的"再认"特征，因此可以说，译员的信息提取机制表现为一种"回忆"和"再认"的复合体。本实验使用的是单词再认任务。问题是，单纯采用再认的手段能否完全检测出被试组对语言形式的保持能力，目前尚未见实证研究报道。其中一个关键问题是，鉴于工作记忆是在一定压力下的较短时间内对信息的保持（Baddeley，2006），那么当这种压力一旦解除后的单词再认测量结果，或许并不能够完全代表口译实时过程中的记忆运作情况。因此这也能够说明为什么尽管高低两组间的单词再认成绩存在显著差异，但工作记忆能力与单词再认成绩的相关系数却并不高（R（H）仅略高于 0.6），也未能达到 99% 的显著性水平，而低工作记忆组的则不呈现相关性。

第二，从释意理论的核心理念来分析实验结果。"脱离语言外壳"的概念是释意派学者在观察优秀职业口译员的实际口译表现而得出的，它是对高质量的口译产品的一种特征描绘，也可以看作口译认知处理过程中译员智力加工的一种心理倾向，还可以理解为对理想的口译行为的一种规划。如果我们将"脱离语言外壳"看作高水平译员的一种心理倾向，那么译员这种"得意忘形"的操作就是一种代表性的选择性策略，也就是说，"脱离语言外壳"在很大程度上是一种自觉的、受认知因素支配的行为。因此，尽管高水平译员的译语呈现典型的"脱壳"特点，也并不意味着源语语言形式就一定被译员所遗忘：没有出现，不等于不存在。当采用单词再认任务这种较为显性的测量手段时，被试组短时记忆中的源语形式就有可能被激活，译员可以有效地回忆出源语的形式特征。从口译实践的角度看，"脱离语言外壳"更多地应该是指译员某种摆脱源语的外在结构和形式的限制，以利于传达认知机制从源语中提取出来的意义的一种职业化的口译实践现象，而并不是刻意而为的某种奇思妙想。巴黎释意学派基于对"脱离语言外壳"这一现象的观察，发展了一系列理论思想，并依此指导培养了数千名具有高度职业水准的译员，实践已经证明了释意理论对于口译实践和口译教学的指导意义。

第三，工作记忆子系统中的"语音环"（Phonological Loop）与语言形式记忆具有较强的联系。根据 Baddeley（2006）的工作记忆模式，语音环是一个包含着语音形式信息的容量有限的系统，在中央执行器的统驭之下，负责听觉信息（包括话语）的感知、处理与存储，语音环接收的话语信号会在5~15秒内消失，除非能够被一个"默读复述"的程序更新，更新后，信号痕迹将会返回到言语输出系统，并因此延长在短时记忆里的驻留时间。由于口译活动以语音为基础，我们可以推测，具有较高工作记忆的口译被试组，其语音环的相对容量更大，与中央执行器、情景缓冲器等其他成分的协调性更高，与长时记忆的联系也更为紧密。体现在本项实验中，就是高工作记忆组在保证译语产出质量的同时，能在一定时期内更为有效地保留源语的语言形式特征。

3. 市章研究对释意理论的诠释

根据释意学派的观点，无论是笔译还是口译，两种语言相互转换过程中都存在某种"脱离语言外壳"的现象，它牵涉到从源语信息储存到译语表达过渡的某种中间状态，这也构成了译语表达的基础。关于"脱离语言外壳"这一提法的争议，主要集中在源语语词外壳一旦"脱离"后，意义将如何存在的问题上，正所谓"皮之不存，毛将安附"。针对语言形式和内容的相关性，勒代雷（2011：9）指出，口译源语发布是转瞬即逝的，脱离语言外壳后的意义，只有同语言外的知识结合在一起，才能记忆下来。她甚至认为，这种现象是"人类最基本的自然特性，只是表现形式时显时隐，同时总伴有对语言符号的感知"。根据勒代雷的观点，听辨知觉覆盖极限一旦被突破，脱离语言外壳现象就会产生，这个过程在并列性双语者译员的口译过程中是十分常见且十分自然的，并不是某种难以琢磨的神秘现象（鲍刚，2005）。这一现象并不一定表现为双语外在的结果，而更是一种口译思维运作环境下大脑内部智力机制的快速运算过程，因此很难直接感知到，唯有借助外部观察法、黑箱法或内省法等间接考察手段。

需要指出的是，释意理论即使提出了"脱离语言外壳"，并非意味着口译过程中存在某种没有任何载体的思维或信息运作过程。对于"脱离语言外壳"后意义存在状态的理解，应结合对"源语理解"和"译语搜觅"这两个环节进行讨论。首先，"源语理解"构成了意义的生成环节，在此阶段，译员的认知系统进行着对源语内在信息的感知活动，而这一活动会抛开语言的外在形式，直接触及源语发布者内心所要表达的意义。所谓"意义"的概念，以及在这一概念基础上展开的口译思维活动，必须依赖一定的载体才能得以存在。显然，口译工作的瞬时性和即席性使得译员无法像笔译那样有充分的思考时间，也无法使用线性的、常规意义上的外部言语（例如"自言自语"）作为思维的主要载体，那么此时译员需要的是另外某种"脱离"了外部言语形式的意义负载工具，因此，在译语形成过程中产生的某种浓缩化的"内部言语"就成为了脱离语言外壳后意义的归属地。这种"内部言语"既不是具备声学性状的言语产出，也不同于内部诵读式的言语，而是一种极为省略，并且呈多个线索的"片段"式的言语表征，这种内部言语主要体现在译语的组织过程中，是译语输出之前的言语计划的主要载体之一。根据心理语言学的观点（邵俊宗，2013），内部言语的形成是一种多头绪、"跳跃性"的信息浓缩化的过程，内部言语省略了大量的语法形式，也不包含虚词，仅保留最为重要的、往往带有提示性的实词和部分语义载体符号，但这并不影响译员使用其表义功能进行内部思维活动。译员正是围绕着这些实词和语义载体符号，在"译语搜觅"阶段动用各种认知资源，努力构建符合译语结构要求的、线性的外在言语产出。此外，相关研究已证实，译员在工作后并不能很好地记住源语中的语法虚词（除非这些词带有某种特殊含义并且必须转译），但有可能记住主干提示性质的实词，尤其在意识到这些实词出现误译时更是记忆犹新（鲍刚，2005：210）。由此可以推论，在内部言语中，那些具有关键性、提示性的实词处于优先的、显要的地位，而且在一定的外界刺激下能够以再认或回忆的方式被提取。

Ladmiral（2005:473）从多学科的角度深入研究了"脱离语言外壳"的相关问题。他指出，翻译的主要特征之一是源语和译语之间的"不连续性"（discontinuity），无论是将"脱离语言外壳"看作一个独立的阶段，还是看作属于源语理解的一部分，所有的翻译交际活动都涉及一个脱离语言表层形式而进行意义整合的过程（Ladmiral, 2005: 478），我们可以认为，口译活动中"脱离语言外壳"这一过程的实质是在心理层面或认知层面展开的，是话语信息从话语语言层面到心理认知层面的过渡，其作用在于完成信息的概念化，同时将信息从瞬时记忆传递到语义记忆。任何意义都不可能没有相关支持而独立存在，因此，意义在"脱离语言外壳"阶段的存在并不一定完全与语言形式相剥离。

5.5　本章主要发现

本章通过三组实验探讨交替传译过程中的记忆机制，其中工作记忆是本章研究内容的焦点。现将本章的主要工作和研究发现总结如下。

5.5.1　本章的主要研究结论

在实验 1 中，通过一项历时一个学年的前后对比实验，定量分析错误记忆的类型、发展变化及在语篇中的分布，观察口译训练对交替传译记忆能力发展的作用，并通过回溯访谈了解被试在出现遗忘时的心理状态。实验结果基本证实了原假设，即交替传译的训练有利于工作记忆能力的提高。说明口译学习对于学生的整体信息传译能力起到促进作用，这一促进作用既来自于学生通过系统学习所掌握的口译技能，也来自于口译学习对短时记忆的改善效果。就错误类型而言，遗漏错误、侵入错误和移动错误均有显著下降，但替代错误未出现明显改善。据此，基于对被试的回溯访谈，本章中提出了替代错误心理成因模型，即替代错误很可能是由于其来源的复杂性，即当短时记忆的信息无法满足口译任务需求时，被试的工作记忆就会转向长时记忆中提取相类似的语段。

实验 2 属于过渡实验，采用阅读广度材料对译员、教师和学生三类被试群体进行工作记忆广度测量，实验 2 的作用实质上是将不同被试按照工作记忆广度划分为高低两组，将较为模糊的群体概念转换为较易量化的（工作记忆）组别概念。并为后续的实验提供分组考察的依据。

实验 3 通过对语篇的"口译—判断—再认"三个任务，探讨工作记忆因素在口译过程中的作用，其中关注的重点是工作记忆能力与源语信息和形式的保持能力之间的关系。实验 3 发现工作记忆能力的高低是影响口译能力的一项重要因素，而且高工作记忆的被试在信息内容和语言形式的保持能力上均优于低工作记忆被试。需要注意的是，这一发现与释意理论提出"脱离语言外壳"理念并不存在根本的矛盾，因为源语的形式信息并没有被遗忘，而是在一定条件下仍可被激活。同时高工作记忆被试往往拥有更好的工作记忆资源调配能力，在保证译语产出质量的同时，能在一定时期内更为有效地保留源语的语言形式特征。

5.5.2 对本章研究的深入探讨

本章为实验研究，在研究方法上与第 4 章采用的"文本分析+访谈"方法起着良好的互补作用，对错误记忆类型、成因及口译过程中的信息心理表征等关键问题做了更深入的探讨。

本章的实验显示，口译训练并非对各种类型的错误都能起到明显的改善效果。这一发现提示教师应该关注对信息点记忆能力的针对性训练，以更好地提高口译质量。教师应该提醒学生，对"猜测""模糊处理"等口译技巧的运用，要以不违背忠实源语信息为前提。同时，本章再次揭示了口译过程蕴含着深层的认知和心理加工机制，口译研究不仅要针对翻译的结果，更需要将翻译的心理过程纳入考量。本章指出，不仅错误记忆可以分类，而且"误译"现象本身也是可以进行分类研究的。如果我们对"误译"现象按照分布几率和类型进行溯因研究，将有助于学界对"误译"现象的深入了解，反过来也将丰富我们对口译认知过程本身的了解。此外，本章的实验 3 得出了与"脱离语言外壳"不完全一致的结果，这一点促使我们进一步思考释意理论的多维属性，对丰富和发展口译理论研究起到了积极的作用。

同时应该承认，本章的方法和结论依然存在一些局限性。虽然口译的基本认知过程"理解→记忆保持→提取"已经得到普遍认同，但认知心理学中的记忆理论在多大程度上能够解释口译过程中的记忆和遗忘现象，换句话说，单语记忆的研究结果多大程度上能移植到口译这一双语活动中，目前还未见权威的、有说服力的数据，也未见论证成熟且富有解释力的模型。本章提出的替代错误心理成因模型就是以单语复述任务研究提出的认知过程为依据，结合实验数据得出的带有一定推测性的结果。图 5.7 可以在一定程度上模拟口译替代错误的形成原因和变化情况，但需要特别指出的是，在实际口译过程中，人脑的表现不一定如同计算机程序运行的那样严格且富有逻辑性，完全按照模型的图示过程推进。其间是否存在非连续、阶跃性而又不为我们所知的过程或影响因素，这些都是目前的研究尚无法解释与预测的。

　　最后需要指出的是，口译认知过程本身是个极为复杂的生理、心理和文化现象。本章所得出的研究结果一方面从理论层面对口译记忆机制做出一定程度的描述和解释，并为口译教学提供部分研究佐证，另一方面更多的是对后续的交替传译记忆研究起到借鉴和参考的作用。

第6章 口译的在线加工机制研究

本章是整个研究框架中探索口译在线加工机制的核心部分，主要通过三个实验研究交替传译过程中的信息加工。第一部分的将简要梳理口译信息加工的相关理论，分析并总结实证研究的成就与不足，并介绍本章三个实验研究的设计思路；第二部分介绍实验4，实验4旨在证明隐喻词效应的客观存在，属于预备实验；第三部分介绍两个反应时实验（实验5和实验6），属于本章的核心实验；第四部分结合相关理论对实验数据进行分析，探讨加工方式、翻译方向及与工作记忆的关系；第五部分是本章的小结。

6.1 信息加工的理论探讨和实证研究

6.1.1 对实验中"加工"概念的界定

"信息加工"的意思有广义和狭义之分。广义的信息加工指从译员理解源语到产出译语的全过程，狭义的信息加工不包括理解和产出阶段，而是指译员激活译语在大脑中的表征，并将源语与译语在词汇、句法等各个层面上进行匹配，为之后译语表达做准备（Macizo & Bajo，2006）。在此前的第4章中，研究的对象是译员所产出的译语，关注的是译语的质量，因此第4章中的信息加工属于广义上的信息加工。而本章研究既探讨译语在大脑中的激活状况，也将分析翻译质量的完成效果，因此兼具广义和狭义的概念。不过，考虑到本章的核心内容是以反应时实验为主体的加工过程，因此本章所讨论的"加工"就更多地具备"实时"和"在线"的特点。本章关注的问题是：源语理解和语言转换的过程究竟是先后进行的，还是同时进行的？如所述，认为两者是先后进行的是串行/纵向加工观（serial/vertical approach），认为两者是同时进行的是并行/横向加工观（parallel /horizontal approach）（第1章1.2.2）。

6.1.2   串行加工与"脱离语言外壳"

如前文中所述（第 2 章 2.4），不少心理语言学研究者认为"释意翻译"是串行加工观的代表理论之一（如 Macizo & Bajo，2004，2006；Ruiz et al.，2008），他们认为，释意翻译倡导在翻译的时候必须"脱离语言外壳"，强调要在获得对源语的完整理解，并把握发言人话语的真实意义之后，才可以产出译语。从这个思路可以推导出，如果加工过程是串行的，那么口译过程中的源语理解过程与一般交际中的话语理解过程在本质上应该没有差异。但串行加工是否等于释意翻译？尚需要进一步的探讨。原因在于："串行加工观"是基于心理实验的证据提出的，通过观测口译的"实时"（real-time）过程探究源语理解和一般理解过程的异同。也就是说，当我们使用"加工"这个术语时，我们关注的是口译的"过程"层面。而释意翻译理论是基于口译的"产品"分析发展起来的，是用以指导口译实践和提高口译产品质量的规约性理论。一方面，基于翻译结果而形成的理论不一定和基于过程的加工模型相吻合，另一方面，基于过程的加工行为模型也不一定能预测出翻译结果。事实上，释意理论的创始人之一勒代雷（2011: 68）也认为，释意过程的三个阶段是"顺序多少是偶然的，经常是交错的，而不是明显的阶段式"，这一点也说明，释意理论关注更多的是最终的翻译结果，而不一定在于理解和转换过程的加工方式。就本章研究而言，在承认串行加工必然存在的前提下，设计实验的主要目的是观察并行加工的存在及其特点。

6.1.3   并行加工方式的影响因素

口译过程中如果发生了并行加工，意味着在理解源语的同时译语词库中对应的表达被激活，而译语被激活的速度和激活深度则与以下三个方面的因素有关。

（1）语言对之间的近似关系。语言对的相似程度越高，译语激活的速度可能越快，并行加工的程度也越高。

（2）译员的双语流利度。如果译员是真正的平衡流利双语者，在源语理解阶段出现译语的并行加工，不但不会影响脱离语言外壳的释意翻译，而且有利于译语的流利表达。因此对于平衡双语译员来说，"非对称有限并行加工模型"将变成"对称有限并行加工模型"或者简称为"有限并行加工"。

（3）口译的语言方向。依据双语心理词库表征的非对称模型（Kroll & Steward，1994），对于非平衡双语者来说，外语词汇更加容易激活母语的词汇，而母语的词汇更加容易激活的却是概念表征，而非外语词汇，三者之间的关系如图 6.1 所示。

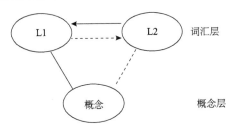

图 6.1 双语词汇层与概念层的连接强度

　　根据以上模型不难推理出：在英译汉情况下，汉语词汇激活的程度要更高，并行加工的可能性更大；而在汉译英情况下，英语得到激活的程度可能性较低。这一推论已在林洁绚等（2011）的研究中得到了部分证实。当然"心理词库非对称表征模型"只是一个较为简单的定性概括，并未涉及一些更具体的问题。例如，词汇本身的性质是否会影响译语的激活？激活过程与工作记忆有无关系？外语和母语之间的近似度对译语激活有无影响？本实验将更深入地探讨这些具体问题。

　　（4）工作记忆能力的高低

　　心理语言学的相关研究已证实，言语工作记忆对二语阅读技能具有显著的解释力（张晓东，2014）。工作记忆能力同样也影响到口译的信息加工过程，赵晨（2013）的实验研究发现，是否在读后口译任务的源语理解阶段发生译语激活，受被试工作记忆能力的制约：高容量被试的源语理解过程可以观察到并行加工，而低容量被试的并行加工现象不明显。研究者推论：对于低容量被试而言，工作记忆容量的因素成为整体任务中的主导制约因素。由于有限的工作记忆能力使被试无法兼顾理解、推理，与信息储存等多个任务，因此当理解和信息储存消耗了大部分认知资源时，已没有多少资源可以分配到译语激活上了，因而没有观察到并行加工现象。

6.1.4　对以往研究的总结

　　已有的研究得出的初步结论是，对于平衡型的双语译员而言，一定程度上的并行加工是常态。被试在处理两种有区别的语言结构时，在母语→外语翻译过程的源语理解阶段，译语的意义表征和形式特征均未被激活，即未观察到并行加工的存在。然而问题是：①如果汉→英口译过程中不出现并行加工，是否意味着译语输出时不存在语码转换现象？是否能达到释意学派提出的"脱离语言外壳"的程度？②英→

汉口译过程是否存在并行加工？未曾有研究予以证实，因此有必要为此设计实验进行进一步探索。

另外，已有的汉英语言对之前的口译加工研究，使用的材料主要包括音译词、歧义词、从句等工具，不难发现，虽然选择这些项目作为研究的"观察窗口"，可以得出比较客观的数据，但是存在的明显不足就是造成了研究的去语境化。例如，对音译词加工的研究往往脱离了真实语境，而且也不需要考虑句子的含义，这与实际口译过程的要求有较大差距。鉴于此，需要采用新的研究范式，从新的视角观察口译的加工过程，以得出更加全面的发现。

6.1.5 本章研究关注的核心问题

本章研究选用隐喻词作为观察窗口，探索口译过程中的加工方式。隐喻作为人类基本的认知工具，它的研究引起了不同学科领域学者的兴趣。语言学、心理学等诸多领域都在探索并描述其认知实质。从语言学描述上看，隐喻根据的是事物之间的相似性（束定芳，2004），隐喻所涉及的两个概念在内涵和外延有传承关系（徐盛桓，2008）。从认知的角度看，隐喻加工被看成是从一个概念域（conceptual domain）或称认知域（cognitive domain）向另一个概念域或认知域的结构映射，即从"始发域"（source domain）向"目标域"（target domain）的映射，通过跨越范畴的映射实现语义特征迁移，实现对目标域特征（即隐喻本体）的重新认识、分类及概念化（Lakoff & Johnson, 2003）。

对于隐喻加工的研究，薛锦等学者（2011）的研究发现，在隐喻理解中多个相关概念被激活后，隐喻的语义范畴由喻体的上义概念实现，喻体的上义概念受到促进作用，而相关的本义范畴则受到抑制，抑制机制将过滤掉不相关的信息。由于促进机制和抑制机制的同时存在，导致隐喻的加工不同于普通的言语加工。虽然其具体机理尚未得到明确的说明，但我们可以推断，隐喻使得对言语的理解过程更加复杂，也势必延缓信息加工的进程。

因此，本章研究将针对这一特点设计实验，观察源语理解中隐喻的加工现象，在以下几个方面进行深入探讨。

1）翻译过程中的隐喻词效应（实验4）

隐喻的存在会增加被试源语理解过程中的加工负荷，由此可以推理，源语中的隐喻会对翻译的理解过程起制约作用，表现为译者的理解速度降低。但是到目前为止尚未有相关的实证研究。因此，实验 4 将作为一个预备实验，检验隐喻词是否会减缓翻译速度，如果有减缓效应，后续实验中将把隐喻词作为判断语言转换是否发生的观察窗口。

2）加工方式与工作记忆的关系（实验 5～实验 6）

由词汇激活模型（图 6.1）可知，在英—汉口译过程中，汉语词汇激活的程度更高，存在并行加工的可能性更大。同时，口译源语理解时的工作记忆负担比一般理解时更大，假如工作记忆低的读者在阅读过程中，会进行更多局部的而且是明确具体的推理，那么高—低工作记忆组将会出现加工时间上的差异。实验 5 和实验 6 将以含隐喻词的句子为研究对象，研究工作记忆水平不同的被试其加工方式是否存在差别，进而探索加工方式与工作记忆的关系。

3）加工过程和加工结果的关系

根据以往的研究，"自动的"并行加工不影响脱离源语外壳的释意翻译（董燕萍等，2013；林洁绚等，2011），对于双语不平衡的译员（如口译学生）而言，只有过度的、有意识的并行加工才会导致语码转换，并影响翻译质量。那么我们关注的是：对于含有并行加工过程的理解环节，其翻译结果是否属于语码转换？同理，对于未观察到并行加工的理解环节，其翻译结果是否一定都属于释意翻译类型？换句话说，加工过程和加工结果之间的关系到底如何？对于这一点，需要将定量实验的数据结合第 4 章对口译语篇的定性分析，才能得出较为客观、有解释力的结论。

6.2　隐喻词效应实验（实验 4）

6.2.1　实验介绍

1. 实验假设

在本章研究中，要求被试判断隐喻词和非隐喻词的翻译是否正确，测量其反应时，观察隐喻词和非隐喻词是否在口译源语理解过程中存在差异。

实验假设是：由于隐喻词的存在，会延缓被试的源语理解过程，那么将能在反应时上得到体现。隐喻词的反应时与非隐喻词的反应时将呈现显著性差异。

2. 实验设计与材料

设计思路：以往的类似反应时实验多使用音译词，对语境依赖度较低，难以真实反映口译实际。而隐喻词对语境依赖度较高，因此在设计上必须既可以考虑到语境因素，又可以较为准确地测量被试对单个隐喻词的反应时。

因此，实验 4 采用"语境-关键词"二次呈现的方法：被试先阅读关键词空缺的句子（空缺处屏幕显示为横线），获得对句子语境的充分理解及对后续句子意义的较大程度的预期。然后，在关键词的位置上将呈现隐喻词及其翻译（或非隐喻词及其翻译）。这样"语境-关键词"的二次呈现，既能使关键词与其语境背景充分融合，确保被试获得对句子的正确理解，又可以将关键词从已经理解的语境中较好地分离出来，获得较为准确的反应时数据。

实验 4 采用 2（关键词类型：含隐喻/无隐喻）×2（翻译方向：英—汉/汉—英）因素设计，因素 1 为关键词是否属于隐喻词；因素 2 是翻译方向，测试材料包含汉—英和英—汉两个方向的翻译任务。

实验材料：共分为 2 组，一组用于汉—英方向，另一组用于英—汉方向，每组各包含 20 套题。每套题包含 1 个含隐喻句及其翻译，1 个无隐喻句及其翻译。下面以英—汉方向和汉—英方向的各一套题为例来说明实验材料。

英—汉方向：

含隐喻词	原句	Too much time has been wasted in <u>sterile</u> debate.
	翻译	在 <u>无效</u> 的辩论上已经浪费了太多时间。
无隐喻词	原句	Too much time has been wasted in <u>useless</u> debate.
	翻译	在 <u>无用</u> 的辩论上已经浪费了太多时间。

汉—英方向：

含隐喻词	原句	基于这一发明，公司正在 <u>酝酿</u> 新的项目。
	翻译	Based on this invention, the company is <u>planning</u> a new project.
无隐喻词	原句	基于这一发明，公司正在 <u>规划</u> 新的项目。
	翻译	Based on this invention, the company is <u>planning</u> a new project.

3. 实验对象

实验对象为参加过实验 2 的口译学生组，共 45 名。其中女生 39 名，男生 6 名。

均为高校翻译硕士专业（MTI）二年级学生。

4. 实验程序

为尽可能减少测试材料的次序效应，将试题按照拉丁方分为两组，随机发给被试。每名被试参加一组英—汉方向（20套题）和一组汉—英方向两部分实验，即每名被试共完成40套题，随机呈现次序。

以英译汉为例，首先，屏幕上呈现英语和汉语的语境句，但关键词及其汉语译词的对应位置均空缺，用下划线表示，如下所示：

Too much time has been wasted in ＿＿＿＿ debate.

在 ＿＿＿＿ 的辩论上已经浪费了太多时间。

被试阅读句子的时间为5000毫秒，5000毫秒后，英语句子上的横线部位出现一个注视点（"+"）作为预备信号，如下所示：

Too much time has been wasted in ＿＿+＿＿ debate.

在 ＿＿＿＿ 的辩论上已经浪费了太多时间。

1000毫秒后，注视点消失，同时注视点位置处出现关键词"sterile"，如下所示：

Too much time has been wasted in ＿sterile＿ debate.

在 ＿＿＿＿ 的辩论上已经浪费了太多时间。

500毫秒后，汉语翻译的空缺横线处出现"无效"一词，如下所示：

Too much time has been wasted in ＿sterile＿ debate.

在 ＿无效＿ 的辩论上已经浪费了太多时间。

这时，被试通过按键快速判断英语关键词"sterile"翻译得是否正确，如果是，则按"J"键，如果不是则按"F"键。试题中包含一定量的错误翻译，这样做是为了防止被试不经过认真思考就全按"F"键或全按"J"键。在本次测试的汉译英的20套题中，包含20个隐喻词翻译和20个非隐喻词翻译，其中设置了14处错误翻译；类似地，在英译汉的20个隐喻词翻译和20个非隐喻词中，设置了13处错误翻译（附录8，其中错误的翻译使用星号*标注）。

在正式测试之前，从备用材料中选择若干句，进行模拟测试，就出现的问题进行必要的解释和说明，对被试个体的错误行为及时纠正。在被试个体已确认了解测试程序之后，开始正式测试。测试完成后，数据录入计算机，利用 SPSS 统计程序进行分析。

6.2.2 实验结果与分析

被试在英—汉/汉—英两个部分的回答正确率如下：英译汉 98.80%，汉译英 97.75%，均超过 95%，因此被试的反应时数据可视为有效。实验共产生反应时数据 45×80=3600 个，其中 3 个标准差以外的极端数据 41 个，占总数据的 1.14%，应予以剔除，同时只对被试做出正确判断的反应时进行分析，表 6.1 显示了英—汉和汉—英方向的反应时数据对比。

表 6.1　实验 4 的反应时数据　　　　（单位：ms）

翻译方向	关键词类型	均值（M）	标准差（SD）
英译汉	隐喻词	1024.67	101.28
英译汉	非隐喻词	835.41	98.31
汉译英	隐喻词	1291.38	113.62
汉译英	非隐喻词	892.11	108.46

接下来，在剔除被试做出错误判断的数据和极端反应时数据后，对英译汉和汉译英两个方向的有效反应时分别进行配对样本 t 检验，对比隐喻词和非隐喻词的反应时差异。在英译汉方向（t=13.63；p=0.000）和汉译英方向（t=19.52；p=0.000）均呈现显著差异。数据显示，在翻译过程中，隐喻词的理解和转换过程比非隐喻词要慢，隐喻词的存在会显著延缓翻译的时间进程，本实验将这种延缓效应称为"隐喻词效应"。既然隐喻词效应是客观存在的，那么隐喻词的激活也应该比非隐喻词要慢，所以通过设计含有隐喻词的句子，观察其反应时上的差异，可以作为判断并行加工是否发生的依据。

6.3　口译在线加工实验（实验 5 和实验 6）

本部分包含两个实验，探讨不同翻译方向过程中的加工过程。实验 5 为汉—英翻译方向，实验 6 为英—汉方向。

6.3.1 实验介绍

1. 实验内容

实验 5 和实验 6 均使用含隐喻词的句子为研究对象，测量各个工作记忆水平的被试在"读后口译"和"读后复述"这两个不同的任务中，隐喻词的加工时间是否存在差异，进而探索加工方式与工作记忆的关系。

2. 实验假设

由于隐喻词效应会导致加工时间延长，因此对于相同的翻译方向，隐喻词的加工时间将长于非隐喻词。在其他变量条件相同的情况下，读后口译的加工时间将长于读后复述的加工时间；高工作记忆组的加工时间将短于低工作记忆组的加工时间。

3. 实验设计与材料

1）设计思路

由于确定隐喻词会导致延缓效应，而且隐喻的理解必须与上下文相结合，因此实验 5～实验 6 的设计与实验 4 相同，采用"语境-关键词"二次呈现的方法。具体做法是：先对学生呈现含有语境的句子，使其获得对语境的充分理解及句子意义的较大程度的预期，接下来在关键词的位置上呈现隐喻词或非隐喻词。

实验 5 和实验 6 均采用包含隐喻词的复合句结构作为测试材料。本实验属于三因素混合设计：2（句子类型：含隐喻/无隐喻）×2（工作记忆水平：高/低）×2（任务：复述/口译）。

2）实验材料

实验 5 和实验 6 的测试材料均包含 40 套题，每套题包含一对句子，即一个实验句和一个控制句。实验句和控制句的结构相同，都包括一个"语境部分"和一个"关键句部分"，其中，实验句的关键句部分含有隐喻词，而控制句的关键句则不含隐喻词。就内容而言，两者的语境部分内容相同，而关键句内容可能相同，也可能不相同，但字数或词数保持一致。下面以实验 5（汉—英方向）和实验 6（英—汉方向）的各一套题为例来说明实验材料。

实验 5　汉—英方向实验材料示例

句子类型	语境部分	关键句部分
实验句	由于反腐工作的开展，	很多贪官 落马。（隐喻词）
控制句	由于反腐工作的开展，	很多贪官 被抓。（非隐喻词）

实验 6　英—汉方向实验材料示例

句子类型	语境部分	关键句部分
实验句	Innovation is very important in that	it catalyzes economic growth.（隐喻词）
控制句	Innovation is very important in that	it accelerates the economic growth.（非隐喻词）

测试材料设计完毕后，将 40 套题按照拉丁方平衡分配为两组，以平衡任务次序效应。其中一组用于"读后复述"任务，另一组用于"读后口译"任务。每组各包括 20 套题。

4. 实验对象

反应时研究的对象与实验 4 相同。在实验 2 中 45 名被试分组情况为：高工作记忆组（H 组）19 人，低工作记忆组（L 组）26 人。

5. 实验程序

（1）实验程序用 E -prime 2.0 编写。先进行实验 5，再执行实验 6。每个实验中，先实施读后复述任务，再实施读后口译任务。每名受试单独进行实验，实验时间约 20～30 分钟，被试获得少许报酬。

（2）实验开始时，屏幕首先呈现"语境部分"，以及一组提示符"——"，每个提示符代表后面的"关键句部分"的一个词或词组。被试尽快阅读完"语境部分"，按下鼠标左键，"语境部分"消失（如果被试没有及时按键，"语境部分"最多停留 3000 毫秒后自动消失），同时第一个提示符被一个词或者词组替代。再次按下鼠标左键，该词或词组消失并由提示符取代，同时下一个词或词组出现。这样依次按键，模拟口译过程中源语的线性输入过程。被试相邻两次按键动作的时间间隔即为被试对该词的反应时，因此称为"自定步速阅读"。如果被试没有及时按键，每个词或词组最多停留 2000 毫秒后自动消失，同时下一个词出现，电脑将该词的反应时记为 0。被试依次按键逐词（组）阅读直到句子结束。然后，屏幕上呈现"请复述"或"请翻译"的提示，随即有 30 秒的时间完成句子复述或句子口译。30 秒后，系统自动进入到下一轮实验，如果被试 30 秒内提前完成任务，可按空格键进入下一轮。

在实验 5 中，被试阅读汉语句子时，句子以单词或短语逐个呈现，词汇或短语划分按照常规的汉语句法切分方法。每个词包含 2～4 个汉字，但是所有的隐喻词和非隐喻词均为两个汉字。在实验 6 中，英语句子的词汇按照句子内部空格自然划分。

（3）正式实验开始前，被试完成 3～5 个练习句，熟悉程序后进入正式实验。

6.3.2 实验 5 的结果与分析

1. 任务质量分析

在分析反应时之前，必须先对被试的翻译质量进行评价，以确认被试认真、准确地完成预定任务。45 名被试全部都完成了复述和口译任务，共生成 3600 个句子。由两名英语教师使用五分量表对被试的复述和口译质量进行评分（1 分表示最差；5 分表示最好；3 分表示及格），复述任务和翻译任务的成绩统计如表 6.2 所示。

表 6.2　实验 5 的任务质量统计评分　（单位：分）

任务类型	句子类型	均值（M）	最大值（Max）	最小值（Min）	标准差（SD）
复述	隐喻句	4.85	4.96	4.68	0.17
	非隐喻句	4.83	4.97	4.54	0.19
翻译	隐喻句	3.92	4.46	2.59	0.42
	非隐喻句	4.12	4.61	2.71	0.35

在任务质量评价中发现：2 名被试（均为低工作记忆组）在翻译环节的平均得分为 2.66 和 2.62，低于 3 分，因此应予以剔除，余下的 43 名被试的成绩进入反应时分析，其中 H 组 19 名，L 组 24 名。从表 6.2 可以看出，复述任务的成绩显著高于翻译任务，这一点很容易理解，因为实验 5 以汉语为实验材料，而复述汉语句子的难度显然低于执行汉译英翻译任务的难度。

2. 反应时分析

在剔除 2 名被试的无效数据之后，实验共产生有效反应时数据 3440 个，其中 3 个标准差以外的极端数据 39 个，占总数据的 1.13%，应予以剔除，同时只对被试做出正确判断的反应时进行分析，所有被试的反应时数据对比分析如表 6.3 所示。

表 6.3 实验 5 的反应时统计 （单位：ms）

组别	读后复述				读后口译			
	隐喻词		非隐喻词		隐喻词		非隐喻词	
	均值（M）	标准差（SD）	均值（M）	标准差（SD）	均值（M）	标准差（SD）	均值（M）	标准差（SD）
H 组	590	181	573	140	608	212	591	159
L 组	611	244	596	172	726	278	613	193

从表 6.3 的数据可以看出，无论是何种任务或何种句子类型，L 组的反应时均值总是长于 H 组；结合图 6.2 和图 6.3 可以看出：①无论是 H 组还是 L 组，读后口译需要的反应时总是长于同等条件下的读后复述反应时；②无论是执行何种任务，隐喻词的平均反应时均长于非隐喻词的平均反应时。

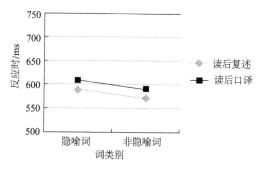

图 6.2 实验 5 中 H 组反应时

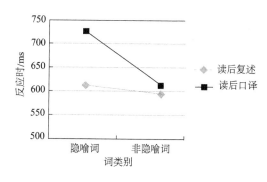

图 6.3 实验 5 中 L 组反应时

接下来，对数据进行以被试为随机变量的方差分析（F1）和以项目为随机变量的方差分析（F2）。首先分析高工作记忆组（H 组），二元方差分析（任务类型 × 句子类型）显示，二者交互作用不显著：$F1_{(1, 17)}=0.832$，$p=0.781>0.05$，$F2_{(1, 38)}=0.597$，

p=0.192>0.05。因素间交互作用不显著说明各因素之间在影响反应时上没有相互作用，因此只需要分析各因素的主效应（main effect）。对于 H 组来说，句子类型主效应不显著：$F1$（1，17）=2.533，p=0.098>0.05，$F2$（1,38）=3.917，p=0.218>0.05。任务主效应不显著：$F1$（1，17）=1.082，p=0.394>0.05，$F2$（1，38）=3.816，p=0.569>0.05。

对于低工作记忆组（L 组）进行分析，二元方差分析（任务类型×句子类型）显示二者交互作用显著：$F1$（1，22）=3.112，p=0.001<0.05，$F2$（1，38）=2.415，p=0.000<0.05。因素间交互作用显著说明各因素之间在影响反应时上有相互作用，因此进一步的分析需要区分不同的句子类型和任务类型。首先分析句子类型，就非隐喻词而言，配对样本 t 检验显示读后口译与读后复述在反应时上无显著差异，t（22）=3.719，p=0.188>0.05；就隐喻词而言，配对样本 t 检验显示读后口译与读后复述的反应时差异显著，t（22）=4.106，p=0.001<0.05。接下来分析任务类型，就读后复述而言，配对样本 t 检验显示隐喻词与非隐喻词在反应时上无显著差异，t（22）=1.027，p=0.329>0.05；就读后口译而言，配对样本 t 检验显示隐喻词与非隐喻词在反应时上存在显著差异，t（22）=3.151，p=0.000<0.05。

实验 5 发现 H 组和 L 组在任务效应上有所区别，对于 H 组而言，任务主效应不显著，说明对于相同的句子类型而言，不同的任务类型未发现反应时的显著差异。也就是说，无论是隐喻词还是非隐喻词，读后口译的反应时并没有显著高于读后复述的反应时。而在 L 组中则发现部分任务效应，但只限于含有隐喻词的情况，即 L 组被试在加工隐喻词时，读后口译的时间会显著高于读后复述的时间，而加工非隐喻词的时间则不呈现显著差异。

6.3.3 高低组的加工质量比较

高低两组在加工汉—英方向的非隐喻词时均未出现译语激活现象，其差异在于汉—英方向的隐喻词加工：H 组未出现激活现象，而 L 组出现了译语词汇激活现象。因此针对读后口译任务，进一步比较不同的加工过程和加工质量的关系。表 6.4 显示的是实验 5 的隐喻句的读后口译任务质量评分。

表 6.4 实验 5 的隐喻句读后口译任务质量

测试项目	高工作记忆组（H_{19}）	低工作记忆组（L_{24}）	t（df）/Sig .2-tailed
成绩（$M\pm SD$）	3.931±0.276	3.917±0.381	3.337（41）/0.254
t（df）/Sig. 2-tailed	2.062（17）/0.213	4.271（22）/0.188	

表 6.4 显示，高低两组的汉—英隐喻句读后口译成绩相差不明显，H 组的平均分
（3.931）比 L 组的平均分（3.917）高出 0.36%，独立样本 t 检验不呈现显著性差异
（$p=0.254>0.05$）。

6.3.4 实验 6 的结果与分析

1. 任务质量分析

与实验 5 的步骤相同，首先需进行任务质量评价。45 名被试全部都完成了复述和
口译，共生成 3600 个句子。使用五分量表对被试的复述和口译质量进行评分，成绩
统计如表 6.5 所示。

表 6.5 实验 6 的任务质量统计评分 （单位：分）

任务类型	句子类型	均值（M）	最大值（Max）	最小值（Min）	标准差（SD）
复述	隐喻句	4.47	4.88	3.62	0.20
	非隐喻句	4.64	4.90	3.58	0.15
翻译	隐喻句	4.41	4.93	3.69	0.32
	非隐喻句	4.68	4.96	4.01	0.25

在实验 6 以英语句子为材料时，无论是复述任务还是翻译任务，非隐喻句
的得分均略高于隐喻句的得分。此外，所有被试个人平均分均高于 3 分，因此
45 名被试的成绩均全部进入反应时统计分析，其中 H 组 19 名，L 组 26 名。

2. 反应时分析

实验共产生反应时数据 3600 个，其中 3 个标准差以外的极端数据 58 个，占总数
据的 1.61%，也应予以剔除，同时只对被试做出正确判断的反应时进行分析，所有被
试的反应时数据对比分析如表 6.6 所示。

表 6.6 实验 6 的反应时统计数据 （单位：ms）

组别	读后复述				读后口译			
	隐喻词		非隐喻词		隐喻词		非隐喻词	
	均值（M）	标准差（SD）	均值（M）	标准差（SD）	均值（M）	标准差（SD）	均值（M）	标准差（SD）
H 组	929	219	803	192	981	201	821	194
L 组	1136	303	964	288	1356	316	1198	312

表 6.6 的数据显示，无论是何种任务或何种句子类型，L 组的反应时均值总是长于 H 组；结合图 6.4 和图 6.5 可以看出：①无论是 H 组还是 L 组，读后口译需要的反应时总是长于同等条件下的读后复述反应时；②无论是执行何种任务，隐喻词的平均反应时也总是长于非隐喻词的平均反应时。

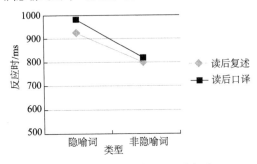

图 6.4 实验 6 中 H 组反应时

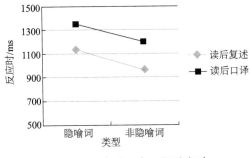

图 6.5 实验 6 中 L 组反应时

接下来，对数据进行以被试为随机变量的方差分析（$F1$）和以项目为随机变量的方差分析（$F2$）。对高工作记忆组（H 组）来说，二元方差分析（任务类型×句子类型）显示，二者交互作用显著：$F1(1, 17)=1.928$，$p=0.011<0.05$，$F2(1, 38)=3.391$，$p=0.001<0.05$。就非隐喻词而言，配对样本 t 检验显示读后口译与读后复述在反应时上无显著差异，$t(17)=1.695$，$p=0.085>0.05$；就隐喻词而言，配对样本 t 检验显示读后口译与读后复述的反应时差异显著，$t(17)=4.902$，$p=0.000<0.05$。

对于低工作记忆组（L 组）进行分析，二元方差分析（任务类型×句子类型）显示二者交互作用显著：$F1(1, 24)=2.661$，$p=0.003<0.05$，$F2(1, 38)=1.437$，$p=0.000<0.05$。进一步的分析发现，非隐喻词和隐喻词在读后口译与读后复述的反应时上均呈现显著差异。非隐喻词：$t(24)=4.993$，$p=0.000<0.05$；隐喻词：$t(24)=6.196$，$p=0.000<0.05$。

实验 6 中在 H 组和 L 组均发现了隐喻词效应，句子类型对反应时有显著影响，含隐喻词的句子，无论是读后复述还是读后口译，其反应时均显著长于无隐喻词的句子。同时，H 组和 L 组在任务效应上有所区别，对于 L 组而言任务效应普遍存在，即无论是隐喻词还是非隐喻词，读后口译的反应时均显著高于读后复述的反应时。但对 H 组而言，任务效应只限于含有隐喻词的情况。

3. 高低组的加工质量比较

本实验中，高低两组在加工隐喻词时均出现译语激活现象，其差异在于非隐喻词加工：H 组未出现激活现象，而 L 组出现译语词汇激活现象。因此针对读后口译任务，进一步比较不同的加工过程和加工质量的关系。表 6.7 显示的是实验 6 的非隐喻句的读后口译任务质量评分。

表 6.7　实验 6 的非隐喻句读后口译任务质量

测试项目	高工作记忆组（H_{19}）	低工作记忆组（L_{26}）	t（df）/Sig. 2-tailed
成绩（$M\pm SD$）	4.865±0.317	4.545±0.425	2.492（43）/0.008
t（df）/Sig. 2-tailed	3.540（17）/0.704	5.083（24）/0.596	

高（H）-低（L）两组的英—汉方向非隐喻句读后口译成绩差别较大，H 组的平均分（4.865）比 L 组的平均分（4.545）高出 7.04%，独立样本 t 检验呈现显著性差异（$p=0.008<0.05$）。

6.4　对反应时实验的讨论

实验 5 和实验 6 使用隐喻词的反应时作为观察窗口，研究口译过程中的加工过程，探讨工作记忆能力、口译语言方向与加工过程的关系。其中实验 5 观察的是汉—英翻译过程，实验 6 关注的是英—汉翻译过程。首先，本章关注的"加工"指的是对以词为单位的，实时、在线的信息处理过程，具体来说，就是观察这个词是否在源语理解的过程中激活了对应的译语。本章采用"自定步速阅读"的途径，作为判断隐喻词是否被激活的标准，就是比较在"读后口译"任务中的加工时间是否显著长于"读后复述"任务中的阅读时间。接下来，从加工方式与翻译方向、加工方式与工作记忆的关系的角度，并结合隐喻的理解机制，对实验 5 和实验 6 的结果做一综合分析。

6.4.1　加工与翻译方向的关系

实验 5 和实验 6 分别观察不同翻译方向时词汇的在线加工情况,综合比较发现(表 6.8):汉—英翻译过程比英—汉翻译过程更少地出现译语对应词激活的现象(符号"+" 表示激活;"—"表示未激活)。

表 6.8　不同翻译方向的译语激活情况

组别	汉—英翻译		英—汉翻译	
	隐喻词	非隐喻词	隐喻词	非隐喻词
H组	-	—	+	-
L组	+	—	+	+

从两个被试组对于不同任务的执行情况来看,汉—英方向只在 L 组处理隐喻词时出现了译语对应词激活现象,而英—汉方向除了 H 组在加工非隐喻词以外,其他三种条件下均出现激活的情况。根据前述的实验机理,当读后口译的反应时显著长于读后复述时,是因为被试在理解过程中激活了源语单词所对应的译语翻译,也就意味着出现了词汇层面的并行加工现象。

不同的翻译方向的词汇激活,可以从"心理词库非对称表征模型"(Kroll & Steward,1994)来解释(图 6.1)。心理语言学将外语学习者分为"并列型双语者"和"复合型双语者",一般认为,我国高校英语专业的学生由于均为在国内单一环境中学会外语,可以视为普遍意义上的合成型双语者。已有的研究发现(例如 Miller & Kroll, 2002;Macizo & Bajo,2004),对合成型双语者而言,在词汇层次,外语词汇更容易与其对应的母语翻译相联系,而母语词汇与其外语的翻译词联系则较弱;在概念语义层次,母语词汇与其意义的连接强度更大,而外语词汇与其意义的连接相对较弱。也就是说,合成型双语者在加工外语词汇时,更加容易激活母语词汇;加工母语词汇时更加容易激活的是概念表征,而非外语词汇。就本实验而言,在外语→母语的翻译过程中,被试更易产生激活母语词汇的并行加工现象,而在母语→外语翻译时,相比母语直接激活外语而言,由母语→概念→外语的串行加工程度更大,换句话说,并行加工的程度要小。本实验证实了由于语言方向不同在非平衡双语译员身上可能引起的并行加工的非对称性。

表 6.3 和表 6.6 显示出不同翻译方向的反应时差异,这一点既符合日常言语理解的直觉(即对母语的理解总是要快于对外语的理解),也可以根据"心理词库非对称

表征模型"予以推理。从加工速度上来看。心理语言学研究发现（桂诗春，2000）：人类加工母语信息和外语信息时，在感知、理解、存储、提取等认知环节上均表现出较大的差异。对母语的理解与存储更多地反映在语义层面上，更多地会借助语境因素和副语言信息来确定语言形式的意义并随时加以修正，从而形成对语言形式所负载的语用意义与交际意图的准确把握。而对外语的理解与存储则更多地体现在语言的表层形式和字面意义上，相对母语理解而言，外语理解时往往较少注意语境因素对语言形式所负载的意义的确定和限制作用。这种连接强度的差异体现在口译理解过程就是：在汉—英翻译时，由于母语词汇直接与概念意义产生联系，同时借助语用信息的帮助，听者能更快地启动认知资源进行概念配比，因此源语理解过程速度很快。而英—汉翻译中，更多的认知资源分配在对英语语言形式要素的辨认及对信息内容的理解和分析上，由于要经过"英语→汉语→概念"两阶段转换过程，同时又不能像母语理解那样得到语境信息的支持，因此源语理解速度相对汉—英过程要慢。这一时间差异在实验 5 和实验 6 中得到了印证，在其他因素（工作记忆组别和加工词汇类型）相同的情况下，对于读后口译任务，汉—英方向的反应时均值均显著低于英—汉方向的对应反应时。反应时的快慢直接显示了源语理解过程的快慢，也就是信息加工的速度。

译语激活与翻译方向的关系，可以通过 Green（1998）提出的"抑制控制模型"（Inhibitory Control Model，简称 IC 模型）予以进一步解释。IC 模型是基于工作记忆的双层控制系统，即以注意监管系统（Supervisory Attention System, SAS）与语言任务图式（Language Task Schemas）来实现。根据 Baddeley（2006）对 SAS 的论述，注意监管系统相当于工作记忆模型中的中央执行系统（Central Executive System）。具体来说，注意监管系统调整语言任务图式的激活程度，抑制与任务无关的图式，保证激活的图式符合任务要求。语言任务图式的功能是核查词注的语言标签（Language Tags），抑制不匹配的非目标语言的词目，保证目标语言的词汇生成。有效的双语控制与工作记忆的运作密切相关，并且需要足够的认知资源（Green，1998），而这些起抑制作用的认知资源主要是工作记忆资源（Engle et al.，1995），也就是说，工作记忆的个体差异会影响词汇层面的双语控制。对于不平衡的双语者而言，比如中国英语学习者，汉语是他们的日常语言，较容易激活并且较难抑制，而英语的使用相对较少，相对而言较难激活也较容易抑制。所以在本实验中，激活英—汉翻译方向的译语（L1）需要消耗的工作记忆资源更少，激活阈值更低，译语激活相对于汉—英方向也更加容易（表 6.8）。

值得注意的是，本章的发现与以往的类似实验结果并不吻合，例如，De Bot（2000）对同声传译过程的研究显示，A 语→B 语同传中译语产出速度与源语接收之间的时间间隔（Ear-Voice Span，EVS）要长于 B 语→A 语同传时的 EVS，也就是说母语到外语的口译反应时更长。但我们必须注意，该实验针对的同声传译的研究对象是高水平的职业译员，其 B 语理解的综合能力与认知记忆水平远超本章研究中的口译学生，况且同声传译的认知过程与交替传译仍存在较大区别，因此得出不一样的实验结论完全正常。本章也从一个侧面显示出：不同的实验路径，针对不同的被试群体，往往会得到并不一致的结果，充分说明了口译研究的复杂性和多维度特色。研究者在实验设计时需要考虑各种影响因素，并且对实验结果的适用性和局限性保持清醒的认识。

6.4.2　加工方式与加工结果的关系

虽然汉—英方向的加工速度更快，且较少出现并行加工现象，但是信息的加工速度和加工方式并不能单方面决定最终加工结果质量的高低。比较实验 5 和实验 6 的翻译质量评分发现，汉—英方向隐喻句和非隐喻句的翻译任务质量平均分别为 3.92 和 4.12，而英—汉方向相应的翻译任务质量平均分分别为 4.41 和 4.68，英—汉方向的翻译质量明显高于汉—英方向。这一反差可以从两个方面来解释，第一，译语的激活不一定会导致译语最终被选择。本章认为，口译源语理解中，词汇的激活是一种自动地、无意识地心理加工，而译语的最终选择则是一种经过认知加工和意识努力后的产物。根据董燕萍等学者（2013）的观点，译语词汇或者结构被激活不等于被选择，只要没有被选择，就不存在语码转换现象。第二，本项研究是以隐喻词作为观察对象来判断信息加工的方式的，当读后口译的时间显著超过读后复述时，可以判定该词在翻译理解的过程中出现了译语的激活，即词汇并行加工现象。但问题是，单个词汇的激活只能代表局部性的词汇加工方式，而不能说明整个篇章的加工情形。以往的研究（如 Elston-Güttler & Friederici，2005）也发现，高水平的外语学习者能够在句子语境中自动加工词汇的多层含义，并能够迅速排除和语境不一致的词义，最终完成句子意义的整合。

因此，虽然英—汉翻译过程中的词汇加工时间较长，且词汇层面并行加工的几率更大，也就是说，出现"词汇转码"的情形更普遍，但激活的词汇未必会在译语中被选择，而且句子的整体翻译质量也不能简单地以词汇层面的加工方式来判断。据此可以得出结论：词汇和概念的连接强度不仅影响加工速度，也决定了加工方式，但不能以此决定加工的结果。

6.4.3　加工方式与材料特征的关系

本章使用隐喻词作为测量反应时的材料，隐喻理解的机制有其独特的认知过程，因而长期成为语言心理研究的显学。在本实验中需要探讨的是两个问题：一是隐喻词和非隐喻词的理解过程的差异；二是母语隐喻和外语隐喻的理解过程的差异。

1. 隐喻词与非隐喻词的加工区别

实验 5 和实验 6 的结果均体现了隐喻词和非隐喻词在加工结果和加工过程上的区分。就加工结果而言，隐喻句的翻译质量平均分在实验 5（3.92）和实验 6（4.41）中均低于非隐喻句（实验 5：4.12；实验 6：4.68）。就加工过程而言，实验 5 中 L 组的隐喻词（读后口译）的加工时间显著高于非隐喻词，即出现隐喻词效应；而实验 6 中 L 组和 H 组被试均出现隐喻词效应。由此可见，口译中隐喻词出现并行加工的可能性高于非隐喻词，而加工质量则低于非隐喻词。

迄今为止，隐喻机理研究中影响最大的两大学说分别是 Lakoff 和 Johnson（2003）的两个认知域投射的假说和 Fauconnier 和 Turner（1998）的心理空间合成假说。此外，也有学者提出了隐喻认知过程中的"激活-抑制"模型，如 Keysar（1994）提出，隐喻理解时，喻体的字面意义和比喻意义同时得到激活，听话者根据语境决定按何种意义理解，而对于不当意义的激活则可通过排除（elimination）作用进行抑制。类似地，Gernsbacher 等（2001）认为，隐喻的喻体体现的是其上义范畴（或比喻意义）而非本义范畴（或字面意义），在理解过程中，喻体上义范畴（或比喻意义）要受到强化，而本义范畴（或字面意义）要受到抑制。

对于隐喻的翻译问题，Mandelblit（1995）指出，隐喻的翻译速度，取决于源语和译语之间映射条件是否相同，如果映射条件相同，翻译时花费的时间就少，步骤相对简单；而当映射条件不同时，译者就有可能需要在不同的翻译策略之间权衡，如到底是将隐喻翻译成明喻，还是采用释意法、加注法或是完全删除，因而消耗的时间就多。这一点可以解释隐喻词加工耗时更长，同时由于在加工过程中经历了映射条件匹配和策略选择等环节，译语选择也变得更为多元，因而造成隐喻词的平均加工质量低于非隐喻词。

2. 母语隐喻和外语隐喻的加工区别

本章研究中虽然发现了隐喻词效应，但在实验 5 和实验 6 中的表现并不完全一致。当使用汉语为材料时（实验 5），只有 L 组的隐喻词（读后口译）的加工时间显著高于非隐喻词，而当使用英语材料时（实验 6），L 组和 H 组被试均出现隐喻词效应。既然 L 组在加工两种语言的隐喻词时均出现了并行加工现象，那么分析的重点就转到 H 组，即高工作记忆组在加工母语隐喻时的认知机制是否与在加工外语隐喻时有所不同？这一问题既涉及来自工作记忆的影响因素（6.4.4），也源于母语隐喻和外语隐喻的认知机理可能存在差异。迄今为止，尚未见到专门针对母语隐喻和外语隐喻的比较研究，但一些类似的研究（如 Macizo & Bajo，2004）显示，即使是对于外语水平很高的专业译员，母语理解也比外语理解更容易实现概念整合和意义推理。同时，只有在进行"母语—外语"的读后口译任务时，被试才能借助语用知识促进源语理解。在实验 5 中发现，高工作记忆组在处理汉语隐喻词时未出现激活译语词汇的行为，说明被试可能在理解时将隐喻词的字面意思和所在语境进行了词义的提取、推理和概念整合，形成了对包括隐喻词在内的整个句子意思的完整把握。这种概念整合在外语理解时相对难以实现，因而导致 H 组被试在实验 6 中出现了译语激活现象。

从工作记忆的抑制资源也可以解释加工母语隐喻词和外语隐喻词的差异。如前所述，个体的工作记忆容量差异，导致其能用于抑制的资源的不同。在对抑制资源需求较多的任务中，高广度个体比低广度个体在抑制控制方面更加高效。体现在翻译方面就是：对不平衡双语者而言，L1—L2 的翻译难于 L2—L1 方向的翻译（Kroll & Steward，1994），因此在较难的 L1—L2 翻译任务中工作记忆效应可能更加明显。就本实验而言，在汉—英翻译方向加工隐喻词（L1）时，高低工作记忆组之间可以观察到反应时上的显著差异，因为工作记忆较高的被试能够实现更有效的抑制控制。而英—汉方向加工隐喻词（L2）时，激活 L1 心理词库需要的认知资源相对更少，激活阈值较低，H 组与 L 组均观察到译语激活现象。

6.4.4　加工与工作记忆能力的关系

已有的工作记忆容量理论认为，工作记忆容量差异导致个体能用于认知活动的资源不同，于是个体间在信息处理速度和准确性上存在差异（Just & Carpenter，1992）。Baddeley（1986）指出，语言理解依靠工作记忆。工作记忆的容量不仅影响短时记忆里存储信息的时间,也影响在长时记忆里检索已有信息的处理速度。相关研究也证实:工作记忆容量大的学习者,在阅读过程中储存的信息更多,处理信息的速度也更快(马拯和王同顺,2011)。就本实验而言,在每个任务上 H 组的平均反应时均显著低于 L 组(表 6.3;表 6.6),就能够体现出工作记忆容量因素对阅读速度的影响。

实验 5 和实验 6 发现,在翻译过程中是否激活译语词汇,不仅取决于词汇本身的属性,而且与译者的工作记忆能力相关。高工作记忆被试组(H)只在加工英语隐喻词时出现激活现象,而低工作记忆组(L)对于母语和外语都出现了激活现象。整体看来,L 组比 H 组更易出现词汇的并行加工。同时,如表 6.8 所示,高低两组在加工汉—英方向(实验 5)的非隐喻词和英—汉方向(实验 6)的隐喻词时的激活情况相同,其差异在于汉—英方向的隐喻词加工和英—汉方向的非隐喻词加工:在这两种情形下,H 组未出现激活现象,而 L 组出现词汇激活现象。进一步比较不同的加工过程和加工质量的关系发现,两组在汉—英方向的隐喻句读后口译任务质量上无显著差异(表 6.4),而在英—汉方向的非隐喻句读后口译的任务质量呈现显著差异(表 6.7)。

对于信息加工与工作记忆能力的关系,可以从源语理解的机制和工作记忆的功能这两个方面来分析。根据源语理解的"激活—抑制"机制,无论是母语还是外语的理解过程,都不可避免地会激活并产生一些无关信息,这可能是因为外部刺激的干扰(如在嘈杂的环境中阅读),也可能是内部认知过程的产物,(如某些歧义词句会给理解过程带来困扰)。心理学家认为,人脑应该有一种特殊的认知机制能主动抑制或阻止这些无关信息的激活和干扰,但总体上又不损害其他必要的认知加工,这种机制就是抑制机制(suppression mechanism)。抑制机制既是一般性认知机制,同时也在语言理解过程中起重要作用。从工作记忆的功能方面来看,工作记忆的有限资源不仅用于源语信息加工任务,而且还用于暂时存储这些任务的加工结果。如果一个任务有较高的存储加工要求,便很难同时执行这两个功能(Daneman & Carpenter,1980)。

将这两方面结合起来分析:根据 Hasher 和 Zacks(1988)的抑制和工作记忆容量理论,工作记忆运转效率极大地影响语言理解,而工作记忆本身又受抑制机制的制约。抑制机制对工作记忆的影响主要体现在监控其容量方面,可概括为以下几点:首先,抑制机制只允许与理解目标指向一致的信息进入工作记忆,同时阻止与理解目标指向有冲突的信息进入;其次,如果已有无关信息进入工作记忆,抑制机制就快速压制其在长时记忆中相关内容的激活;同时,抑制机制还防止注意资源被分配给先前已遗弃的信息,从而使注意力有选择性地保持在当前指向中。可见,在语言理解过程中,抑制机制能最大限度地防止对无关信息的加工，保证有限的资源被工作记忆有效利用，从而保证理解加工顺利进行。对于这一问题，词汇歧义研究给我们提供了一定的佐证。Whitney 等（1991）学者使用歧义句作为实验材料，发现高工作记忆被试倾向于在语篇末尾对歧义词进行推理，而低工作记忆的被试则倾向于在语篇阅读的过程中就开始推理。对于语篇中的歧义部分，高工作记忆被试倾向于做出一般的、较浅层次的推理，使解释保持开放性；而低工作记忆被试往往做出较为具体的思考，对语篇中的歧义部分做出肯定的理解，这是因为同时保持较多的信息在工作记忆中的难度较大。类似地，赵晨和董燕萍（2009）探讨了中国英语学习者在句子语境中对英语歧义词与语境一致词义的激活和与语境不一致词义的抑制过程。结果发现：①高水平被试的歧义消解过程是自动的，而低水平被试是受控的；②高水平被试对无关信息的抑制能力强于低水平被试。实验说明，高水平被试自动激活了歧义词的两个词义，但很快就抑制了不相关的词义，这个过程不影响句子意义的理解。以上两个歧义词的实验结果对本章研究的启示在于：在口译源语理解过程中，自动激活相关的译语词汇对于高水平被试（译语流利程度高）而言可能是不可避免的，而且并不影响源语的理解。而对于低水平被试（译语流利程度低），译语被自动激活的可能性很小；在这种情况下，源语的理解不成问题，但译语的表达将很困难。如果其他原因导致被试去激活不流利的译语，那么这个过程就可能需要消耗相当多的认知资源，从而影响源语理解，进而影响翻译的质量，产出不连贯的翻译片段，也是导致语码转换现象的重要内因。

根据前人实验研究的结论，以及实验 5 和实验 6 的结果，本章认为，隐喻的理解过程涉及激活机制和抑制机制这一双重认知模块，且各自独立运作，其对工作记忆资源的占用是一个"叠加"的过程。在口译过程中，较低的工作记忆容量无法满足源源不断到来的源语信息的"激活–抑制"需要，由于译语词汇储存在长时记忆系统中，不占用工作记忆资源，那么，将译语词汇激活，就相当于将该部分信息放在长时记忆中代为储存。因此，作为一种应对措施，将理解后的隐喻词汇迅速在译语中激活这一行为就不难理解了，从实验反应时上表现为读后口译的时间显著长于读后复述的时间。相比之下，拥有较高工作记忆的被试能够将隐喻词被激活的上义概念和本体概念同时储存，并能够等到句子结束时再根据语境意义对无关信息进行抑制，从而表现为较少的激活译语的行为。结合对加工质量的分析，工作记忆因素可能对英—汉翻译过程的影响更为明显，在接收外语输入时，较高的工作记忆能力不仅能够对信息进行较为完整地摄入、分析和整合，而且能够在译语输出时起到有效的调节和监控作用，从而使其信息加工质量整体优于低工作记忆组。但在母语—外语的过程中（实验5），工作记忆的影响因素则不那么明显，L组被试即使出现了译语的激活，也不能因此说明其激活的词汇在译语输出中被选择，相应的其他因素如加工材料的难度可能对母语—外语的加工结果的影响更大。当然，源语理解时激活译语词汇（并行加工），或者理解完成后再进行转换（串行加工）都是自然而然的、无意识的心理过程，这一点从第3章的问卷调查中也得到了验证。同时，在口译教学实践中也发现，随着工作记忆能力的提高，学习者并行加工的比例会逐渐下降，串行加工方式会逐渐成为主导的加工方式。

综上分析，本章的研究证实了在本书开篇第1章中的"非对称有限并行"加工模式的存在，并对该模型的运作特征做了进一步的探讨。所谓非对称，就是指在"英—汉"和"汉—英"两个方向上的并行加工程度有所差异，英—汉方向比汉—英方向出现更多的并行加工；同时，工作记忆能力较低的译者也会出现更多的并行加工。所谓"有限"，一是指并行加工的层面有限，较多地集中在词汇层面，出现在句法层面的并行加工较少；二是指并行加工的范围有限，在对工作记忆较为"敏感"的词汇项目上（如隐喻词）才更易出现并行加工；三是指并行加工的影响有限，并行加工描述的只是口译的实时思维过程，更精确地说，主要是影响源语理解的开始到概念合成之前这一阶段的认知过程，而不能影响译语产出这一阶段，也不能影响最终的翻译结果。

6.5　本章小结

根据在本章所进行的相关实验研究结论，现将本章中对于口译信息加工过程的实验性研究总结做如下分析。

首先，各项实验研究都基本证明了原假设，以较为客观的数据从不同层面、不同角度对口译过程中的源语加工做了较为全面而深入的描述与分析。本章通过实验4发现了隐喻词效应，由于隐喻词的存在，会延缓被试的源语理解过程，在反应时上可以发现，同等条件下隐喻词的加工时间显著长于非隐喻词。本实验说明，隐喻词和以往类似研究中采用的同源词或音译词一样，也可以用来进行反应时实验的设计，而且有其特有的优势。我们知道，同源词只出现在同一语系的欧洲语言之间，不适用于英语和汉语这样差别很大的语言对。音译词虽然有促进理解效应的作用，但真实口译中出现音译词的情形不多，而且音译词只是机械的"音-词"匹配，并未体现词汇的意义功能。相比之下，隐喻词在语言交际中出现的频率更高，而且隐喻所包含的丰富的语义表征和语用功能，使其能更好地体现口译过程的交际属性和传意功能。因此，采用隐喻词作为观察词汇激活的窗口是本章研究的一项创新，也使对于口译过程进行的实验研究更趋生态化。

其次，本章研究通过实验 5 和实验 6 观察词汇激活效应，实验发现：整体来看，口译过程中译语词汇是否得到激活受多重因素影响，主要取决于翻译方向、加工材料和工作记忆能力水平。具体来说：①从翻译方向的角度分析，英—汉翻译过程中词汇加工时间显著长于汉—英翻译过程，且词汇并行加工的程度更高。此外，英—汉方向的翻译质量整体上也高于汉—英方向翻译的质量。②从加工材料来看，被试在加工隐喻词时会更多地出现译语激活现象。③从工作记忆的角度来看，拥有较高工作记忆的被试呈现较少的激活译语的行为，一般仅在外语—母语的翻译过程中出现；而较低工作记忆的被试则可能在外语—母语和母语—外语两个方向上都出现译语激活现象。其整体加工质量也优于低工作记忆组。④从加工方式和加工结果的关系来看，并行加工的程度只能体现源语理解过程的速度，而不能据此决定翻译成果质量的高低。但同时也发现，相对于低工作记忆组而言，高工作记忆组在英—汉翻译过程中对于非隐喻词未出现并行加工现象，其加工质量也更优，说明较高的工作记忆能力对信息的整合和转化能够起到更好的监控和调节作用，从而能够实现更好的翻译效果。同时也确认了口译过程中的"非对称有限并行"加工模式的存在。工作记忆广度的个体差异确实影响词汇层面的语言控制。这一结果丰富了现有的双语心理词库研究文献，同时对探讨工作记忆与双语词汇处理的关系也有一定启示。

本章除了使用隐喻词作为测试材料外，还在实验设计上对被试的工作记忆能力和口译方向做了区分，以求尽可能描写口译过程中源语加工的全貌。但由于口译实验研究本身的复杂性，在实验设计上仍存在一些不足。例如，在使用隐喻词作加工材料时，由于缺乏以往的研究成果借鉴，并未进一步对隐喻词做出常规隐喻和非常规隐喻之间的区分；此外，本章关注的是工作记忆能力对源语加工的影响，但受实验条件限制，难以控制被试的口译能力绝对均质地分配在各组当中（事实上，对口译能力的界定和衡量目前仍多采用多维、开放的标准），因此不能排除被试口译能力的差别对实验结果的影响。

最后需要指出的是，当前关于口译与认知记忆关系的实证研究中，多数属于实验性研究，即通过设计实验程序，控制某些影响因素而考察具体变量之间的关系，进而分析说明认知记忆与口译的关系。但问题是，实验性研究中的口译语篇类型、口译环境、被试的心态等因素与真实口译情景往往有明显差异，变量的人为控制也显然不同于实际口译情景下的多因素相互作用。因此，实验结论在真实口译环境下到底能得到多大程度的验证？特别是认知记忆能力在实际口译活动中的具体性质与作用究竟如何？依靠单个的实验显然难以确定，其相关结论也难以客观反映真实语境下口译活动的实际状况（Kurz，2002；Liu et al.，2004），这一点也正是许多口译员，以及口译研究人员对实验性研究及其结论持怀疑，甚至批评态度的最主要原因之一（De Groot，1997；Gile，2000）。综上所述，在口译实证研究中，一方面，研究者应该不断改进、优化实验设计，尽可能模拟真实的口译现场，尤其是要解决两个关键性问题：一是实验材料与环境的真实性，二是被试心态及情绪与真实口译活动的一致性。另一方面，正如许多研究人员反复强调的，对口译认知研究，特别是非真实情景下通过变量控制而进行的实验性口译认知研究及其相关结论，应该持较为谨慎的态度（De Groot，1997；Gile，2000），不能单靠一两次实验结果就对复杂的口译认知过程进行概括性的推断。同时应该将实验研究与现场观察、问卷访谈等研究方法有机结合，用定性的方法去分析解读定量数据，充分剖析口译过程背后"人"的因素，如此方能彰显实验研究的客观性和严谨性，实现对口译认知过程科学、准确的分析。

第7章 交替传译记忆与信息加工模型的构建

本章是对此项研究的一个总结性论述，也是将研究结果理论化的提炼过程。首先，本章第一部分将总结此前 3、4、5、6 各章研究的结果，着重梳理各章研究之间的相互关联。在总结研究结果的基础上，本章第二部分和第三部分将进一步分析交替传译中信息记忆与加工机制的运作特点及二者之间的关系，以此为依据，本章的第四部分将探讨交替传译"记忆与信息加工模型"的构建。

7.1 对此前各章研究的梳理

此前的 3~6 章从不同的研究角度，采用不同的研究路径，对口译过程中的记忆机制和信息加工进行分析和梳理。每章的研究虽然方法不同，但均涉及"记忆"和"加工"这两大领域，深入剖析两者之间的互动关系。

第3章的问卷调查主要了解职业译员、口译教师、口译学生和口译初学者（本科生）这四大类群体在口译记忆和信息加工方面的认知状况和实际行为，为后续的研究提供基础性的准备工作。

第4章是以定性研究为主的文本分析，针对一个英译汉的完整文本，分析其间的各种省漏现象、应对策略，以及信息加工方法。如果说第3章是"望远镜"式的宏观统计，那么第4章则是类似"显微镜"式的个案深入分析。第3章对于职业译员的问卷调查结果（3.3.3 和 3.3.5）在第4章的现场口译文本分析中（4.4）得到了较好的印证。

在第5章中，研究者设计了三组对比实验探讨交替传译过程中的记忆机制，工作记忆是本章研究内容的焦点。其中，实验1探讨同一组被试的记忆能力发展状况，属于"纵向对比"实验；实验2进行工作记忆广度测量，属于预备实验；实验3探讨不同被试组间工作记忆与信息保持之间的关系，属于"横向对比"实验。实验1的结果（5.2.2.和 5.2.3）与第3章中对于学生群体和译员群体的调查结论（3.3.3）基本吻合。此外，对实验 3 结果的深入分析（5.4.3），也对本文关注的"脱离语言外壳"理论做了进一步的补充与丰富。

第 6 章使用反应时测量实验，探讨口译的信息加工在线过程，特别关注工作记忆能力对加工方式的影响。其中，实验 4 是验证隐喻词效应的存在，属于预备实验；实验 5 和实验 6 方式和内容相同，均为读后复述和读后口译，两个实验分别研究汉译英方向和英译汉方向的翻译过程。同为实验研究，如果说第 3 章的实验 1、实验 2、实验 3 关注的是口译的"结果"，那么第 6 章的实验 4、实验 5、实验 6 关注的就是口译的"过程"。实验 5 和实验 6 得出的数据和结论，从词汇加工的角度较好地回答了本书在第 1 章"研究目标"中提出的相关问题，即不同记忆能力的译员在并行加工的程度上是否存在差异（1.2.5）。

7.2　口译过程中的记忆机制

接下来，根据以上各章节的研究结果，对口译过程中的记忆机制做一归纳，以厘清记忆机制的运作方式和发展状况，总结不同水平译员的记忆机制运作特点及应对遗漏时的策略。

7.2.1　记忆机制在口译过程中的地位与作用

口译记忆既是源语理解的结果，也是衔接源语理解与译语表达的关键认知环节。记忆能力在口译信息处理过程阶段中起着连接思维的重要作用（谌莉文，2011）。在口译记忆机制中，我们区分了工作记忆、短时记忆和长时记忆。工作记忆的概念源自传统的短时记忆，由于工作进行的需要，短时记忆随时间而形成的连续系统构成了工作记忆的基本部分。工作记忆是大脑在一定的任务压力下于较短时间内对某些信息的保持，体现出大脑由于工作需要而表现出的适应性和系统性，从而更好地执行当前的认知任务。工作记忆更强调短时记忆与当前所从事工作的联系，并重视从长时记忆中提取相关信息进入到短时记忆中来（图 5.1）。如果说短时记忆一般被看作信息的被动存储，那么工作记忆则更多地传达了记忆过程的动态观点，包括信息的存储、提取、加工与协调。

本书认为，工作记忆能力较强的译员，不仅在口译中能实现更好的翻译效果，而且对源语的信息内容和语言形式的保持能力也更高（5.4.3）。本书中，信息的内容是指与源语语篇相关的、以句子形式呈现的命题，而语言形式主要体现为词汇、短语等较为"微观"的信息点。在实验 1 中发现的替代错误，就是由于"微观"信息点的记忆效能不足所致，在实验 5 和实验 6 当中使用的隐喻词也属于此类。因此，工作记忆不仅直接负责口译中的源语理解和内容的存储，而且能够影响译员对于话语的语言形式保持。对于语言形式的保持主要涉及工作记忆中"语音环"的作用，具有较高工作记忆的口译被试，其语音环的相对容量更大，与中央执行器、情景缓冲器等其他组分的协调性更高，与长时记忆的联系也更为紧密。

在口译过程中，长时记忆构成了记忆机制中最基础的部分。长时记忆是译员的语言能力储备、口译技能发展、经验和知识积累及心理素质的总和，它是译员关于整个世界的知识，构成了译员作为一个认知个体的"心理上的过去"。具体说来，长时记忆中的陈述性记忆部分，其职能主要集中在语义的范畴化编码，构成了语言理解和概念储存的前提条件；而其中的程序性记忆部分，又构成了对动作和程序技能的掌握，在口译中突出表现为口译笔记能力。同时，对于长时记忆中部分内容的过度提取，有可能会造成译语输出时的替代错误或侵入错误（见 5.2.3 小节）。

由此可见，口译记忆不是对存储信息的简单恢复，而是对输入信息主动进行加工、编码之后的存储与提取，其实质是在理解源语的基础上对源语信息的主要意义与关键词语的记忆，而不是对源语孤立的语音代码和信息符号的机械记忆。同时，口译笔记的功能只能是帮助记忆，而不能代替记忆能力的培养（Gillies，2009）。

7.2.2　口译实践与训练对记忆能力的影响

口译实践对记忆能力具有明显的促进效应。实验 2 通过横向对比显示，职业译员与口译教师由于从事大量的口译实践，其工作记忆能力得到了相应的发展，而学生组则呈现出一定的分化：大部分被试的工作记忆未能得到充分的开发，但也有少数被试达到了较高水平，甚至与职业译员组相当。测试之后的个别访谈显示，工作记忆广度分值较高的学生，其平时从事的口译活动和口译训练量较大，显示出口译实践对工作记忆能力的促进效应。实验 1 通过纵向对比发现，交替传译训练有利于工作记忆能力的提高，信息遗漏和错译得到不同程度的改善，说明口译实践使学生对源语信息结构和逻辑顺序有了更深的把握，对于源语的整体加工能力有了提升，也对整体信息传译能力起到了促进作用，这一促进作用既来自于学生通过系统学习所掌握的口译技能，也来自于口译学习对工作记忆能力的改善效果。但同时也发现，部分学生仍会出现较多的信息替代错误（5.2.2），一方面体现了记忆能力构成的复杂性和多元性；另一方面也提示我们，口译记忆能力的提高是一个多阶段、多层次的过程，不同方面的记忆能力发展存在不均衡性。

7.2.3　扩展的记忆机制：对遗忘的应对策略

　　遗忘是与记忆紧密联系的心理现象。本书认为，口译的记忆机制不仅包括构成记忆环节的各个要素及相互关系，而且应该能够说明译员在出现回忆困难时的应对策略和方法。口译过程中出现遗忘时的应对策略主要包括两大类：一是暂时跳过遗忘的部分，继续翻译后面的；二是选择可以模糊替代的成分。有经验的译员在口译过程中遇到遗忘时，总是能够综合运用各种策略和方法予以应对。对于口译学生，系统的口译训练也有助于在出现遗忘时迅速找到合理的应对措施。

　　从统计数字上看，选择"暂时跳过"的概率高于"模糊替代"的概率。"跳过去"作为一种基本的应急策略，在口译教学中得到了较大程度的普及，也是职业译员比较常用的策略。而"模糊替代"策略属于更加复杂的认知操控策略，由于涉及较多的实际因素，因此在使用上频度较低，也呈现出明显的个体差异。值得注意的是，在图 5.7 中，我们提出了口译过程中替代错误的心理成因模型，而替代错误的出现正是由于对"模糊替代"策略运用不当的结果。应该指出的是，"跳过"和"模糊替代"并不是相互冲突的二元对立，而是可以同时存在的备选策略。对某个策略的最终选择，则是译员的主观意识和特定的口译现实语境的协商结果。应对策略的选择，说明了译员自觉监控口译过程的主动性和目的性，体现了口译作为高级语言认知活动的重要特征。

　　总之，口译过程中的记忆并非等于完全再现源语的全部信息，而是在保留源语意义要旨的前提下，根据总体印象重建话语框架和内容的过程。当回忆中断时，译者要么将遗忘的部分放弃，要么就是在"构式驱动"的作用下，将工作记忆中得到保持的那一部分表征（representation）与长时记忆中储存的话语框架相匹配，使其"正常化"，与现存的知识图式尽可能一致，这一过程中就不可避免地会涉及信息细节的改变，从而导致误译的出现。

7.3　口译过程中的信息加工机制

7.3.1　翻译方向对信息加工的影响

　　本书的第 6 章采用英汉/汉英双向语料，研究不同方向口译对信息加工的速度和质量的影响。在这里首先需要区分"语码转换"与"并行加工"这两个概念："语码转换"是基于对翻译结果的分析，而"并行加工"是基于对翻译过程的观察。就信息加工的效果而言，英—汉方向的翻译质量整体上高于汉—英方向翻译的质量，出现"语码转换"的情况相对较少。就加工方式而言，英—汉翻译过程中的词汇加工时间显著长于汉—英翻译过程，并行加工的程度更高，这一点与第 3 章的问卷调查结论趋于一致（3.3.5）。本书认为：英译汉时出现并行加工，是译者出于理解源语的需要，是为了寻找源语所表达的意义；而汉译英时的并行加工则更多的是出于翻译的目的，是译者为了在译语词库中搜觅到对应的表达。

心理语言学证实，人们对母语信息和外语信息在理解、存储、提取等认知加工环节上都表现出较大的差别（Carroll，2000：129-186）。鉴于认知过程在母语与外语处理过程中的差异，在不同语言之间相互转换中，记忆资源的具体作用就成为考察翻译认知过程的一个焦点议题（Wichman et al.，2001）。虽然"英语—汉语"的记忆压力大于"汉语—英语"，但是就整体的认知负荷而言，汉英方向的信息加工负荷要高于英汉方向。具体而言，母语译外语会消耗更多的记忆资源进行概念搜索与配比，而且对语用信息也更敏感，翻译速度相对较慢；外语译母语则更多地进行词汇层次的对应，对语用信息的敏感度较弱，翻译速度相对较快（Macizo & Bajo，2004；Miller & Kroll，2002）。有学者通过神经心理学设计的口译神经机制研究实验也得出了类似的发现，A→B 口译时译员的大脑激活程度要高于 B→A 口译（参看 Tommola et al.，2002）。应该指出的是，母语到外语口译时的大脑激活程度更高，并非来自信息的记忆压力，而主要是由于译员在理解词汇和句法等多个层面上出现的并行加工，加上译语生成阶段的语码转换所造成的"递增加工"效应。正是由于这种加工上的叠加效应，造成汉译英方向的信息加工负荷更大，加工的质量也低于英译汉方向。

7.3.2 工作记忆对信息加工的影响

在本书中所指的信息加工，有必要区分加工的"结果"和"过程"。所有的信息加工都离不开工作记忆的参与，Pöchhacker（2004）指出，口译的过程不能被解释为一个词语单位和句子结构的直接转换，而是很明显地受到某种认知表征或记忆的干预。一方面，工作记忆主导了信息加工的全过程，直接决定了源语理解阶段是否存在语言单位的并行加工；另一方面，工作记忆能力也会影响译员在口译时的概念和言语的转换过程。我们知道，一篇口译的译语产品既不会完全是语码转换的结果，也很难完全是"脱离语言外壳"的产物。绝大多数情况下，译语语篇中既包含"转码"的成分，也包含"脱壳"的内容。而译员的工作记忆能力在一定程度上也决定了加工结果中"脱壳"和"转码"所占的比例。

工作记忆的本质是短时记忆，具体来说，它是短时记忆与长时记忆在执行某一专项任务时的"临时性"的认知状态，当工作记忆资源不足时，译员难以对听解后的源语信息进行必要的加工和保持，主要表现在以下几个方面：①认知负荷性省漏和错误增加；②词汇或句法加工时间变长；③译语激活情况凸显；④译语中的"转码"现象增多。

高工作记忆的被试的译语中"脱壳"成分更多，"转码"情况更少，因此翻译质量总体上更高。同时，信息加工的平均时间更短，译语的激活情况相对不明显。并且对于源语信息内容和语言形式的保持能力都要更高。

本书发现，工作记忆因素可能对英—汉翻译过程的影响更为明显，在接收外语输入时，较高的工作记忆能力不仅能够对信息进行较为完整地摄入、分析和整合，而且能够在译语输出时起到有效的调节和监控作用，其信息加工质量整体更优。但在母语—外语的过程中，由于母语理解不需要消耗太多的认知资源，而信息的保持更多地是借助笔记来完成（不在本书研究范围之内），因此工作记忆的影响权重相对较低。至于出现了汉—英的翻译质量低于英—汉翻译这一情况，其原因更为复杂，更多地是受到语言水平和口译技能的影响，工作记忆在汉—英口译中的作用更多地是体现在译语监控和注意力资源分配上，但其影响权重不如英译汉时明显。

7.3.3　对释意理论的深层解读

本书研究的理论基础之一是巴黎释意学派理论，以此为出发点开展了针对信息加工机制的观察性研究和实验研究，旨在根据相关研究结果深入探讨以"脱离语言外壳"为核心的释意理论的若干问题。本书对以"脱离语言外壳"为核心的释意理论也做了较为深入的分析。

1. "脱离语言外壳"的相对性和意义载体

释意理论的"脱离源语语言外壳"假说是释意理论的核心概念，对释意理论的形成具有重大影响。实际上，释意理论体系就是建立在"意义可以脱离语言外壳"这一大胆的假设之上的。释意学派认为口译是一种以意义传递为目的的交际活动，为了实现意义的充分传递，译员必须对源语发言进行以"认知补充"为主要内容的阐释操作，认知补充是译员将语言知识、主题知识、百科知识和语境知识相结合的、需要付出认知努力的过程，其结果也直接表现为译语脱离了源语的形式限制。但是释意理论存在的问题主要在于：①对语言外壳和思维与意义的关系的解释过于朴素和简单，且把意义和语言形式的脱离绝对化。②释意理论的"三角模型"对口译心理过程的解释显得过于概括，对于与意义在认知记忆中的储存和提取有关的中介过程未能作出有说服力的分析和说明，这是释意理论的研究工作和成果招致批评的一个重要原因。

意义与语言的关系问题既是心理语言学问题，更体现了深刻的哲学思辨。释意学派认为源语讲话的信息意义不是由讲话文本的语言结构所决定的，而是口译活动主体（译员）和客体（文本）之间互动的结果，释意学派对结构主义语言学和形式主义文本分析方法持拒绝的态度，表明创始人 Seleskovitch 和 Lederer 在口译研究工作中大胆摆脱了传统英美分析哲学的影响，她们对口译活动中主、客体关系的重新界定，对意义的崭新理解，充分反映了她们的体验哲学观，表明释意学派的口译研究正在向认知心理方向靠拢。实际上，当代认知科学的研究表明，意义的产生和传递过程比 Seleskovitch 设想的情况要复杂得多，人脑对语言信息的处理活动难以用一个简单的语言与意义脱离的概念就能够解释清楚。认知心理学和心理语言学的"思维语"理论已经证明，思维先于语言，且大于语言，而语言对思维的发展可以起到促进作用。另一方面，人类的思维有语言思维和非语言思维两种形式，而且思维程度的深浅、精细，以及思维的形式也存在明显的个体差异。本书第 4 章的口译实例分析显示，尽管高水平译员的译语呈现典型的"脱壳"特点，也并不意味着源语语言形式就一定被译员所遗忘。译员的"脱离语言外壳"既源自认知补充的有意识的操作，也是对认知记忆资源优化操作的自然结果。同时，译员使用源语语言结构来表达译语的倾向是客观存在的，而且还可能在一定程度上被源语构式所驱动。第 5 章的实验研究也印证了这一点，当采用单词再认任务这种较为显性的测量手段时，被试短时记忆中的源语形式就有可能被激活，译员可以有效地回忆出源语的形式特征。基于此，本书提出，在译语形成过程中产生的"思维语"，或者说某种浓缩化的"内部言语"，就成为脱离语言外壳后意义的归属地。在内部言语中，那些具有关键性、提示性的实词处于优先的、显要的地位，而且在一定的外界刺激下能够以再认或回忆的方式被提取。

从口译实践的角度看，脱离语言外壳总是相对于具体的口译主客体与特定的情境而言。一般来说，口译过程中意义不会百分之百地脱离语言外壳，"脱壳"现象也不太可能自始至终地发生。译员在对源语语篇信息进行加工处理的过程中，自然语言仍有可能是意义的载体之一。因此本书提出，"脱离语言外壳"更多地应该是指译员摆脱某种源语的外在结构和形式的限制，以利于传达认知机制从源语中提取出来的意义的一种职业化的口译实践现象。

2. 释意翻译与多维度信息加工

认知心理学和心理语言学提出的各种信息处理模型显示，人脑对语言信息的处理可能是串行处理与并行分布处理、自上而下的处理和自下而上的处理、控制性处理和自动化处理等这三组六种信息处理方式共同参与的结果，因此，释意翻译的过程很大程度上是多维度的信息加工的融合的结果。口译信息加工过程涉及注意、长时记忆激活、源语理解、概念合成、译语产出等各种思维互动，体现出典型的串行加工和并行加工兼具的认知特征。就口译的理解过程而言，源语理解以脱离语言外壳为主要途径，与一般言语理解的区别在于，源语的理解可能伴随有译语激活的过程，也可能伴随并行加工现象。

本书在实验 3 中发现："脱离语言外壳"在很大程度上是一种自觉的、受认知因素支配的行为。尽管高水平译员的译语呈现典型的"脱壳"特点，也并不意味着脱离了的语言形式就一定被译员所遗忘。实验 3 得出了与"脱离语言外壳"不完全一致的结果，这一点促使我们进一步思考释意理论的多维属性。脱离语言外壳既可以指加工的过程（deverbalizing），也可以指加工之后的表征（deverbalized representation）。实验 3 以译语文本和译后再认为依据，重点考察的是信息加工之后的表征这一静态概念。研究发现提示我们，脱离语言外壳描绘的不仅仅是高质量口译产品所要求的对源语的深度加工，而且其"脱壳"的程度和表现形式也受到个体工作记忆能力等其他因素的影响，这正是本书第 2 章提出的"记忆与加工机制的互动发展观"的具体体现。换句话说，"释意理论"所主张的"脱离语言外壳"不仅仅是一个理想化的口译状态，而且也应被看作一个与个体认知心理过程相联系的多维动态的过程。只有如此，方能全面理解"释意理论"对口译过程和口译个体的解释力，从而彰显口译过程研究的实践意义。

在实验 5 和实验 6 中还发现：并行加工可能是一种无意识的自动加工过程，并行加工的程度并不能影响以"脱壳"为核心的意义整合机制的运作，也不能决定口译产品的最终质量。并行加工通过递增加工得以与以"脱离语言外壳"为特征的串行加工相融合。在言语产出中的"递增加工"的概念，就是指每段信息从概念生成、言语构成到译语输出分阶段地进行加工，各阶段可以并行运作，但各并行运作阶段可能在处理不同的信息段。例如，译员可能在语义查验的搜觅过程中同时进行着译语加工。译语的并行加工与脱离语言外壳同时进行，使得意义传输与语言形式的保留可以并行不悖地存在。

3. 释意理论与认知负荷理论的关联分析

释意学派致力于口译认知心理过程的规约性阐述，最大的贡献是提出了"脱离语言外壳"这一既符合认知直感、又具备超前意识的革命性理念。而 Gile（2011）的认知负荷模型则充分考虑到实际口译活动中译员认知能力的有限性，突出了各种任务对认知资源的竞争，也昭示了口译过程与口译结果的非理想性和非完美性。如果说，释意学派的"脱离语言外壳"是口译理论体系中"理想主义"的唯美殿堂，那么认知负荷模型就是该体系中"现实主义"的真实写照。

然而，当前大多数研究常常忽略了实际口译过程中记忆与信息加工的交互作用这一基本事实，单纯地从认知负荷理论的角度看待口译中的记忆过程和遗忘现象，或是单纯以释意理论为基础分析信息加工，人为地割裂了释意理论与认知负荷理论内在的关系。所得的结论既不能对实际问题做出客观的分析与解答，也无益于对现有理论的内容做出丰富与发展。

从本书的结果看，译员的工作记忆能力不同、任务的认知负荷差异，都会造成译员实现"脱离语言外壳"程度的差异；而在译语中出现的"脱壳"或"转码"操作，与任务的认知负荷及译员的精力分配有着必然的联系。由此可见，释意理论和认知负荷理论所描述的并非仅仅是口译中的某个问题，两者之间存在很大程度上的共性与交集。本书在一定程度上揭示了释意理论和认知负荷理论之间的互通与互动，同时提示我们，如果能够从认知负荷的角度看待释意理论中的"脱离语言外壳"与"语码转换"等现象，或是以释意理论为出发点分析口译过程中的记忆与认知负荷，将不仅有利于对实证数据的全面解读，获得更为客观的结论，也将反过来促进理论本身的丰富与完善。

7.4 交替传译过程中记忆与信息加工模型的构建

7.4.1 口译模型研究概述

所谓模型，就是通过某种形式化的表述来描写所研究的对象。模型可以是公式、图形、计算机程序等不同形式，来实现对研究对象本质属性的抽象而又简洁的刻画。一个良好的模型能够解释某些客观现象，或能预测未来的发展规律，或能为控制某一现象的发展提供一定条件下的最优策略。构建模型的过程，就是通过理论分析和实证数据，分析研究对象的构成要素，明确各要素之间的关系，并揭示其具体的特性与功能。如果对象是一个系统，建模过程往往需要系统实验数据的处理，探索系统的运动机理、规律和发展趋势，并根据关于系统的已有的知识和经验，来构建高度抽象、简洁、富有描述性和预测性的模型，对口译过程的建模就属于这一类型。

对口译的建模研究是当前口译研究的主流方法之一。为了解释有限的认知资源如何能最大限度地在口译活动中发挥作用，研究人员从语言学、社会学、心理学、神经科学等各个领域出发，借鉴相关学科的理论原则和方法，从不同的角度观察口译活动，分析其内在的机理、过程和规律，构建相应的模式或模型来描述口译的本质现象。

根据 Pöchhacker（2004）的总结，目前已提出的各种口译模型主要分为三类：社会-职业与机构模型（socio-professional and institutional model）、交际互动模型（interaction model）和信息处理模型（information processing model）。其中，信息处理模型又可以进一步分为口译过程模型（interpreting process model）、多重任务模型（multiple-task model）和复杂操作模型（complex operations model）三种类型（Pöchhacker，2004）。作为国际口译界最早提出的口译信息处理模型之一，释意学派的"三角模型"就属于口译信息处理模型中的过程模型（2.3.1）。

在认知处理研究范式中建立的第一个模型是 Moser（1978）根据言语理解和信息处理建立的"同声传译"过程模型。该模型以流程图的形式解释了同声传译理解、储存、处理和产出四个步骤的过程，展示了同声传译与记忆的关系，这样的线性分析虽然从时间流程上看十分清晰，但并未解释人脑在信息储存、提取和表达过程中出现的并行现象（仲伟合，2012）。另一个具备很大影响力的模型就是 Gile（1995b）根据多任务处理模式提出的"认知负荷模型"（The Effort Models，详见 2.3.2），该模型属于多重任务模型。Gile 最初将该模型应用于同声传译的过程研究中，借以证明人类大脑可供译员进行认知加工的"精力"（capacity）是有限的，认知负荷的总和不能超过译员的精力承受范围。Gile（2009）在修正后的模型中增加了"协调能力"一项，并以此构建了交替传译的认知负荷模型，该模型使用一系列的公式来表述模型中各个成分之间的关系。此外，比较重要的理论模型还有 Anderson 提出的"认知能力发展模式"（Adaptive Control of Thoughts，又称 ACT 理论）、Paradis（1994）提出的"多重并行信息处理模型"（Multiple Parallel Information Processing Theory），以及 Setton（1999）提出的"认知-语用表征理论模型"（Cognitive-Pragmatic Representation Theory）等。

国内学者针对交替传译过程构建的模型主要包括刘绍龙等（2008）提出的"连续传译过程模式"，王柳琪等（2009）提出的"符号加工系统模型"，这两个模型的构建均基于认知心理学的相关理论与口译的核心要素分析，在一定程度上清晰地呈现了口译的认知要素与运作过程，但模型的突出问题是过于简单、理想化。一方面，模型未显示不同的翻译方向是否存在差异，没有将口译看作一个动态的复杂系统来研究；另一方面，模型未能将工作记忆与长时记忆等关键要素在口译中的作用解析得足够清楚，也无法与既有的理论（如释意理论和认知负荷理论）产生互动。整体来看，模型显得过于"静态"，而缺乏"动态"的特征，未能直观地表现出口译的在线加工特征。

对口译在线加工过程分析较为透彻的是董燕萍和王斌华（2013）构建的交替传译两阶段模型，如图 7.1 所示。

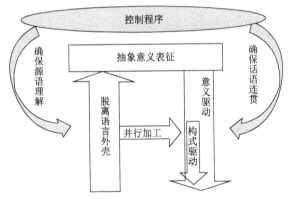

图 7.1　口译过程的两阶段模型图（董燕萍和王斌华，2013）

该模型基于两个推理结论，一是源语理解过程中的译语并行加工，二是译语产出中的意义驱动与构式驱动。该模型突出了工作记忆中央执行系统对"脱离语言外壳"过程和"意义驱动+构式驱动"的监控过程，体现了将记忆机制与信息加工过程相结合的成熟思想。但该模型的不足之处仍然在于区分度不够明显，具体来说，第一，模型只是揭示了并行加工的必然存在，而没有区分不同语言成分的并行加工程度；第二，模型虽然突出了工作记忆与信息加工的关系，但是没有区分工作记忆能力差别造成的影响；第三，与前两个模型相似，该模型也没有区分不同方向口译的差别。

本书需要构建的模型，既能够体现交替传译过程性、阶段性的基本特征，体现工作记忆与长时记忆的关系，又需要具备足够的区分度和一定的预测性，使模型的使用者能够依据模型解读出不同工作记忆能力被试在不同口译方向时的认知特点，尤其是其加工过程的特点，甚至能够在一定程度上依据模型预测出其相关行为。当然需要指出的是，模型的本质是对客观事物理想化的简洁处理，因此模型并非越复杂越好。例如，巴黎释意学派提出的"口译三角模型"结构简洁、直观，富有解释力和概括性，至今仍是口译领域最经典、最有影响力的模型之一。同时需要注意的是，任何一个口译模型都无法详尽地描述口译的全部现象或解决全部问题，只能是对口译过程的某个领域或某个环节做出有限度的概括与预测。

7.4.2　记忆与信息加工模型的构建

本节将着手构建"交传记忆与信息加工模型"。该模型是在总结前人研究成果、借助相关学科的理论的基础上，依靠本书的实证数据和相关发现而构建。按照以上的模型分类方法，该模型属于信息处理模型中的"复杂操作模型"，模型包括两个方向和三个方面：两个方向，是指该模型包括英译汉和汉译英的双向翻译过程；三个方面包括：①信息的记忆机制：包括工作记忆、长时记忆，以及遗忘情形下的应对机制；②串行加工机制：从源语输入、概念合成，到译语产出的串行加工；③并行加工机制：在词汇、句子等不同层级语言单位的并行加工。

1. 模型的构建基础

首先，参照前人对于口译认知记忆的模型或相关论述，明确其中的不足之处，如没有体现交替传译的过程特点、没有凸显工作记忆的核心角色、缺乏实证数据等核心问题。在构建模型时尽可能体现上述的"两个方向"和"三个方面"。

模型的主要理论来自认知心理学和口译研究的相关理论，其中，根据认知心理学关于记忆机制的相关研究，确定了口译记忆体系的组成及各子系统的相互关系（5.1.1和 5.4.3）。同时，根据口译信息加工的相关理论，明确了口译过程中"非对称有限并行"加工模式的具体内容和特征（6.4）。

模型的实证基础来自本书 3～6 章各项研究提供的实证数据。其中，根据调查问卷获得的数据，明确了记忆素质与其他口译专项技能之间的关系，并掌握了不同层次译员的记忆与信息加工的认知特点（第 3 章）。根据观察性语料分析得出的数据，确定了信息省漏的各种形式及动因，并了解了译员的应对措施，以及各类信息加工方法的使用范围与频度（第 4 章）。根据实验研究提供的数据，揭示了记忆能力的发展情况，明确了工作记忆能力对信息内容和语言形式保持的影响，探讨了不同方向、不同工作记忆能力被试在口译过程中的实时加工特点（第 5 章、第 6 章）。

2. 模型的构成图

基于以上的理论依据和实证分析，本书最后构建的"交替传译记忆与信息加工模型"如图 7.2 所示。

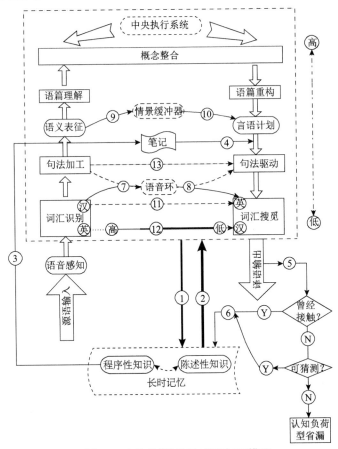

图 7.2　交替传译记忆与信息加工模型

7.4.3　模型的组成与运作机制分析

如上所述，该模型的结构组成主要包括三个方面，在这三个方面都能体现汉—英/

英—汉两个翻译方向的各自特征，逐一分析如下。

1. 口译的记忆机制

首先，模型系统地概括了口译记忆机制中的各核心要素，包括连接线①～⑥部分。中间虚线框表示整个工作记忆系统，下方较小的虚线框表示长时记忆系统，模型的右下方显示了记忆系统中的遗忘应对机制。

工作记忆系统居于模型图的中心位置，体现了工作记忆能力对口译任务执行效果的重要影响力，这既与口译实践相一致，也体现了本书的核心研究成果（7.2 和7.3.2），同时强化了研究者在本书第 2 章提出的"记忆与加工的互动发展观"的研究理念（2.5.2）。

在工作记忆系统中标出了三个虚线椭圆框，由上到下分别为"中央执行系统""情景缓冲器"和"语音环"三个核心要素。"语音环"负责储存句法和词汇加工过程中产生的语言形式信息，"情景缓冲器"负责储存源语加工后形成的"语义表征"，而"中央执行系统"位于整个工作记忆系统的最高层级，控制从源语理解、概念整合到译语输出的整个环节。模型图的工作记忆系统吸取了董燕萍等（2013）提出的"交替传译两阶段模型"的思想，突出了"中央执行系统"对口译整个过程的注意控制功能，同时细致地描述了"情景缓冲器"和"语音环"两个子系统对译员保持源语内容和形式的影响（5.4.3）。

长时记忆系统中的两个椭圆框代表两个主要的构成组块：一是程序性知识，二是陈述性知识（又称为"程序性记忆"和"陈述性记忆"）。程序性知识主要包括与操作、运动等相关的技能或经验，在口译实践中，译员对口译笔记所掌握的技能（如"意—符"转换的能力、书写符号的能力）就属于程序性知识。陈述性知识包括语言知识、口译转换技能，以及口译需要的背景知识等。在口译过程中，程序性知识和陈述性知识分别发挥着各自的作用，且均与工作记忆相联系。

口译记忆机制运行的核心是工作记忆与长时记忆的互动关系。在整个口译过程中，工作记忆不断地激活长时记忆，并从长时记忆中提取一切必要的知识和技能，帮助译员执行理解源语、形成概念表征、译语搜觅、译语输出等全部过程。其中，带箭头的连线①和②分别表示工作记忆对长时记忆的"激活"和"提取"，由于这是口译过程中最主要的记忆作用，因此模型中使用较粗的箭头来表示①和②。同时，长时记忆中被激活的主要部分是陈述性知识，因此模型中箭头①和②的位置较为靠近"陈述性知识"文本框，以凸显这种主次关系。另一方面，在交替传译中常常（但并非总是）伴随着笔记，译员掌握的笔记技能主要以程序性知识的形式储存在长时记忆中，是一个相对独立的模块。当工作记忆激活长时记忆中的陈述性知识后，也会和程序性知识产生一定的互动关系（虚线表示），译员所掌握的笔记技能被激活，箭头③表示关于笔记技能的程序性知识被提取出来，进入工作记忆中。一般认为，理想的口译笔记应该建立在对源语进行充分理解后的基础上，是"对源语的概念内容进行最大化提取后的最小的线索"（波赫哈克，2010：134）。考虑到各种因素，本模型中将箭头③进入工作记忆文本框的位置放在"句法加工"之后，表示笔记的形成至少是在句法加工完成之后才开始的。由于笔记是一种外显的辅助记忆手段，因此，模型虽然将"笔记"放在工作记忆系统的框图之内，但仍然与"情景缓冲器"和"语音环"这两个组成部分相独立。在译语产出过程中，工作记忆系统从笔记中提取相关信息，帮助译员回忆信息的逻辑结构和重要细节，箭头④表示笔记在译语输出过程中的辅助作用。

模型的右下角描绘出发生遗忘时的应对机制，属于扩展了的记忆机制的一部分。其结构与运作机理简述如下（具体内容见 5.2.3 节）：当译语输出过程中出现遗忘时，译员的记忆线索首先会进入第一层判断单元（箭头⑤所示，菱形文本框代表思维过程中的"判断"），如果遗漏的成分属于"曾经接触过"的语段，或者是可以进行合理猜测的语段，在判断为"是"的情况下，译员的工作记忆就会转入长时记忆（箭头⑥），从陈述性知识中提取出类似的语段，并再次进入到工作记忆中（沿箭头②）。需要注意的是，这种"模糊猜测"的应对手段往往会导致替代错误的发生。而当无法提取时，则最终导致认知负荷型省漏。

2. 口译过程中的串行加工机制

模型的第二个方面描述的是口译过程中的串行加工机制。该机制以"意义传递"为核心，由一系列呈 90°的较粗的短箭头表示传递的方向。串行加工的源语理解阶段位于模型图的左侧，经历了"语音感知""词汇识别""句法加工""语义表征"和"语篇理解"等系列过程，直至形成一个对语篇完整的概念合成。这一阶段以脱离源语语言外壳为主体，并辅以递增加工。在"概念整合"完成之后，串行加工过程开始进入译语产出阶段，该阶段经历"语篇重构""言语计划""句法驱动""词汇搜觅"等一系列步骤，最终完成译语的形成和输出。这一阶段以意义驱动加工为主，辅以构式驱动。

译员的语音感知机制负责接收源语的语音信息，语音暂时存储在听觉储存器中，以提供足够时间进行听觉模式识别。感知后的语音信息进入工作记忆的输入端，当听觉存储器中的信息与从长时记忆中提取的信息相吻合时，便发生以词汇为主体的模式识别。串行加工机制将听辨出的词汇组合成语法结构与命题成分，进而形成对句子的理解。在此过程中，一部分词汇的形式和少量的句子结构特征暂时以话语信号的形式储存在工作记忆的"语音环"中。根据 Baddeley（2006）的观点，语音环属于中央执行器的子系统，负责听觉输入（包括话语）的感知处理，语音环接收的话语信号会很快消失，除非能够被一个"默读复述"的程序更新，更新后，信号痕迹将会进入到言语输出系统，并因此延长在短时记忆里的驻留时间。在模型中，进入语音环的源语形式以曲线箭头⑦表示，而语音环对译语产出过程的影响以曲线箭头⑧表示。根据本书的发现，储存在语音环中的源语句法与词汇形式会得到一定程度的保留（5.4.3 节），也可能会与"构式驱动"产生协同作用，对译语的句法结构和词汇选择造成影响（4.4.3 节）。由于来自词汇的语言形式影响超过来自句法层面的影响（3.4.1 节），因此模型图中分别用实线（词汇）和虚线（句法）来区分不同的影响强度。在完成了对句法的加工并形成"语义表征"之后，源语的意义要点便开始进入工作记忆的"情景缓冲器"当中（箭头⑨），并在译语生成阶段参与"言语计划"的生成（箭头⑩），该过程是串行加工必须经历的过程，因此图中用实线表示。串行加工机制描写的是口译的"输入→理解→产出"的线性加工过程，此过程以"意义传递"为核心，遵循的是"脱离语言外壳"的理想模式。在串行加工序列图中，越靠近上方的"概念整合"，说明"脱壳"完成得越彻底。而根据第 6 章的结论（6.5 节），工作记忆的高低影响到串行加工的效果，较高的工作记忆能力对信息的整合和转化能够起到更好的监控和调节作用，从而能够达到更好的翻译质量。为体现这种差异，模型在工作记忆的虚线文本框的右边外侧标注了一根双向箭头的点划线，带圈字符"高"和"低"分别表示不同的工作记忆能力能够实现的"概念整合"的程度。脱离出来的"语言外壳"虽然未进入概念合成系统，但并未完全被遗忘，而是部分地存储在工作记忆系统内，其存储量和存储强度则与译员工作记忆能力高低有关。

3. 口译过程中的并行加工机制

第三个方面，模型描述了口译过程中的并行加工机制，体现了本书提出的"非对称的有限并行观"这一基础理念（2.5.2）。在源语感知理解阶段，由于在译员长时记忆系统中储备有大量的双语语音、词汇和句子结构知识，所以源语输入会立刻在译员的认知结构中引发词语、句法、表达方式和意义等方面的广泛联想，这一过程就是译语的"激活"现象。并行加工主要体现在语言形式的激活，图中自左向右的箭头⑪、⑫、⑬表示了这种激活过程。本书认为，在源语理解的过程中，部分源语成分所对应的译语能够直接被激活，这种激活主要出现在词汇层面，而句法层面的激活则并不明显。

首先，对于词汇层面的激活情况，模型进一步区分了英—汉方向和汉—英方向的差异。根据本书对于词汇加工的研究结果（6.5），汉—英方向口译时，译语词汇被激活的情况并不普遍，只存在于部分工作记忆较低的译员身上，且只在加工那些对工作记忆负荷比较敏感的词（如隐喻词）时才会出现。除此之外，汉—英方向口译时的源语理解一般不会出现译语激活现象。因此，本模型中使用一根虚线箭头⑪表示汉—英之间这种只在一定条件下存在的并行加工现象。对于英—汉方向的口译，词汇层面的激活情况相对更为普遍，在大部分译员的身上均有可能出现，出现的频度取决于两个因素：一是译员的工作记忆能力；二是所加工的词汇是否属于工作记忆负荷敏感词，而这两个因素的核心仍是译员的工作能力高低。对于英—汉方向口译的词汇激活，本模型在图中使用一根带箭头的渐变线⑫来表示这一并行加工过程。具体说来，线条的左边为虚线，逐渐过渡为实线，且越靠近右端越粗，表示并行加工的程度逐渐加强。带圈字符"高"位于偏左边的虚线部分上，表示工作记忆能力较高的译员一般不出现显著的并行加工情况，而带圈字符"低"则位于偏右边较粗的实线部分上，表示工作记忆能力较低的译员易出现并行加工情况。

对于句子层面的并行加工，也就是说，译员在听取源语时是否能激活译语的句法结构，本书并未直接予以实验验证。根据前人的研究（如 Zhang，2010），汉—英翻译时的源语句法结构在理解阶段并未得到激活，而是在译语产出阶段才得到加工。既然不能确定句子层面的并行加工一定存在，本模型中使用了一根带箭头的虚线⑬表示这种在一定条件下可能存在的句子层面的并行加工现象。

7.4.4　模型的功能与价值

在本书中所提出的模型，能够较为全面、客观地描述交传活动中记忆系统和加工机制的运行，兼有描述性和解释性的功能。

1. 模型对信息加工机制的描述

模型对串行加工和并行加工这两大类加工方式在口译中的存在形式做了客观的描述。根据模型的显示，交替传译的信息加工首先属于串行加工过程，具有明显的串行处理特征。模型的左边部分说明，译员在处理完前一个语言单位之后，再开始处理下一个相应单位。但信息处理的同时也是一个大规模并行推进、相互重叠的信息加工活动。由于各语言单位呈线性排列，所以上一个语言单位的处理对下一个语言单位的识别与表达有引领和限制作用。这既是一种前向式的线性处理过程，同时又伴随着从上一级语言单位到下一级语言单位的回溯加工。在这种前向式处理和回溯性加工交织进行的信息处理过程中，译员已有的百科知识、主题知识和语境知识始终对源语信息的感知、理解与表达起着引领和限制作用。在译语输出环节，这种自上而下推进的信息加工（模型右边的部分）使得上一个层级的加工结果对下一个层级的加工成效影响很大。

模型同时显示，并行加工在口译中客观存在。语言转换在源语理解阶段就已经开始，语言理解、转换和产出是两种语言相互作用、互相影响的加工过程。并行加工与串行加工并不是二元对立的现象，而是可以并存的加工机制。在语言各个层级产生的激活是一个同时发生的并行分布式信息处理活动，但又具有串行加工的特点。因为译员必须在完成上一个语言单位的意义感知和理解之后，再开始处理下一个语言单位。译员进行译语构思时情况也是如此，在言语计划阶段，译员一方面会受到语篇重构任务的统驭，同时也会受到激活后的源语形式表征的影响。此外，译员拥有的认知结构和知识储备也会因译员对上述限制性因素的把握而对译语的生成产生一种期望或约束，在这些因素的影响下，译员以整合后的概念为出发点，从语篇重构的高度进行以概念为驱动的、自上而下的译语加工处理。同时，源语输入和译语产出也会激活译员长时记忆中的知识图示和言语储备，高水平的职业译员能够迅速完成知识图示的激活和言语表达方式的选定，使这一过程具有高度自动化的特征。

2. 模型对交替传译中工作记忆角色的诠释

模型形象而直观地展示了交替传译过程中，以工作记忆为核心的记忆与加工机制的整体运作过程，分析了各种认知记忆因素的相关关系。模型描述了长时记忆中的相关要素在口译过程中的功能，解释了出现遗忘时的应对机制，这些都凸显了交替传译不同于同声传译的特点。

模型解释了工作记忆能力与口译加工操作和口译效果的复杂关系，包括不同方向口译的认知加工与工作记忆能力的相互关系。从理论层面上看，模型肯定了工作记忆能力对信息的整合和转化可以起到更好的监控和调节作用，从而能够实现更好的翻译效果，同时也确认了口译过程中的"非对称有限并行"加工模式的客观存在。本书构建的模型说明，口译认知过程涉及复杂的加工机制，串行加工和并行加工完全可以在此过程中并行不悖地存在，不仅不会互相干扰，而且在一定程度上可以起到互相补充、彼此印证的作用。从哲学层面上看，对于口译这样复杂的认知与交际系统的研究，在研究过程中切忌搞非此即彼、二元对立，因为对立并非事物的固有属性，而往往是我们在关系构建中臆造的。

就教学层面而言，模型有助于口译教学中教师评估学生的口译能力与口译表现。例如，根据学生的工作记忆能力评估其信息加工的整体水平与发展状况；根据其译语中遗漏现象的频度和特点，分析其遗忘应对机制的运作情况等。教师可以以模型为依据，结合教学中的具体案例，给学生更具体、更有针对性的指导。

7.4.5 对模型的补充说明

对研究对象的形式化处理是科学研究的常用方法，也是对研究对象进行科学化、规范化描写的主要途径。然而，翻译活动是一种具有丰富认知属性和社会属性的交际活动，完全使用形式化的抽象模式来将复杂的翻译行为描述清楚，解释透彻，恐怕是无法实现的。无论一个模型多么复杂，不应该忘记的是，对"解释"更多的只是一种假设，与观察的可兼容性只能达到一定的程度，而且模型绝不是唯一的，在一种模型之外还可以找到其他的模式，发现有其他的解释方法。就本书而言，所提出的记忆与加工模型有其创新点，主要体现在对串行加工和并行加工的关系、遗忘应对机制的运作过程、工作记忆与加工的关系等的细致描述。但限于研究的深度和范围，对口译中的其他环节难以做到详细分析：如句法层面的加工状况、口译笔记与记忆的互动关系等。正如波赫哈克（2010：115-116）指出的，考虑到口译现象的复杂性，很难构建一个全面的模式。随着研究的深入，往往需要研究者针对口译的特定层面和部分构造"局部模型"，以求获得更深入、更全面的发现。

附　　录

附录 1　问卷调查表

"口译记忆与信息加工研究"问卷调查表

尊敬的各位老师，各位翻译界的同仁：

我们是来自_____大学外国语学院的老师，承担一项科研课题，研究口译过程中的记忆机制与信息加工的方式。口译过程中的记忆能力与口译效果密切相关，不同的信息加工方式也直接影响到译语的质量。作为本项研究的一个组成部分，我们编写了这份调查问卷，邀请您参与此次调查。非常感谢您的配合！

一、个人信息

您的性别：男□　　女□　　　您的年龄：_____岁　　　您的职业/身份：

A. 口译教师

B. 口译学生　本科生□　　研究生一年级□　　研究生二年级□

C. 口译员　　专职□　　兼职□　　　　您的口译工作年限_____

D. 其他；请注明：_____

二、对口译过程中各项能力指标的调查

请按 1~5 等级给予重要性等级评分，1分：完全不重要；2分：不太重要；3分：一般重要；4分：比较重要；5分：非常重要。

序号	内容	评分				
		1	2	3	4	5
2.1	双语能力					
2.2	口译技能（具体的语言转换策略及相关的口译处理技巧）					
2.3	记忆能力					
2.4	笔记能力					
2.5	知识面（即口译相关的背景知识、百科知识等）					

续表

序号	内容	评分				
		1	2	3	4	5
2.6	心理素质（即应对紧张情绪和意外状况的能力和策略）					
2.7	表达技能（即增强表达效果的策略，如对语音、语调和语速的控制等）					
2.8	交际策略（促进有效交际活动的策略，如跨文化交际意识与能力等）					
2.9	实践经验（如参加口译活动的次数、形式、难度等）					
2.10	职业素养（如恪守职业守则、保守机密、团队精神等）					

三、对交替传译过程中记忆能力和记忆因素的调查

下面是一些关于口译过程中记忆的陈述，请按照 1～5 等级给予认同评级，1 分：完全不认同；2 分：基本不认同；3 分：无法判断/不便评价；4 分：基本认同；5 分：完全认同。

序号	内容	评分				
		1	2	3	4	5
3.1	口译训练有助于提高记忆能力和效果。					
3.2	良好的记忆力是口译成功的必要条件。					
3.3	专门的记忆训练应该是口译训练的必要环节。					
3.4	与专业人员相比，专业口译员的记忆力更强。					
3.5	交替传译的记忆方式与同声传译有区别。					
3.6	我对口译过程中记忆的重要性有着清楚的认识。					
3.7	我熟悉"短时记忆""工作记忆"等术语并了解其概念。					
3.8	我在做交替传译时对笔记的依赖很大。					
3.9	我在口译训练中将记忆力作为训练的重要内容。					
3.10	我在口译实践中常常出现听懂了但无法回忆信息的"记忆困难"现象。					

3.11 我做口译出现记忆困难的时候，采取的应对做法是（1 分：最不常用；2 分：不太常用；3 分：无法判断/不便评价；4 分：较为常用；5 分：最常用）

序号	内容	评 分				
		1	2	3	4	5
3.11.1	卡在原地，无法继续，直到回忆起为止。					
3.11.2	跳过遗忘的位置，从下一处回忆起来的位置继续口译。					
3.11.3	找一个模糊的表达进行替代，把句子说完整。					
3.11.4	其他做法，请注明：					

3.12　就个人而言，我觉得记忆压力更大的口译方向是_____。

A. 外语译母语（如英译汉）　B. 母语译外语（如汉译英）　C. 差别不明显

我认为原因在于：_____

四、对交替传译信息加工过程的调查

下面是一些关于口译过程中信息加工过程的陈述，请按照 1～5 等级给予认同评级，1分：完全不认同；2分：基本不认同；3分：无法判断/不便评价；4分：基本认同；5分：完全认同。

序号	内容	评分				
		1	2	3	4	5
4.1	口译过程应该是信息的重新表达，而不是单纯的语言代码转换。					
4.2	双语精通程度直接影响到口译信息加工过程和质量。					
4.3	水平越高的译员，在口译中"释意"的行为越多、直译的情况越少。					
4.4	英译汉时，我会受到词典上单词释义的影响。					
4.5	英译汉时，我会受到源语句子结构的影响。					
4.6	英译汉时，我常常遇到能理解但无法表达的情况。					
4.7	英译汉时，我会一边听一边在大脑中转换成汉语。					
4.8	汉译英时，我会受到词典上单词翻译的影响。					
4.9	汉译英时，我会受到源语句子结构的影响。					
4.10	汉译英时，我会一边听一边在大脑中转换成英语。					
4.11	我觉得"脱离语言外壳"是有风险的选择。					

4.12　就个人而言，在_____中，我更易受到源语形式的影响。

A. 外语译母语（如英译汉）　　　B. 母语译外语（如汉译英）

我认为原因在于：_____

4.13　在不同方向的交替传译过程中，我在理解、记忆和译语输出中精力分配的比例大约为

汉译英		英译汉	
源语理解	％	源语理解	％
记忆/记录	％	记忆/记录	％
译语输出	％	译语输出	％

五、对记忆和信息加工的补充评论

_____

_____

_____

_____

附录 2　实验 1 的前后测材料

<前测材料>

第 1 篇

We must work together to find new approaches to address climate change. Scientists believe that in 50 years, the global climate will change dramatically. There will be 60% reduction in glaciers in the northern hemisphere. This will affect the water supply of one sixth of the world's population. Food production will decline in many regions. At the same time the global population will increase to around 9 billion. Heat waves and extreme weather events will become more frequent and more intense, affecting vulnerable populations and economies in many ways.

第 2 篇

Natural resources are derived from the environment and they are essential for our survival. Some natural resources, like sunlight and wind, are renewable because they are continuously available and their quantity is not affected by human consumption. Some of these, like agricultural crops, take a short time for renewal; others, like water, take a comparatively longer time; while still others, like forests, take even longer. Non-renewable resources are formed over very long geological periods. Minerals and fossils are included in this category. Since their rate of formation is extremely slow, they cannot be replenished once they get depleted.

<后测材料>

第 1 篇

Overall, climate change will affect our environment, our prosperity and our security. This is why we believe that we need to act now to achieve a global agreement to tackle dangerous climate change. That deal needs to be ambitious, effective and fair. It must be ambitious to match the scale of the challenge. It must be effective in stimulating low carbon investment. And it must be fair, so that all countries have the support and the voice that they need. You will also hear about the implications of some predicted impacts on China and Asia.

第 2 篇

We have to build a new foundation for our future growth. Today, our aging system of highways, air routes and rail lines is hindering that growth. What we need is a smart, high-speed railway system equal to the needs of the 21st century. Such system will save travel time and boost productivity. By making investments on high-speed railway, we will lay a new foundation for our economic competitiveness and lasting prosperity. We'll create highly-skilled jobs, generate demand for technology and move to cleaner energy and a cleaner environment. That's the vision we can't afford to lose sight of.

附录 3　工作记忆广度测试材料

<前测材料>

[1] 双方回顾了中美两国间长期存在的严重争端。

[2] 社会主义民主政治和精神文明建设成效<u>显著</u>。

[3] 他戴着顶旧草帽，双目似张似闭地在<u>打盹</u>。

[4] 我们要自觉地与各种腐败现象作<u>坚决斗争</u>。

[5] 他搁下重要的信件不回，躲在家中看<u>小说</u>。

[6] 龙船节是清水江上苗族人民最盛大的节日。

[7] 汉唐文化对朝鲜、日本等国产生了深刻影响。

[8] 中国气候差异很大，一年四季都可以旅游。

[9] 爱好艺术的游客，还可以购买字画和古玩。

[10] 波浪跳跃着，像一个个大眼睛，闪射着金光。

[11] 人类文化是各民族文化汇聚、交流的产物。

[12] 只要身体健康，你可以一天换一个地方游览。

[13] 原文是个什么面目，就要还它个什么面目。

[14] 任何国家和民族都可以从交流中得到好处。

[15] 国防实力和军队防卫作战能力进一步提高。

[16] 白蚁不但破坏房屋，也破坏铁路枕木、桥梁。

[17] 我来厦门中学教书，完全是一种意外的收获。

[18] 党的基层组织是党的工作和战斗力的保证。

[19] 素质教育是发展科学技术和培养人才的基础。

[20] 我回国不久，就收到他寄来的一些文学刊物。

[21] 我们要努力保障全体公民和法人的合法权益。

[22] 中华文明博大精深，推动了人类文明的进步。

[23] 企业党组织要积极参与企业重大问题的决策。

[24] 我们要紧紧依靠全党和全国各族人民的团结。

[25] 民族精神是民族赖以生存和发展的精神支撑。

[26] 我们两国将致力于建立公正而稳定的和平。

[27] 中华民族的伟大复兴必将展现出灿烂的前景。

[28] 他对时局的评论，很快就引起了媒体的注意。

[29] 这种和平是稳定的，因为它消除了侵略的危险。

[30] 多年的演员生活赋予她非常发达的形象思维。

[31] 我们必须要从源头上预防和解决腐败问题。

[32] 尊重和保护一切有益于人民和社会的劳动。

[33] 他打来开水，又忙着收拾房间为我们安排床铺。

[34] 这是篇童年的回忆，写的是作者务农的祖父。

[35] 我们肩负着实现民族伟大复兴的庄严使命。

[36] 居民生活质量提高，衣食住用行都有较大改善。

[37] 他沿着院子围墙跑着，履行保卫主人的职责。

[38] 善于总结成功的经验，善于汲取失误的教训。

[39] 那些皱纹，为他的脸增添了许多慈祥的笑意。

[40] 来往的船只，随时都可能有触着暗礁的危险。

<后测材料>

[1] 海峡两岸人员来往和经济文化交流不断加强。

[2] 各项决策是正确的，符合最广大人民的根本利益。

[3] 黄河流域是中华民族灿烂文化的摇篮。

[4] 提高人民生活水平，保证人民共享发展成果。

[5] 我们将继续改善和发展同发达国家的关系。

[6] 在洁净轻柔的细沙上，静听着海潮的倾诉。

[7] 历史上，浙江生产过灿烂群星的文化名人。

[8] 我们支持发展中国家维护自身的正当权益。

[9] 她在茫茫的生活大海中浮沉，寻找着新的生路。

[10] 只有通过交流，才能互相学习，互相了解。

[11] 中美双方都希望减少国际军事冲突危险。

[12] 黄龙附近的林区，栖息着大熊猫等珍贵动物。

[13] 两个风筝的缠绕解开了，他高兴得跳跃。

[14] 他善于协调不同利益关系和克服各种困难。

[15] 玄中寺在中国佛教史上有十分重要的地位。

[16] 秋蝉的衰弱的残声，更是北国的特产。

[17] 创新是民族进步的灵魂，政党永葆生机的源泉。

[18] 踏在细软的沙子上，有一种说不出来的舒适。

[19] 高度重视存在的问题，采取有力措施加以解决。

[20] 两点三点白鸥划破了渐变为赭色的天空。

[21] 我要讲述的，却是几十年前的那段往事。

[22] 中国古代四大发明给世界文化以巨大的推动。

[23] 经济效益进一步提高，财政收入不断增长。

[24] 这次访问的成果将为两国关系开辟新的前景。

[25] 我们向各国人民介绍他们所感兴趣的事物。

[26] 我国工人阶级队伍不断壮大，素质不断提高。

[27] 参与国际合作和竞争，提高对外开放水平。

[28] 交流增进了互相了解，还促进了科学文化发展。

[29] 对外开放是我国将要长期坚持的基本国策。

[30] 但是我并没有失去我的信仰，对生活的信仰。

[31] 我国加入世贸组织，对外开放进入新阶段。

[32] 经过这一次危险后，我再也不敢尝试游泳。

[33] 我们要坚定不移地贯彻党的路线方针政策。

[34] 美丽的湖光山色和淳朴人风令人深情向往。

[35] 在苗族人民心目当中，龙是吉祥如意的象征。

[36] 九寨沟之美，实际上百倍于这样的描绘。

[37] 他们很友好的接待我，我们谈得很热烈。

[38] 杭州经济飞速发展，尤其是金融保险业发达。

[39] 公有制进一步壮大，国有企业改革稳步推进。

[40] 他那红得透亮的色泽，给人一种喜盈盈的感觉。

附录 4　实验 3 的口译任务材料

The United States has universities that provide quality education for world-wide students. We welcome tens of thousands of international students—maybe even some of you or your family members—to our universities. Those students return to their home countries armed with uniquely American ideas and approaches, planting their own seeds of innovation and enterprise. Those who choose to stay in the United States are talent that have helped fuel our economic engine when we needed it and became valued and equal members of American society.

We built industry clusters, where scientists and entrepreneurs could interact and exchange ideas, creating incubators for future ideas and future business opportunities.

The best example and one I am sure you are all familiar with, is Silicon Valley, which not only helped launch the computer revolution but established a certain recipe for success that serves as a model for similar technology hubs throughout the world, from Brooklyn to Beijing. Our commitment to open markets and an open society resulted in a flurry of innovation and new technologies that revitalized our economy, ultimately creating some 30 million new jobs. It was innovation, and the entrepreneurial culture that fostered it, that helped drag the United States out of the economic downturn of the 1970's and set up three decades of unprecedented growth and prosperity.

In the United States, we venerate people like Thomas Edison, who invented the light bulb. Henry Ford, who helped launch the modern automobile industry; John Rockefeller, who revolutionized the oil business; Warren Buffet and investing, Bill Gates and Microsoft. All of them have helped define American Dream, where you work hard, you think big and ultimately, you enjoy the fruits of your labor.

So we've all heard story about entrepreneurs, whether they're Chinese or American. And the environment that produced the success stories all seems to have four basic things in common: One, they encourage free thinking; Two, there is easy access to information and capital; Three, they welcome collaboration; Four, they tolerate failure. Perhaps the best example of that sort of innovation is the Internet, which is one of the greatest magnets for entrepreneurs we've ever seen.

In the United States, some economists estimate the Internet has created over a million jobs in the past decade and generates at least 300 billion dollars for the U.S. economy every year. The Internet is transforming the way we live and the way we think. It embodies the central elements of an innovative society—it is full of free thinkers, and it is a network that is sustained by collaborative work. So, it should come as no surprise that today's Internet is creating a massive new generation of innovation.

President Obama put it best when he spoke about this last year in Shanghai. He said the more freely information flows, the stronger society becomes. Now both countries have experienced both enormous growth and change since our modern relationship began 40 years ago. I suspect the pace of change will advance beyond anyone's comprehension in years to come. And I am guessing the driver will be the development of ideas in health, energy, transportation—just to name a few. So here's the question: is there a central role for innovation in the U.S.-China relationship that speaks to where we want to find ourselves in the future? If so, and I believe there is, then let's get moving!

附录 5   实验 3 的句子判断和单词再认材料

	句子内容	T/F
1	Students who graduated from US universities make contribution to the growth of US economy.	T
2	Silicon Valley is the best example of innovation center where computer revolution originated.	T
3	For most American entrepreneurs Brooklyn is a more important technology innovation center than Beijing.	F
4	From the 1970s the US has been enjoying economic growth for over thirty years.	T
5	Great inventors are entrepreneurs are highly respected in US business culture	T
6	Individual talent is more important than teamwork in achieving innovation and creativity.	F
7	Free flow of information and abundant fund are important elements for a desirable business environment.	T
8	A lot of today's innovations are based on the development of Internet.	T
9	In his speech in Shanghai, President Obama highlighted the value of innovation in boosting US and China economies.	F
10	Most people believe that IT industry will be new driving force in the future.	F

	WORDS	Y/N		WORDS	Y/N
1	squarely	N	11	automobile	Y
2	seeds	Y	12	security	N
3	socialist	N	13	dream	Y
4	interact	Y	14	New York	N
5	harbor	N	15	sustain	Y
6	cluster	Y	16	creative	N
7	recipe	Y	17	money	N
8	democracy	N	18	relationship	Y
9	downturn	Y	19	failure	Y
10	magnet	Y	20	communication	N

附录6　实验研究统计数据

实验1

错误记忆比率的前后对比

	测试项目	X	SD	df	t	p（2-tailed）
总正确率	前测 X_1	54.7%	11.05	31	12.834	< 0.001
	后测 X_2	72.6%	12.53	31		
遗漏错误		O	SD	df	t	p（2-tailed）
	前测 O_1	30.9%	11.60	31	9.712	< 0.001
	后测 O_2	17.3%	9.10	31		
替代错误		R	SD	df	t	p（2-tailed）
	前测 R_1	5.82%	3.39	31	1.777	0.085
	后测 R_2	5.50%	2.82	31		
侵入错误		I	SD	df	t	p（2-tailed）
	前测 I_1	5.28%	1.91	31	7.666	< 0.001
	后测 I_2	3.17%	1.34	31		
移动错误		M	SD	df	t	p（2-tailed）
	前测 M_1	3.34%	1.85	31	5.250	< 0.001
	后测 M_2	1.39%	1.75	31		

错误记忆在语篇中的分布状况分析（5.2.2.3）

信息传递情况	相关指标	句1	句2	句3	句4	句5	句6	句7
总正确率	X_1	68.2	25.5	53.8	35.2	57.1	61.9	76.8
	X_2	72.1	65.7	69.5	73.6	75.8	77.3	81.6
遗漏错误	O_1	15.1	48.6	25.2	42.5	29.5	25.9	15.1
	O_2	13.3	22.6	12.8	18.5	7.3	14.6	13.3
替代错误	R_1	5.5	13.7	6.2	4.3	4.9	3.8	2.4
	R_2	3.4	4.1	2.5	6.9	8.8	9.2	5.8
参照组（后测成绩）	Xc	92.1	95.7	94.5	89.6	95.8	88.3	94.6
	Oc	3.3	2.6	2.8	4.5	2.3	5.6	3.3
	Rc	1.4	0.8	0.5	1.9	1.8	3.2	2.0

实验 2

各被试组的工作记忆广度测试成绩

	译员组（7）		教师组（9）		学生组（45）	
	成绩	人数	成绩	人数	成绩	人数
	3.5	1	3.5	3	3	8
	3.75	4	3.75	3	3.25	18
	4	1	4	2	3.5	12
	4.2	1	4.2	1	3.75	4
	—	—	—	—	4	2
	—	—	—	—	4.2	1
均值	3.814		3.772		3.371	

高低工作记忆组的分组情况

	高工作记忆组（35）		低工作记忆组（26）	
	成绩	人数	成绩	人数
	3.5	16	3	8
	3.75	11	3.25	18
	4	5	—	—
	4.2	3	—	—
均值	3.710		3.173	

实验 3

各被试组的口译效果

分组情况		口译成绩				
组别	人数（N）	均值（M）	标准差（SD）	标准误（SE）	最大值（Max）	最小值（Min）
译员组	5	9.266	0.339	0.151	9.615	8.904
教师组	6	9.075	0.481	0.196	9.558	8.633
学生组	H：19	8.396	0.669	0.153	9.157	7.508
	L：24	7.065	0.827	0.168	8.925	6.393
	t（df）/Sig. 2-tailed		2.045（41）/0.000			

工作记忆与口译效果相关性分析

组别	比较内容	相关指标	记忆广度	口译成绩
H 组	记忆广度	Pearson Co.	1	0.648
		Sig. 2-tailed	—	0.029
		N	19	19
L 组	记忆广度	Pearson Co.	1	0.537
		Sig. 2-tailed	—	0.083
		N	24	24

各被试组的语句判断成绩

分组情况		语句判断成绩					
组别	人数（N）	均值（M）	标准差（SD）	标准误（SE）	最大值（Max）	最小值（Min）	t（df）/Sig. 2-tailed
H 组	30	9.655	0.112	0.020	10.000	7.000	2.347（52）/0.006
L 组	24	8.135	0.381	0.078	9.000	6.000	

工作记忆与信息保持的相关性分析

组别	比较内容	相关指标	记忆广度	语句判断成绩
H 组	记忆广度	Pearson Co.	1	0.704
		Sig. 2-tailed	—	0.000**
		N	30	30
L 组	记忆广度	Pearson Co.	1	0.655
		Sig. 2-tailed	—	0.009**
		N	24	24

高低被试组的单词再认成绩

分组情况		单词再认成绩					
组别	人数（N）	均值（M）	标准差（SD）	标准误（SE）	最大值（Max）	最小值（Min）	t（df）/Sig. 2-tailed
H 组	30	15.230	0.242	0.044	19.000	12.000	5.485（52）/0.000**
L 组	24	11.617	0.582	0.119	17.000	10.000	

工作记忆与语言形式保持的相关性分析

组别	比较内容	相关指标	记忆广度	单词再认成绩
H 组	记忆广度	Pearson Co.	1	0.611
		Sig. 2-tailed	—	0.025*
		N	30	30
L 组	记忆广度	Pearson Co.	1	0.419
		Sig. 2-tailed	—	0.055
		N	24	24

实验 4

英—汉方向的隐喻词效应 （单位：ms）

统计指标	隐喻词	非隐喻词	t（df）/Sig. 2-tailed
人数（N）	812	812	
均值（M）	1024.67	835.41	
最大值（Max）	1426.53	1387.66	13.63（810）/0.000
最小值（Min）	782.31	658.27	
标准差（SD）	101.28	98.31	
标准误（SE）	3.55	3.45	

汉—英方向的隐喻词效应 （单位：ms）

统计指标	隐喻词	非隐喻词	t（df）/Sig. 2-tailed
人数（N）	836	836	
均值（M）	1291.38	892.11	
最大值（Max）	1593.02	1434.18	19.52（834）/0.000
最小值（Min）	693.45	593.81	
标准差（SD）	113.62	108.46	
标准误（SE）	3.93	3.75	

实验 5

反应时数据（读后复述）

分组情况		隐喻词					非隐喻词				
组别	人数（N）	均值（M）	标准差（SD）	标准误（SE）	最大值（Max）	最小值（Min）	均值（M）	标准差（SD）	标准误（SE）	最大值（Max）	最小值（Min）
H 组	19	590.31	181.01	41.53	771.64	408.82	572.81	139.62	31.89	713.42	431.85
L 组	24	610.95	244.17	49.81	903.21	452.76	596.24	172.08	35.11	768.27	424.38
t（df）/Sig. 2-tailed		3.142（41）/0.0416					2.863（41）/0.0572				

反应时数据（读后口译）

分组情况		隐喻词					非隐喻词				
组别	人数（N）	均值（M）	标准差（SD）	标准误（SE）	最大值（Max）	最小值（Min）	均值（M）	标准差（SD）	标准误（SE）	最大值（Max）	最小值（Min）
H组	19	608.13	211.92	48.61	820.17	398.05	591.36	158.79	36.45	750.24	413.87
L组	24	725.84	278.24	56.75	1003.65	447.69	613.22	193.34	39.43	809.68	440.71
t（df）/Sig. 2-tailed		5.642（41）/0.000					4.184（41）/0.0631				

ANOVA

组别	相关指数	df	Sum of Squares	Mean Square	$F1$	$p1$	$F2$	$p2$
H组	ANOVA	1,17	11.338	3.722	0.832	0.781	0.597	0.192
	Task	1,17	8.462	3.187	1.082	0.394	3.816	0.596
	Sentence	1,17	9.314	3.910	2.533	0.098	3.917	0.218
L组	ANOVA	1,22	26.427	5.902	3.112	0.001	2.415	0.000

AVOVA（L组）

L组			df	t	Sig.2-tailed
L组	Task	读后复述	22	1.027	0.329
		读后口译	22	3.151	0.000
	Sentence	隐喻词	22	4.106	0.001
		非隐喻词	22	3.719	0.188

读后口译任务质量评分

组别	人数（N）		均值（M）	标准差（SD）	标准误（SE）	最大值（Max）	最小值（Min）	t（df）/Sig. 2-tailed
H组	19	隐喻词	3.931	0.276	0.0633	4.459	3.582	隐喻句：3.337（41）/0.254
		非隐喻词	4.253	0.312	0.0716	4.611	3.865	非隐喻句：2.681（41）/0.183
L组	24	隐喻词	3.917	0.381	0.0778	4.405	2.591	
		非隐喻词	4.015	0.427	0.0872	4.528	2.708	

实验6

反应时数据（读后复述）

分组情况		隐喻词					非隐喻词				
组别	人数（N）	均值（M）	标准差（SD）	标准误（SE）	最大值（Max）	最小值（Min）	均值（M）	标准差（SD）	标准误（SE）	最大值（Max）	最小值（Min）
H组	19	929.26	218.72	50.24	1129.53	717.62	803.26	191.62	44.05	1004.69	611.75
L组	26	1135.89	303.28	61.85	1435.61	752.30	964.42	288.17	58.79	1276.08	674.81
t（df）/Sig. 2-tailed		5.073（43）/0.000					2.601（43）/0.000				

反应时数据（读后口译）

分组情况		隐喻词					非隐喻词				
组别	人数（N）	均值（M）	标准差（SD）	标准误（SE）	最大值（Max）	最小值（Min）	均值（M）	标准差（SD）	标准误（SE）	最大值（Max）	最小值（Min）
H 组	19	981.44	201.32	46.11	1182.75	780.49	821.21	193.67	44.51	1013.78	627.72
L 组	26	1356.18	316.30	64.56	1663.88	984.27	1198.33	312.04	63.69	1509.69	886.11
t（df）/Sig. 2-tailed		2.819（43）/0.000					6.953（43）/0.000				

ANOVA

		df	Sum of Squares	Mean Square	$F1$	$p1$	$F2$	$p2$
H 组	ANOVA	1,17	18.183	5.925	1.928	0.011	3.391	0.001
L 组	ANOVA	1,24	34.814	6.390	2.661	0.003	1.437	0.000

显著性分析

			df	t	Sig.2-tailed
H 组	Task	读后复述	17	3.814	0.000
		读后口译		6.252	0.000
	Sentence	隐喻词		4.902	0.000
		非隐喻词		1.695	0.085
L 组	Task	读后复述	24	7.222	0.000
		读后口译		11.084	0.000
	Sentence	隐喻词		6.196	0.000
		非隐喻词		4.993	0.000

读后口译任务质量评分

组别	人数（N）		均值（M）	标准差（SD）	标准误（SE）	最大值（Max）	最小值（Min）	t（df）/Sig. 2-tailed
H 组	19	隐喻词	4.793	0.274	0.0629	4.931	4.487	隐喻句: 6.709（43）/0.003
		非隐喻词	4.865	0.197	0.0452	4.963	4.661	非隐喻句: 3.562（43）/0.008
L 组	26	隐喻词	4.130	0.361	0.0708	4.495	3.688	
		非隐喻词	4.545	0.285	0.0559	4.820	4.011	

问卷调查的部分数据

题号	对口译过程中各项能力指标的调查	本科 46	MTI 52	教师 38	译员 16
2.1	双语能力	4.848	4.885	4.921	4.875
2.2	口译技能（具体的语言转换策略及相关的口译处理技巧）	4.152	3.904	4.474	4.688

题号	对口译过程中各项能力指标的调查	本科 46	MTI 52	教师 38	译员 16
2.3	记忆能力	4.196	4.538	4.342	4.062
2.4	笔记能力	4.478	3.981	3.816	3.625
2.5	知识面（即口译相关的背景知识、百科知识等）	3.543	3.808	4.579	4.812
2.6	心理素质（即应对紧张情绪和意外状况的能力和策略）	4.369	4.615	4.368	4.125
2.7	表达技能（即增强表达效果的策略，如对语音、语调和语速的控制等）	3.804	3.923	4.289	4.438
2.8	交际策略（促进有效交际活动的策略，如跨文化交际意识与能力等）	3.652	3.788	4.421	3.875
2.9	实践经验（如参加口译活动的次数、形式、难度等）	4.239	4.577	4.632	4.625
2.10	职业素养（如恪守职业守则、保守机密、团队精神等）	3.717	3.712	4.737	4.812

题号	对交替传译过程中记忆能力和记忆因素的调查	本科 46	MTI 52	教师 38	译员 16
3.1	口译训练有助于提高记忆能力和效果。	4.196	4.673	4.525	3.750
3.2	良好的记忆力是口译成功的必要条件。	4.696	4.846	4.789	4.563
3.3	专门的记忆训练应该是口译训练的必要环节。	4.201	4.839	4.627	4.375
3.4	与非专业人员相比，专业口译员的记忆力更强。	4.304	4.692	4.447	3.563
3.5	交替传译的记忆方式与同声传译有区别。	3.801	4.237	4.816	4.75
3.6	我对口译过程中记忆的重要性有着清楚的认识。	4.447	4.511	4.942	5.000
3.7	我熟悉"短时记忆""工作记忆"等术语并了解其概念。	3.485	3.897	4.892	3.875
3.8	我在做交替传译时对笔记的依赖很大。	4.660	4.839	3.211	2.875
3.9	我在口译训练中将记忆力作为训练的重要内容。	4.043	4.788	4.079	3.313
3.10	我在口译实践中常常出现听懂了但无法回忆信息的"记忆困难"现象。	4.815	4.559	2.601	1.875

题号	我做口译出现记忆困难的时候，采取的应对做法是	评分			
		本科 46	MTI 52	教师 38	译员 16
3.11.1	卡在原地，无法继续，直到回忆起为止。	2.7	1.769	1.000	1.000
3.11.2	跳过遗忘的位置，从下一处回忆起来的位置继续口译。	2.4	4.096	4.316	4.000
3.11.3	找一个模糊的表达进行替代，把句子说完整。	2.239	3.173	4.132	3.688

3.12 记忆压力更大的 口译方向	本科 （46）	MTI （52）	教师 （38）	译员 （16）
英译汉过程	37（80.43%）	47（90.38&）	27（71.05%）	7（43.75%）
汉译英过程	4（8.70%）	2（3.85%）	3（7.89%）	2（12.5%）
差别不明显	5（10.87%）	3（5.77%）	8（21.06%）	7（43.75%）

题号	对交替传译信息加工过程的调查	本科 46	MTI 52	教师 38	译员 16
4.1	口译过程应该是信息的重新表达，而不是单纯的语言代码转换。	4.902	5.0	5.0	5.0
4.2	双语精通程度直接影响到口译信息加工过程和质量。	4.984	5.0	5.0	5.0
4.3	水平越高的译员，在口译中"释意"的行为越多、直译的情况越少。	4.882	4.904	4.901	4.625
4.4	英译汉时，我会受到词典上单词释义的影响。	4.498	4.173	2.868	2.688
4.5	英译汉时，我会受到源语句子结构的影响。	4.196	3.365	2.079	2.375
4.6	英译汉时，我常常遇到能理解但无法表达的情况。	4.663	3.904	1	1
4.7	英译汉时，我会一边听一边在大脑中转换成汉语。	3.491	3.192	1.133	1
4.8	汉译英时，我会受到词典上单词翻译的影响。	4.674	4.346	3.447	3.375
4.9	汉译英时，我会受到源语句子结构的影响。	4.326	3.558	2.737	2.625
4.10	汉译英时，我会一边听一边在大脑中转换成英语。	3.283	2.788	1	1
4.11	我觉得"脱离语言外壳"是有风险的选择。	3.605	2.826	3.531	2.562

更易受到源语影响的是	本科 46	MTI 52	教师 38	译员 16
英译汉过程	20（43.48%）	13（25.00%）	8（21.05%）	2（12.5%）
汉译英过程	26（56.52%）	39（75.00%）	30（78.95%）	14（87.5%）

参 考 文 献

鲍刚. 2005. 口译理论概述. 北京: 中国对外翻译出版公司.

波赫哈克, F. 2010. 口译研究概论. 仲伟合等译. 北京: 外语教学与研究出版社.

蔡任栋, 董燕萍. 2012. 词汇层面双语控制的工作记忆效应. 当代外语研究, (4): 11-15.

蔡小红. 2000. 交替传译的过程及其能力发展——对法语译员和学生的交替传译活动进行实证性研究. 广东外语外贸大学博士学位论文.

蔡小红. 2002. 口译研究新探: 新方法、新观念、新趋势. 香港: 开益出版社.

蔡小红. 2003. 论口译质量评估的信息单位. 外国语, (5): 75-80.

蔡小红. 2007. 口译评估. 北京: 中国对外翻译出版公司.

陈菁. 2013. 口译交际行为的主体、客体和规范透视口译的文化性. 外语与外语教学, (3): 66-69.

陈圣白. 2012. 口译研究的生态学途径. 上海外国语大学博士学位论文.

陈卫红. 2014. 论心理认知与口译记忆. 外语教学理论与实践, (1): 85-87.

陈翔. 2005. 交传技能训练的五大模块. 上海翻译, (2): 36-40.

谌莉文. 2011. 口译思维过程的意义协商模式. 北京: 中国社会科学出版社.

谌莉文, 梅德明. 2010. 意义阐释与口译思维运作的主体间性: 语言游戏视角. 外语与外语教学, (6): 71-74.

褚孝泉. 2010. 译文·异文·易文——翻译行为的第三个度向. 上海翻译, (3): 1-5.

董燕萍. 2010. 交替传译中的语言转换心理机制: 非对称有限并行模型. 中国英语教育, (4): 1-11.

董燕萍, 梁君英. 2002. 走近构式语法. 现代外语, (2): 142-152.

董燕萍, 王斌华. 2013. 口译过程的两阶段解读: 以一般语言理解和产出为参照. 中国翻译, (1): 19-24.

杜争鸣, 孟祥春. 2005. "Workload Studies: 一项以人为本的口译工作调研——国际会议口译协会(AIIC)译员工作负荷研究"述评. 中国翻译, (5): 76-79.

方梦之. 2011. 中国译学大辞典. 上海: 上海外语教育出版社.

冯之林, 黄跃文. 2002. 连续传译口译技能分解训练的理论依据、做法和实证研究//蔡小红主编. 口译研究新探: 新方法、新观念、新趋势. 香港: 开益出版社: 255-268.

高文成, 张丽芳. 2014. 论认知语言学心理真实性和解释自然性. 西安外国语大学学报, (3):

26-29.

龚龙生. 2008. 从释意理论看口译研究. 中国外语, (2): 80-84.

桂诗春. 2000. 新编心理语言学. 上海: 上海外语教育出版社.

桂诗春, 宁春岩. 1997. 语言学方法论. 北京: 外语教学与研究出版社.

何雯婷. 2014. 译者经验与翻译速度之间的关系: 一项基于自动化机制理论的翻译过程实证研究. 上海外国语大学博士学位论文.

赫尔伯特. 1982. 口译须知. 孙慧双译. 北京: 外语教学与研究出版社.

胡庚申. 2010. 生态翻译学: 产生的背景与发展基础. 外语研究, (4): 62-67.

胡开宝. 2011. 语料库翻译学概论. 上海: 上海交通大学出版社.

胡开宝, 陶庆. 2009. 汉英会议口译中语篇意义显化及动因研究. 解放军外国语学院学报, (4): 67-73.

胡凌鹊. 2008. 交替传译中笔记的心理语言学研究. 上海外国语大学博士学位论文.

胡元江, 马广惠. 2013. 同声传译中译语产出的认知心理模式研究. 外语教学理论与实践, (4): 64-70.

黄一. 2013. 句子记忆和脱离原语语言外壳: 关于专业译员英中同传中原句表面形式再认记忆的实验研究. 上海外国语大学博士学位论文.

赖祎华. 2013. 口译动态 RDA 模型研究: 理论与实践运用. 上海外国语大学博士学位论文.

蓝纯. 1999. 认知语言学与隐喻研究. 北京: 外语教学与研究出版社.

勒代雷. 2010. 论翻译学研究方法. 刘和平译. 中国翻译, (2): 11-18.

勒代雷. 2011. 释意学派口笔译理论. 刘和平译. 北京: 中国对外翻译出版公司.

雷蕾, 王同顺. 2009. 双语句法表征: 来自汉英不平衡双语者句法启动的证据. 现代外语, (2): 58-67.

林洁绚, 董燕萍. 2011. 汉英口译中语言转换的时间起点: 串行加工观和并行加工观. 外国语, (4): 56-63.

刘和平. 2005. 口译理论与教学. 北京: 中国对外翻译出版公司.

刘和平. 2007. 谈口译研究与专业口译培训. 中国翻译, (1):

刘和平. 2011. 口译技巧: 思维科学与口译推理教学法. 北京: 中国对外翻译出版公司.

刘和平. 2013. 翻译教学模式: 理论与应用. 中国翻译, (2): 50-55.

刘建珠. 2013. 同声传译研究概论. 苏州: 苏州大学出版社.

刘猛. 2014. 认知能力与交替传译能力的关系: 基于国内翻译硕士院校的实证研究. 上海外国语大学博士学位论文.

刘宓庆. 2004. 口笔译理论研究. 北京: 中国对外翻译出版公司.

刘荣. 2007. 工作记忆加工对情景长时记忆提取的作用. 首都师范大学博士学位论文.

刘润清. 1999. 外语教学中的科研方法. 北京: 外语教学与研究出版社.

刘绍龙, 仲伟合. 2008. 口译的神经心理语言学研究——连续传译"过程"模式的构建. 外国语, (7): 86-91.

罗新璋. 1984. 翻译论集. 北京: 商务印书馆.

罗新璋. 1990. 钱锺书的译艺谈. 中国翻译, (6): 3-11.

马拯, 王同顺, 2011. 外语学能和工作记忆对外语阅读的影响. 山东外语教学, (3): 41-47.

梅德明, 谌莉文. 2011. 口译活动的语言游戏参与规则. 外语教学, (2): 81-85.

穆雷. 2011. 翻译研究方法概论. 北京: 外语教学与研究出版社.

穆雷, 王斌华. 2009. 国内口译研究的发展及研究走向. 中国翻译, (4): 19-25.

彭聃龄. 2004. 认知心理学. 北京: 北京大学出版社.

瞿宗德. 2009. 翻译中的意义空白填补机制研究. 上海: 华东理工大学出版社.

任文, 杨平. 2011. 迈向国际化: 中国口译研究发展的现状与趋势. 中国翻译, (1): 29-32.

芮敏. 2002. 论口译记忆效果的改善// 蔡小红. 口译研究新探: 新方法、新观念、新趋势. 香港: 开益出版社: 194-203.

塞莱斯科维奇. 1979. 口译技巧. 孙慧双译. 北京: 北京语言大学出版社.

塞莱斯科维奇, 勒代雷. 1992. 口笔译概论. 孙慧双译. 北京: 北京语言大学出版社.

塞莱斯科维奇, 勒代雷. 2011. 口译训练指南. 闫素伟, 邵炜译. 北京: 中国对外翻译出版公司.

邵俊宗. 2013. 言语心理引论. 北京: 中国社会科学出版社.

束定芳. 2004. 隐喻和换喻的差别与联系. 外国语, (3): 26-34.

孙序. 2010. 交替传译信息处理过程中语言能力与口译能力的关系研究. 上海外国语大学博士学位论文.

腾亿兵, 庾鲜海. 2006. 工作记忆模型的演变及其对口译等复杂认知活动的作用. 西北工业大学学报(社会科学版), (3): 72-76.

Tommola, J. 2002. 语义准确性——口译质量的核心特征. 冯之林译//蔡小红主编. 口译研究新探——新方法, 新观念, 新趋势. 香港: 开益出版社: 298-306.

托莫拉. 2002. 语义准确性: 口译质量的核心特征. 冯之林译//蔡小红. 口译研究新探: 新方法、新观念、新趋势. 香港: 开益出版社.

王斌华. 2008. 口译即释意?——关于释意理论及其有关争议的反思. 外语研究, (5): 72-76.

王斌华. 2013. 口译描写的规范研究: 基于现场口译较大规模语料的分析. 北京: 外语教学与研究出版社.

王恩冕. 2005. "口译在中国"调查报告. 中国翻译, (2): 59-64.

王宏印. 2003. 中国传统译论经典诠释. 武汉: 湖北教育出版社.

王宏印. 2009. 中国传统译论经典诠释. 北京: 中国对外翻译出版公司.

王柳琪, 刘绍龙. 2009. 翻译信息转换模型的认知心理学研究: 基于符号加工范式的思考与构建. 中国翻译, (6): 20-24.

王茜, 刘和平. 2015. 2004—2013 中国口译研究的发展与走向. 上海翻译, (1): 77-82.

王甦, 汪安圣. 2012. 认知心理学. 北京: 北京大学出版社.

王湘玲, 胡珍铭. 2011. 口译认知过程中信息处理模型的图式诠释. 湖南大学学报(社会科学版), (5): 107-110.

王湘玲, 胡珍铭, 邹玉屏. 2013. 认知心理因素对口译策略的影响: 职业译员与学生译员交替传译之实证研究. 外国语, (1): 73-81.

王湘玲, 危安, 蒋坚松. 2008. 从口译会场人员看口译质量的一次实证研究. 外语与外语教学, (3): 59-62.

王亚同, 李文岗. 2011. 心理语言学研究. 郑州: 河南大学出版社.

徐海铭. 2010. 汉英交替传译活动中的口译停顿现象实证研究: 以国际会议职业口译受训译员为例. 外语研究, (1): 64-71.

徐海铭, 柴明颎. 2008. 汉英交替传译活动中译员笔记困难及其原因实证研究: 以国际会议职业受训译员和非职业译员为例. 外语学刊, (3): 122-127.

徐琦璐. 2012. "听""说"同步模式下的工作记忆与同声传译的关系——基于英汉语言组合的同声传译实证研究. 上海外国语大学.

徐盛桓. 2008. 隐喻为什么可能. 外语教学, (3): 1-7.

许钧, 穆雷. 2009. 翻译学概论. 南京: 译林出版社.

许钧, 袁筱一. 1998. 当代法国翻译理论. 南京: 南京大学出版社.

许明. 2008. 西方口译认知研究概述. 中国翻译, (1): 16-21.

许明. 2010. 口译认知过程中"deverbalization"的认知诠释. 中国翻译, (3): 5-11.

薛锦, 朱瑞青. 2011. 二语隐喻加工: 语言水平影响抑制机制. 西安外国语大学学报, (4): 59-61.

颜林海. 2008. 翻译认知心理学. 北京: 科学出版社.

杨承淑. 2010. 口译的信息处理过程研究. 天津: 南开大学出版社.

杨小虎. 2009. 工作记忆与同声传译实验研究综述. 外语教学理论与实践, (1): 77-83.

杨治良, 孙连荣, 唐菁华. 2012. 记忆心理学. 上海: 华东师范大学出版社.

虞文婷. 2012. 交替传译中自我监控机制与自我修正模式研究. 上海外国语大学.

曾文雄. 2013. 哲学维度的中西翻译学比较研究. 北京: 科学出版社.

詹成. 2010. 中国口译教学三十年: 发展及现状. 广东外语外贸大学学报, (6): 89-92.

张德禄, 刘汝山. 2002. 语篇连贯与衔接. 山东师大外国语学院学报, (2): 1-8.

张吉良. 2008. 当代国际口译研究视域下的巴黎释意学派口译理论. 上海外国语大学.

张吉良. 2009. 从研究方法看释意学派和科学研究派的口译研究. 外语研究, (4): 68-73.

张吉良. 2010. 国际口译界有关巴黎释意学派口译理论的争议及其意义. 外语研究, (1): 72-78.

张吉良. 2011. 巴黎释意学派口译过程三角模型研究. 外语教学理论与实践, (2): 74-80.

张思洁. 2007. 中国传统译论范畴及其体系略论 外语与外语教学, (5): 56-59.

张威. 2006. 口译与记忆: 历史、现状、未来. 外语研究, (6): 66-69.

张威. 2008a. 口译质量评估: 以服务对象为依据. 解放军外国语学院学报, (5): 84-89.

张威. 2008b. 同声传译对工作记忆发展潜势的特殊影响研究. 现代外语, (4): 423-430.

张威. 2011a. 口译认知研究: 同声传译与工作记忆的关系. 北京: 外语教学与研究出版社.

张威. 2011b. 口译质量的社会性调查与分析: 意义与途径. 天津外国语大学学报, (5): 37-42.

张威. 2012a. 工作记忆与口译技能在同声传译中的作用与影响. 外语教学与研究, (5): 751-764.

张威. 2012b. 口译研究的跨学科探索: 困惑与出路. 中国翻译, (3): 13-19.

张威. 2013. 新世纪口译研究的热点与策略. 中国外语, (6): 77-82.

张晓东. 2014. 短时记忆、工作记忆及词汇知识对二语接收性言语技能的影响. 外语界, (5): 38-47.

赵晨. 2010. 中国英语学习者常规隐喻加工模式研究. 中国外语, (5): 42-48.

赵晨. 2013. 中英不平衡双语者口译中的源语理解过程. 外语教学与研究, (1): 93-104.

赵晨, 董燕萍. 2009. 中国英语学习者在句子语境中消解词汇歧义的认知模式. 外语教学与研究, (3): 170-178.

赵鑫, 周仁来. 2010. 工作记忆训练: 一个很有价值的研究方向. 心理科学进展, (5): 711-717.

赵彦春. 1999. 关联理论对翻译的解释力. 现代外语, (3): 276-295.

仲伟合. 2012. 口译研究方法论. 北京: 外语教学与研究出版社.

仲伟合, 王斌华. 2010. 口译研究的"名"与"实"——口译研究的学科理论建构之一. 中国翻译, (5): 7-12.

Anderson, J. C. 1985. *Cognitive Psychology and its Implication*[M]. New York: Freeman.

Baddeley, A. D. 1986. *Working Memory*. Oxford: Oxford University Press.

Baddeley, A. D. 2000. The episodic buffer: A new component of working memory [J]. *Trends in Cognitive Sciences*. (4): 417-423.

Baddeley, A. D. 2001. Is working memory still working? *American Psychologist*, 11: 851-864.

Baddeley, A. D. 2006. Working memory: An overview. In S. J. Pinckering (Ed.), *Working Memory and Education* (pp. 1-3). London: Academic Press.

Baddeley, A. D. & Hitch, G. 1994. Working Memory. In G. A. Bower (Ed.), *Recent Advances in Learning and Motivation*. New York: Academic Press, 8: 47-90.

Baddeley, A. D., Lewis, V. & Vallar, G. 1984. Exploring the articulatory loop. *Quarterly Journal of Experimental Psychology*. 36-A: 233-252.

Bajo, M. T., Padilla, F. & Padilla, P. 2000. Comprehension processes in simultaneous interpreting. In A. Chesterman et al. (Eds.), *Translation in Context* (pp. 127-142). Amsterdam and Philadelphia: John Benjamins Publishing Company.

Barik, H. C. 1973. Simultanenous interpretation: temporal and quantitative data. *Language and Speech*,

18: 237-271.

Bendazzoli, C., Sandrelli, A. & Russo, M. 2011. Disfluencies in simultaneous interpreting: A corpus-based analysis. In A. Kruger & J. Munday (Eds.), *Corpus-based Translation Studies: Research and Applications* (pp. 282-306). London / New York: Continuum International Publishing Group.

Caggiano, D. M., Jiang, Y. & Parasuraman, R. 2006. Aging and repetition priming for targets and distracters in a working memory task. *Aging, Neuropsychology, and Cognition*, 13: 552-573.

Camos, V. 2008. Low working memory capacity impedes both efficiency and learning of number transcoding in children. *Journal of Experimental Child Psychology*, 99: 37-57.

Carroll, D. 2000. *Psychology of Language*. Beijing: Foreign Language Teaching and Research Press.

Christoffels, I. K. 2006. Listening while talking: The retention of prose under articulatory suppression in relation to simultaneous interpreting. *European Journal of Cognitive Psychology*, (2): 206-220.

Christoffels, I. K. & De Groot, A. M. B. 2005. Simultaneous interpreting: A cognitive perspective. In J. F. Kroll (Ed.), *Handbook of Bilingualism: Psycholinguistic Approaches.* (pp. 454-479). M. A. : Oxford University Press.

Christoffels, I. K., De Groot, A. M. B. & Kroll, J. F. 2006. Memory and Language skills in simultaneous interpreters: The role of expertise and language proficiency. *Journal of Memory and Language.* (3): 324-345.

Christoffels, I. K., De Groot, A. M. B. & Waldorp, L. J. 2003. Basic skills in a complex task: A graphical model relating memory and lexical retrieval to simultaneous interpreting. *Bilingualism: Language and Cognition*, 6: 201-211.

Cooper, G. 1990. Cognitive load theory as an aid for instructional design. *Australian Journal of Educational Technology*, 6 (1): 108-113.

Cowan, N. 2000. Processing limits of selective attention and working memory: potential implication for interpreting. *Interpreting*, 5 (2): 117-146.

Craik, F. I. M. & Lockhart, R. S. 1972. Levels of processing: A framework for memory research. *Journal of Verbal Learning and Verbal Behavior*, 11: 671-684.

Cynthia, R. 2000. *Interpreting as a Discourse Process*. New York: Oxford University Press.

Daneman, M. & Carpenter, P. A. 1980. Individual differences in working memory and reading. *Journal of Verbal Learning and Verbal Behavior*, 19: 450-466.

Danks, J. H. & Griffin, J. 1997. Reading and translation: A psycholinguistic perspective. In J. H. Danks et al. (Eds.), *Cognitive Processes in Translation and Interpreting.* (pp. 161-175). Thousand Oak: SAGE Publications.

Darò, V. 1995. Attentional, auditory, and memory indexes as prerequisites for simultaneous interpreting. In J. Tommola (Ed.), *Topics in Interpreting Research* (pp. 3-10). Turku: University of Turku, Center for Translation and Interpreting.

Darò, V. 1997. Experimental studies on memory in simultaneous interpretation. *Meta*, 42: 622-628.

Darò, V. & Fabbro, F. 1994. Verbal memory during simultaneous interpretation: Effects of phonological interference. *Applied Linguistics*, 15: 365-381.

De Bot, K. 2000. Simultaneous interpreting as language production. In B. E. Dimitrova & K. Hylyenstam (Eds.), *Language Processing and Simultaneous Interpreting* (pp. 58-71). New York: Benjamins.

De Groot, A. M. B. 1997. The cognitive study of translation and interpretation: Three approaches. In J. H. Danks et al. (Eds.), *Cognitive Process in Translation and Interpreting* (pp. 25-56). Thousand Oaks: SAGE Publications.

De Groot, A. M. B. 2005. The Cognitive Study of Translation and Interpretation: Three Approaches. In J. H. Danks et al. (Eds.), *Cognitive Processes in Translation and Interpreting* (pp. 25-56). London: SAGE Publications.

De Groot, A. M. B. & Christoffels, I. K. 2006. Language control in bilinguals: Monolingual tasks and simultaneous interpreting. *Bilingualism: Language and Cognition.* (2): 189-201.

Dornyei, Z. & P. Skehan. 2003. Individual differences in second language learning. In C. Doughty & M. Long (Eds.), *The Handbook of Second Language Acquisition* (pp. 589-630). Oxford: Blackwell.

Ehlich, K. 1993. HIAT: A transcription system for discourse data. In J. Edwards & M. Lampert (Eds.), *Talking Data: Transcription and Coding in Discourse Research* (pp. 123-148). Hillsdale, New Jersey: Lawrence Erlbaum Associates.

Ehrlich, S. 1982. Construction of text representation in semantic memory. *Advances in Psychology*, 9: 169-178.

Elston-Güttler, K. & Friederici, A. 2005. Native and L2 processing of homonyms in sentential context. *Journal of Memory and Language*, 52 (2): 256-283.

Engle, R. W. 2002. Working memory capacity as executive attention. *Currennt Directions in Psychological Science*, 11 (1): 19-23.

Engle, R. W., Conway, A. R. A., Tuholski S. W., et al. 1995. A resource account of inhibition. *Psychological Science*, 6 (2): 122-125.

Fabbro, F. & Gran, L. 1997. Neurolinguistic research in simultaneous interpretation. In Y. Gambier, D. Gile & C. Taylor (Eds.), *Conference Interpreting: Current Trends in Research* (pp. 9-27). Amsterdam / Philadelphia: Benjamins.

Fabbro, F., Gran, L. & Gran, B. 1991. Hemispheric specification for semantic and syntactic components of language in simultaneous interpreters. *Brain and Language*, 41: 1-42.

Fauconnier, G. & Turner, M. 1998. Conceptual integration networks. *Cognitive Science*, 22(2): 133-187.

Gathercole, S. E., Pickering, S. J., Hall, M., et al. 2001. Dissociable lexical and phonological influences on serial recognition and serial recall. *Quarterly Journal of Experimental Psychology: Human Experimental Psychology,* 54(1): 1-30.

Gernsbacher, M. A., Keysar, B., Robertson, R. R. W., et al. 2001. The role of suppression and enhancement in understanding metaphors. *Journal of Memory and Language*, 45(3): 433-450.

Gerver, D. 1974. Simultaneous listening and speaking and retention of prose. *Quarterly Journal of Experimental Psychology*, 26(3): 337-342.

Gerver, D. 1975. A psychological approach to simultaneous interpretation. *META*, 20(2): 119-128.

Gerver, D. 1976. Empirical studies of simultaneous interpretation: A review and a model. In R. Brislin (Ed.), *Translation: Application and Research* (pp. 165-207). New York: Gardner.

Gerver, D. 2002. The effects of source language presentation rate on the performance of simultaneous conference interpreters. In F. Pöchhacker & M. Shlesinger (Eds.), *The Interpreting Studies Reader* (pp. 52-66). London and New York: Routledge.

Gile, D. 1985. Le modéle d'efforts et l'équilibre en interprétation simultanée. *META*, 30(1): 44-48.

Gile, D. 1990. Scientific research vs. personal theories in the investigation of interpretation. In L. Gran & C. Taylor (Eds.), *Aspects of Applied and Experimental Research on Conference Interpretation* (pp. 28-41). Udine: Campanotto.

Gile, D. 1995a. Fidelity assessment in consecutive interpretation: an experiment. *Target*, 7(1): 151-164.

Gile, D. 1995b. *Basic Concepts and Models for Interpreter and Translator Training*. Amsterdam / Philadelphia: John Benjamins, 155-156.

Gile, D. 1997. Conference interpreting as a cognitive management problem. In J. H. Danks, S. B. Fountain, M. K. McBeath & G. M. Shreve (Eds.), *Cognitive Processes in Translation and Interpreting* (pp. 196-214). Thousand Oaks, CA: Sage Publishing.

Gile, D. 1998. Observational studies and experimental studies in the investigation of conference interpreting. *Target*, (1): 69-93.

Gile, D. 1999. Prospects and challenges of interdisciplinarity in research on conference interpreting. In *Proceedings of the 2nd International Conference on Translation Studies*. Taiwan: National Taiwan Normal University.

Gile, D. 2000. Issues in Interdisciplinary Research into Conference Interpreting. In B. E. Dimitrova and K. Hyltenstam (Eds.), *Language Processing and Simultaneous Interpreting: Interdisciplinary Perspectives* (pp. 89-106). Amsterdam and Philadelphia: John Benjamins Publishing Company.

Gile, D. 2002. Conference interpreting as a cognitive management problem. In F. Pöchhacker & M. Shlesinger (Eds.), *The Interpreting Studies Reader* (pp. 163-176). London and New York: Routledge.

Gile, D. 2005. Citation patterns in the T&I didactics literature. *Forum*, 3 (2): 85-103.

Gile, D. 2009. *Basic Concepts and Models for Interpreter and Translator Training* (Revised Ed.). Amsterdam / Philadelphia: John Benjamins.

Gile, D. 2011. *Basic Concepts and Models for Interpreter and Translator Training*. Amsterdam/Philadelphia: John Benjamins Publishing Company.

Gile, D., Dam, H. V., Dubslaff, F., Martinsen, B., et al. 2001. *Getting Started in Interpreting Research: Methodological Reflections, Personal Accounts and Advice for Beginners*. Amsterdam & Philadelphia: John Benjamins.

Gillies, A. 2009. *Note-taking for Consecutive Interpreting: A Short Course*. 上海: 上海外语教育出版社.

Goldman-Eisler, F. 1972. Segmentation of input in simultaneous translation. *Journal of Psycholinguistic Research,* 1 (2): 127-140.

Gonzalez, M. A. 2012. The language of consecutive interpreters' notes: Differences across levels of expertise. *Interpreting*, (1): 55-72.

Gran, L. & Dodds, J. 1989. *The Theoretical and Practical Aspects of Teaching Conference Interpretation*. Udine: Campanotto Editore.

Green, D. 1986. Control, activation and resource: A framework and a model for the control of speech in bilinguals. *Brain and Language,* (2): 210-223.

Green, D. W. 1998. Mental control of the bilingual lexico-semantic system. *Bilingualism: Language and Cognition,* (7): 67-81.

Hale, S. 1997. The Interpreter on trail: Pragmatics in court interpreting. In Carr. M. et al. (Eds.), *The Critical Link: Interpreters in the Community; papers from the First International Conference on Interpreting in Legal, Health, and Social Service Settings* (pp. 201-211). Amsterdam and Philadelphia: John Benjamins Publishing Company.

Hartsuiker, R. J., Pickering, M. J. & Veltkamp, E. 2004. Is syntax separate or shared between languages? Cross-linguistic syntactic priming in Spanish/English bilinguals. Psychological Science, 15 (6): 409-414.

Hasher, L. & Zacks, R. T. 1988. Working memory, comprehension, and aging: A review and a new view. In G. H. Bower (Ed.), *The Psychology of Learning and Motivation* (pp. 193-225). San Diego, CA: Academic Press.

Hatim, B. & Munday, J. 2004. *Translation: An Advanced Resource Book*. London: Routledge.

Hensen, R. N. A. 1998. Short-term memory for serial order: The start-end model. *Cognitive Psychology,* 36: 73-137.

Herbert, J. 1952. *The Interpreter's Handbook*. Geneve: Georg and Cie.

Hernandez, A. & Kohnert, K. 1999. Aging and language switching in bilinguals. *Neuropsychology and Cognition*, (6): 69-83.

Horvath, I. 2010. Creativity in interpreting. *Interpreting*, (2): 146-159.

Isham, W. P. 1994. Memory for sentence form after simultaneous interpretation: Evidence both for and against deverbalization. In S. Lambert & B. Moser-Mercer (Eds.), *Bridging the Gap: Empirical Research in Simultaneous Interpretation* (pp: 191–211). Amsterdam: John Benjamins.

Isham, W. P. 2000. Phonological interference in interpreters of spoken language: An issue of storage of process? In B. E. Dimitrova & K. Hylyenstam (Eds.), *Language Processing and Simultaneous Interpreting: Interdisciplinary Perspectives* (pp. 133-150). Amsterdam and Philadelphia: John Benjamins Publishing Company.

Jaeggi, S. M., Buschkuehl, M., Jonides, J., et al. 2008. Improving fluid intelligence with training on working memory. *Proceedings of the National Academy of Sciences of the United States of America*, 105 (19): 6829–6833.

Jones, R. 2008. *Conference Interpreting Explained*. Shanghai: Shanghai Foreign Language Education Press.

Just, M. A. & Carpenter, P. A. 1992. A capacity theory of comprehension: Individual differences in working memory. *Psychological Review*, (1): 122-149.

Keysar, B. 1994. Discourse context effects: metaphorical and literal interpretations. *Discourse Processes*, (18): 247-269.

Kroll, J. R. & Steward, E. 1994. Category interference in translation and picture naming: Evidence for asymmetric connections between bilingual memory representations. *Journal of Memory and Languages*, 33 (2): 149-174.

Kurz, I. 2002. Physiological stress responses during media and conference interpreting. In G. Garzone & M. Viezzi (Eds.), *Interpreting in the 21st Century* (pp. 195-202). Amsterdam: John Benjamins.

Kurz, I. 2003. Quality from the user perspective. In A. C. Ais, J. Bourne, et al (Eds.), *La Evaluacion de la Calidad en Interpretacion: Investigacion* (pp. 3-22). Granada: Comares.

Ladmiral, J. R. 2005. Lesalto mortale de la d é verbalisation. *Meta*, (2): 473-487.

Lakoff, G. & Johnson, M. 2003. *Metaphors We Live By*. Chicago, IL: University of Chicago Press.

Lambert, S. 1988. Information processing among conference interpreters: A test of the depth -of-processing hypothesis. *META*, 33 (3): 377-387.

Lederer, M. 1981. *La traduction simultanée. Expérience et theorie*. Paris: Minard Lettres Modernes.

Lederer, M. 2002. Simultaneous interpretation – units of meaning and other features. In F. Pochhacker & M. Shlesinger (Eds.), *The Interpreting Studies Reader* (pp. 130-140). London: Routledge.

Lederer, M. 2003. *Translation: The Interpretive Model*. Manchester: St. Jerome Publishing.

Levelt, W. J. M. 1989. *Speaking: From Intention to Articulation.* Cambridge, MA. : The MIT Press.

Levelt, W. J. M., Roelofs, A. & Meyer, A. S. 1999. A Theory of Lexical Access in Speech Production. *Behavior and Brain Sciences,* 22: 1-38.

Liu, M. 2001. *Expertise in Simultaneous Interpreting: A Working Memory Analysis* (Unpublished doctoral dissertation). University of Texas at Austin, Austin.

Liu, M. 2011. Methodology in interpreting studies: A methodological review of evidence-based research. In B. Nicodemus & L. Swabey (Eds.), *Advances in Interpreting Research: Inquiry in Action* (pp. 85-120). Amsterdam and Philadelphia: John Benjamins Publishing Company.

Liu, M., Schallert, D. L. & Carroll, P. J. 2004. Working memory and expertise in simultaneous interpreting. *Interpreting,* 2(1/2): 19-42.

Macizo, P. & Bajo, M. T. 2004. When translation makes the difference: Sentence processing in reading and translation. *Psicologica,* 25(2): 181-205.

Macizo, P. & Bajo, M. T. 2006. Reading for repetition and reading for translation: do they involve the same processes? *Cognition,* 99: 1-34.

MacWhinney, B. 1997. Simultaneous interpretation and the competition model. In J. Danks, G. Shreve, S. Fountain & M. McBeath (Eds.), *Cognitive Processes in Translation and Interpreting* (pp. 215-232). London: SAGE Publications.

Mandelblit, N. 1995. The cognitive view of metaphor and its implications for translation theory. In *Translation and Meaning* (pp. 483-495). Maastricht: Universitaire Press.

Massaro, D. 1978. An information-processing model of understanding speech. In D. Gerver & W. H. Sinaiko (Eds.), *Language Interpretation and Communication* (pp. 299-314). New York: Plenum Press.

McCormack, T., Brown, D. A. & Vousden, J. A. 2000. Children's Serial Recall Errors: Implications for Theories of Short-term Memory Development. *Journal of Experimental Child Psychology,* 76(3): 222-252.

Miller, A. & Kroll, J. 2002. Stroop effects in bilingual translation. *Memory and Cognition,* (4): 614-628.

Miller, G. A. 1956. The magic number seven, plus or minus two: Some limits to our capacity for processing information. *Psychological Review,* 63: 81-97.

Mizuno, A. 2005. Process model for simultaneous interpreting and working memory. *META,* (2): 739-752.

Moser, B. 1978. Simultaneous interpretation: A hypothesis model and its practical application. In D. Gerver & W. H. Sinaiko (Eds.), *Language, Interpretation and Communication* (pp. 353-368). New York/London: Plenum Press.

Moser-Mercer, B. 1994. Paradigms gained or the art of productive disagreement. In S. Lambert & B.

Moser-Mercer（Eds.）, *Bridging the gap: Empirical research in simultaneous interpretation* (pp. 17-24). Amsterdam / Philadelphia: John Benjamins.

Moser-Mercer, B. 1997. Beyond curiosity: Can interpreting research meet the challenge?. In J. H. Danks, S. B. Fountain, M. K. McBeath & G. M. Shreve（Eds.）, *Cognitive Processes in Translation and Interpreting.* (pp. 176-195). Thousand Oaks, CA: Sage Publishing.

Moser-Mercer, B. 2000. Simultaneous interpreting: Cognitive potential and limitations. *Interpreting*, (2): 83-94.

Moser-Mercer, B. 2011a. The search for neuro-physiological correlates of expertise in interpreting. In G. Shreve & E. Angelone（Eds.）, *Translation and Cognition* (pp. 263-288). Amsterdam: John Benjamins Publishing Company.

Moser-Mercer, B. 2011b. Identifying and interpreting scientific phenomena: Simultaneous challenges to interpreting research. In B. Nicodemus & L. Swabey（Eds.）, *Advances in Interpreting Research: Inquiry in Action* (pp. 47-58). Amsterdam and Philadelphia: John Benjamins Publishing Company.

Moser-Mercer, B., Lambert, S., Darò, V., et al. 1997. Skill components in simultaneous interpreting. In Gambier et al.（Eds.）, *Conference Interpreting: Current Trends in Research* (pp. 133-148). Amsterdam / Philadelphia: John Benjamins.

Munoz, M. L., Marquardt, T. P. & Copland, G. A. 1999. Comparison of the code switching patterns of aphasic and neurologically normal bilingual speakers of English and Spanish. *Brain and Language*, 66: 249-274.

Obler, L. K. 2012. Conference interpreting as extreme language use. *International Journal of Bilingualism*, 16(2): 177-182.

Paas, F. &Van Merrienboer, J. 1994. Instructional control of cognitive load in the training of complex cognitive tasks. *Educational Psychology Review*, 6(4): 351-371.

Padilla, F., Bajo, M. T. & Macizo, P. 2005. Articulatory suppression in language interpretation: Working memory capacity, dual tasking and word knowledge. *Bilingualism: Language and Cognition*, 8(3): 207-219.

Padilla, P., Bajo, M. T., Canas, J. J. & Padilla, F. 1995. Cognitive processes of memory in simultaneous interpretation. In J. Tommola（Ed.）, *Topics in Interpreting Research* (pp. 61-71). Turku: University of Turku, Center for Translation and Interpreting.

Paradis, M. 1994. Toward a neurolinguistic theory of simultaneous translation: The framework. *International Journal of Psycholinguistics*, (3): 319-335.

Paradis, M. 2000. Prerequisites to a study of neuro-linguistic processes involved in simultaneous interpreting: A synopsis. In Dimitrova & Hylyenstam（Eds.）, *Language Processing and*

Simultaneous Interpreting: Interdisciplinary Perspectives (pp. 17-27). Amsterdam / Philadelphia: John Benjamins.

Paradis, M. 2009. *Declarative and Procedural Determinants of Second Languages.* Amsterdam: John Benjamins.

Pickering, M. & Ferreira, V. S. 2008. Structural priming: A critical review. *Psychological Bulletin.* 134: 427-459.

Pöchhacker, F. 2004. *Introducing Interpreting Studies.* London and New York: Routledge.

Pöchhacker, F. 2008. The turn of interpreting studies. In G. Hansen, A. Chesterman, & H. Gerzymisch-Arbogast (Eds.), *Efforts and Models in Interpreting and Translation Research* (pp. 25-46). Amsterdam and Philadelphia: John Benjamins Publishing Company.

Pöchhacker, F. 2011. Researching interpreting: Approaches to inquiry. In B. Nicodemus & L. Swabey (Eds.), *Advances in Interpreting Research: Inquiry in Action* (pp. 5-26). Amsterdam and Philadelphia: John Benjamins Publishing Company.

Pöchhacker, F. & Shlesinger, M. 2002. *The Interpreting Studies Reader.* London and New York: Routledge.

Rothe-Neves, R. 2003. The influence of working memory features on some formal aspects of translation performance. In F. Alves (Ed.), *Triangulating Translation: Perspectives in Process Oriented Research* (pp. 97-119). Amsterdam and Philadelphia: John Benjamins Publishing Company.

Rozan, F. 1956. *La Prise de Notes en Interprétation Consécutive.* Genève: Georg.

Ruiz, C., Paredes N., Macizo, P., et al. 2008. Activation of lexical and syntactic target language properties in translation. *Acta Psycologica,* 128: 490-500.

Sawyer, B. D. 2011. *Fundamental Aspects of Interpreter Education: Curriculum and Assessment.* Shanghai: Shanghai Foreign Language Education Press.

Sawyer, M. & Ranta, L. 2001. Aptitude, individual difference, and instructional design. In P. Robinson (Ed.), *Cognition and Second Language Instruction* (pp. 319-353). Cambridge: Cambridge University Press.

Seeber, K. G. 2011. Cognitive load in simultaneous interpreting: Existing theories - new models. *Interpreting,* 13(2): 176-204.

Seleskovitch, D. 1968. *L'Interpréte dans les Conférences Internationals.* Paris: Minard Lettres Modernes.

Seleskovitch, D. 1976. Interpretation: A psychological approach to translating. In R. W. Brislin (Ed.), *Translation: Applications and Research* (pp. 92-116). New York: Gardner.

Seleskovitch, D. 2002. Language and Memory: A Study of Note-taking in Consecutive Interpreting. In F. Pöchhacker and M. Shlesinger (Eds.), *The Interpreting Readers* (pp. 121-129). London and New York: Routledge.

Setton, R. 1999. *Simultaneous Interpreting: A Cognitive-Pragmatic Analysis*. Amsterdam and Philadelphia: John Benjamins Publishing Company.

Setton, R. 2002. Deconstructuring SI: A Contribution to the Debate on Component Processes. *The Interpreter's Newsletter*, 11: 1-26.

Setton, R. 2011. Corpus-based interpreting studies (CIS): Overview and prospects. In A. Kruger, K. Wallmarch & J. Munday (Eds.), *Corpus-based Translation Studies: Research and Application* (pp. 33-75). London/New York: Continuum.

Shlesinger, M. 1997. Quality in simultaneous interpreting. In G. Gile & Taylor (Eds.), *Conference Interpreting: Current Trends in Research – What do We Know and How?* Amsterdam / Philadelphia: John Benjamins Publishing Co.

Signorelli, T., Haarmann, H. & Obler, L. K. 2012. Working memory in simultaneous interpreters: Effects of task and age. *International Journal of Bilingualism*, 16(2): 198-212.

Smith, E. R. & De Coster, J. 2000. Dual-process models in social and cognitive psychology: Conceptual integration and links to underlying memory systems. *Personality and Social Psychology Review*, 4(2): 108-131.

Spiller, E. & Bosatra, M. 1989. Role of the auditory sensory modality in simultaneous interpretation. In L. Gran & J. Dodds (Eds.), *The Theoretical and Practical Aspects of Teaching Conference Interpretation* (pp. 37-38). Udine: Campanotto Editore.

Styles, E. A. 1998. *The Psychology of Attention*. Hove, UK: Psychology Press.

Swanson, H. L., Ashbaker, M. H. & Lee, C. 1996. Learning-disabled readers' working memory as a function of proeessing demands. *Joumal of Experimental Child Psychology*, 61: 242-275.

Sweller, J. 2006. Natural information processing systems. *Evolutionary Psychology*, (4): 434-458.

Tiselius, E. & Jenset, G. 2011. Process and product in simultaneous interpreting: What they tell us about experience and expertise. In C. Alvstad, A. Hild and E. Tiselius (Eds.), *Methods and Strategies of Process Research: Integrative Approaches in Translation Studies* (pp. 269-300). Amsterdam and Philadelphia: John Benjamins Publishing Company.

Tommola, J., Laine, M. J., Sunnari, M., et al. 2000. Images of shadowing and interpreting. *Interpreting*, (2): 147-167.

Turley-Ames, K. J. & Whitfield, M. 2003. Strategy training and working memory task performance. *Journal of Memory and Language*, 49: 446-468.

Vik-Tuovinen, G. 2011. Developing professional thinking and acting within the field of interpreting. In C. Alvstad, A. Hild and E. Tiselius (Eds.), *Methods and Strategies of Process Research: Integrative Approaches in Translation Studies* (pp. 301-315). Amsterdam and Philadelphia: John Benjamins Publishing Company.

Wadensjö, C. 1998. *Interpreting as Interaction*. New York: Longman.

Wadensjö, C., Dimitrova, B. E. & Nilsson, A. 2007. *The Critical Link 4: Professionalization of Interpreting in the Community*. Amsterdam / Philadelphia: John Benjamins Publishing Company.

Westerberg, H. & Klingberg, T. 2007. Changes in cortical activity after training of working memory: a single subject analysis. *Physiology & Behavior*, 92: 186-192.

Whitney, P., Ritchie, B. G. & Clark, M. B. 1991. Working memory capacity and the use of elaborative inferences in text comprehension. *Discourse Processes*, (14): 133-145.

Wichman, A., Frield, B. & Harris. R. 2001. The effect of lexical, pragmatic, and morphological violations on reading time and deviance ratings of English and German sentences. *Memory and Cognition*, (3): 493-502.

Zhang, Q. 2010. *Mechanisms of Deverbalization in Consecutive Interpreting: An Experimental Study on Novice Interpreters*. Guangdong University of Foreign Studies.

索 引

西安交通大学外国语言文学学科简介

　　交通大学前身南洋公学创立之初即设有英文科。光绪年间先后成立专门的译书院和东文学堂,开启了交通大学外国语言文学教育的渊源。1979 年西安交通大学英语专业复建,1985 年始招硕士,是我国最早的外国语言学及应用语言学硕士学位授权点之一;2010 年获批外国语言文学一级学科硕士学位和翻译专业硕士学位两个授权点,涵盖英、日、法、俄四个语种;2012 年获批语言文化系统学交叉学科博士学位授权点。

　　基于西安交通大学学科门类齐全的优势,本学科致力于跨学科研究,形成了四个重点学科方向:

　　1)语言系统及语言习得研究:以复杂系统理论为根基,综合运用计算机技术、心理学、计量语言学、脑科学等多学科的研究手段,在时间序列上考量语言及语言学习的非线性变化过程,从而揭示驱动其发展变化的动态复杂过程,厘清其中的构成或影响因素,以及它们之间的复杂交互关系,为深刻理解人类的语言认知活动、语言习得及教学提供新的启示。具体研究内容包括:二语互动协同研究;基于认知诊断的测试研究;基于 ERP 的二语语音习得研究等。

　　2)基于复杂系统的文学文本研究:采用数据挖掘、语料库等计算机辅助的定量研究方法,开展文学文本研究,打破以前文学研究以年代、作者或文体等单一维度为界限的、定性的文本分析研究方法,在文本产生的历史、社会及作家等构成的多元语境下,从历时和共时的纵横层面上解析文本。具体研究内容包括:作家作品风格研究、文学意象的跨文化、跨时空比较、文学文本与文化思潮中的语义网络研究、不同文学体裁的互文性研究等。

　　3)基于数据挖掘的翻译研究:从人类学、语言学、民族文化学等多视角进行跨学科研究,探索基于社会网络的语言与文化交际以及对外交流中出现的诸多问题和应对策略,加强中西文化交流、加速中国文化走出去。具体研究内容包括:语言的计量与计算、机器翻译和语料库翻译研究、基于数据挖掘的文学文本研究、流行文化和网络语言的演化机制及翻译、多元文化的接触与冲突等。

4）面向"一带一路"的国际问题与舆情研究：面向国家"一带一路"重大战略，开展针对"一带一路"沿线国家的区域与国别研究，着力解决复杂语言文化环境下的民心沟通问题，为国家制定相关的外交及语言文化政策提供决策依据。具体研究内容包括：文化传播与国家形象建设研究；社会文化情报信息平台建设与舆情研究；"一带一路"语言文化双向交流框架研究。

经过艰苦的努力，西安交通大学外语学科取得长足发展。近5年，学科教师发表CSSCI及以上论文近百篇，其中SSCI/SCI论文16篇；出版专（译）著28部，主持国家社科基金项目11项，教育部人文社科项目16项，科研经费总数近500万元。在二语互动协同、学术语篇研究、基于ERP的二语语音习得等方面取得突破性成果，多篇论文刊于国际权威期刊 *Applied Linguistics*。学科队伍不断壮大，国际化程度高。现有教授19人，其中"长江学者讲座教授"1人，陕西省"百人计划"学者2人，陕西省教学名师1人。多人任全国学会副会长、常务理事，95%的教师有海外研修经历；拥有以 James Lantolf、Martin Pickering、John Swales 为代表的高水平国际兼职教师队伍，与宾夕法尼亚州立大学、密歇根大学、西悉尼大学等20多所海外名校建立学生交换及教师交流项目；每年约15名国际学者来院交流，近5年举办高水平学术讲座75场；学科成立了 Lantolf 二语研究中心、语言认知与行为研究所、认知神经语言学研究所等，搭建国际合作平台，学科在国内外产生了一定的影响。